ŒUVRES COMPLÈTES

D'ALEXANDRE DUMAS

MES MÉMOIRES

VIII

ŒUVRES COMPLÈTES D'ALEXANDRE DUMAS
PUBLIÉES DANS LA COLLECTION MICHEL LÉVY

Titre	Vol.
Acté	1
Amaury	1
Ange Pitou	2
Ascanio	2
Une Aventure d'amour	1
Aventures de John Davys	2
Les Baleiniers	2
Le Bâtard de Mauléon	3
Black	1
Les Blancs et les Bleus	3
La Bouillie de la comtesse Berthe	1
La Boule de neige	1
Bric-à-Brac	1
Un Cadet de famille	3
Le Capitaine Pamphile	1
Le Capitaine Paul	1
Le Capitaine Rhino	1
Le Capitaine Richard	1
Catherine Blum	1
Causeries	2
Cécile	1
Charles le Téméraire	2
Le Chasseur de Sauvagine	1
Le Château d'Eppstein	2
Le Chevalier d'Harmental	2
Le Chevalier de Maison-Rouge	2
Le Collier de la reine	3
La Colombe. — Maître Adam le Calabrais	1
Les Compagnons de Jéhu	3
Le Comte de Monte-Cristo	6
La Comtesse de Charny	6
La Comtesse de Salisbury	2
Les Confessions de la marquise	2
Conscience l'Innocent	2
Création et Rédemption. — Le Docteur mystérieux	2
La Fille du Marquis	2
La Dame de Monsoreau	3
La Dame de Volupté	2
Les Deux Diane	3
Les Deux Reines	2
Dieu dispose	2
Le Drame de 93	3
Les Drames de la mer	1
Les Drames galants. — La Marquise d'Escoman	2
Emma Lyonna	5
La Femme au collier de velours	1
Fernande	1
Une Fille du régent	1
Filles, Lorettes et Courtisanes	1
Le Fils du forçat	1
Les Frères corses	1
Gabriel Lambert	1
Les Garibaldiens	1
Gaule et France	1
Georges	1
Un Gil Blas en Californie	1
Les Grands Hommes en robe de chambre : César	2
— Henri IV, Louis XIII, Richelieu	2
La Guerre des femmes	2
Histoire d'un casse-noisette	1
L'Homme aux contes	1
Les Hommes de fer	1
L'Horoscope	1
L'Île de Feu	2
Impressions de voyage : En Suisse	3
— Une Année à Florence	1
— L'Arabie Heureuse	3
— Les Bords du Rhin	2
— Le Capitaine Aréna	1
— Le Caucase	3
— Le Corricolo	2
— Le Midi de la France	2
— De Paris à Cadix	2
— Quinze jours au Sinaï	1
— En Russie	4
— Le Speronare	2
— Le Véloce	2
— La Villa Palmieri	1
Ingénue	2
Isaac Laquedem	2
Isabel de Bavière	2
Italiens et Flamands	2
Ivanhoe de Walter Scott (traduction)	2
Jacques Ortis	1
Jacquot sans Oreilles	1
Jane	1
Jehanne la Pucelle	1
Louis XIV et son Siècle	4
Louis XV et sa Cour	3
Louis XVI et la Révolution	2
Les Louves de Machecoul	3
Madame de Chamblay	2
La Maison de glace	2
Le Maître d'armes	1
Les Mariages du père Olifus	1
Les Médicis	1
Mes Mémoires	10
Mémoires de Garibaldi	2
Mémoires d'un aveugle	2
Mémoires d'un médecin : Balsamo	5
Le Meneur de loups	1
Les Mille et un Fantômes	1
Les Mohicans de Paris	4
Les Morts vont vite	2
Napoléon	1
Une Nuit à Florence	1
Olympe de Clèves	3
Le Page du duc de Savoie	2
Parisiens et Provinciaux	2
Le Pasteur d'Ashbourn	3
Pauline et Pascal Bruno	1
Un Pays inconnu	1
Le Père Gigogne	2
Le Père la Ruine	1
Le Prince des Voleurs	2
Princesse de Monaco	1
La Princesse Flora	1
Propos d'Art et de Cuisine	1
Les Quarante-Cinq	3
La Régence	1
La Reine Margot	2
Robin Hood le Proscrit	2
La Route de Varennes	1
Le Salteador	1
Salvator (suite des Mohicans de Paris)	5
La San-Felice	4
Souvenirs d'Antony	1
Souvenirs d'une Favorite	4
Les Stuarts	1
Sultanetta	1
Sylvandire	1
Terreur prussienne	2
Le Testament de M. Chauvelin	1
Théâtre complet	23
Trois Maîtres	1
Les Trois Mousquetaires	2
Le Trou de l'enfer	1
La Tulipe noire	1
Le Vicomte de Bragelonne	6
La Vie au Désert	2
Une Vie d'artiste	1
Vingt Ans après	2

MES
MÉMOIRES

PAR

ALEXANDRE DUMAS

HUITIÈME SÉRIE

NOUVELLE ÉDITION

PARIS
CALMANN LÉVY, ÉDITEUR
ANCIENNE MAISON MICHEL LÉVY FRÈRES
3, RUE AUBER, 3

1884

Droits de reproduction et de traduction réservés.

MÉMOIRES

DE

ALEXANDRE DUMAS

CLXXXIX

L'abbé de Lamennais. — Sa jeunesse. — Son entrée dans les ordres. — L'Empire jugé par lui. — Casimir Delavigne royaliste. — Deux vers de M. de Lamennais. — Sa vocation littéraire. — *Essai sur l'indifférence en matière de religion.* — Accueil fait à ce livre par l'Église. — L'académie du château de la Chesnaie.

Qu'on nous permette, maintenant, d'aborder un sujet plus grave, et de consacrer ce chapitre — ne fût-ce que pour faire opposition avec ceux qui précèdent — à l'un des plus beaux et des plus grands génies modernes, à l'abbé de Lamennais.

C'était deux mois après la révolution de 1830.

Du fond de la Bretagne, c'est-à-dire du château de la Chesnaie, arrivait un prêtre d'une quarantaine d'années, petit, nerveux, pâle, avec les cheveux en broussailles, le front à pic, la tête serrée aux coins, comme si elle était fermée par ces murailles osseuses qui, selon Gall, abolissent chez l'homme la convoitise, la ruse et l'acquisivité; avec le nez long et dilaté aux ailes, signe de grande intelligence, selon Lavater; enfin, avec le regard incisif et le menton résolu. Tout, dans les traits extérieurs de l'homme décelait une origine celtique.

Cet homme, c'était l'abbé DE LA MENNAIS, dont le nom s'écrira de trois façons différentes, comme celui de M. DE LA MARTINE, et indiquera, par les différentes façons dont il s'écrira, les différentes évolutions de son esprit, et les différents progrès de son opinion.

Nous disons de son opinion, et non pas de ses opinions; car, dans ces trois phases, il y a, comme dans les trois manières de Raphaël, non pas un changement de manière, mais un perfectionnement dans la manière.

Au milieu de l'agitation des idées et des paroles, l'austère Breton venait dire au monde un mot auquel on ne s'attendait pas; en effet, M. de la Mennais passait alors pour un des soutiens du *trône* et de l'*autel*.

Le trône venait de tomber, et l'autel tremblait fort sous le mouvement que 1830 avait imprimé aux institutions sociales.

Or, on se trompait sur les intentions du grand écrivain, et, cela, parce que l'on ne voyait en lui que l'auteur de l'*Essai sur l'indifférence en matière de religion*, livre étrange où cette virile imagination s'était débattue avec son siècle, et avait lutté avec l'esprit du temps comme Jacob avec l'ange.

On oubliait qu'en 1828, sous le ministère Martignac, le même M. de la Mennais avait jeté dans la discussion un livre qui annonçait un certain revirement intellectuel: *Du progrès de la Révolution et de la guerre contre l'Église.*

Dans ce livre, la révolution de 1830 était prédite comme inévitable, et M. de la Mennais appelait de tous ses vœux « l'alliance des catholiques et des libéraux sincères. » Ce livre est donc en quelque sorte le gond sur lequel tourne la porte par laquelle M. de la Mennais passe de sa première phase politique dans la seconde.

M. de la Mennais était né à Saint-Malo, dans la maison contiguë à celle où naquit Chateaubriand, et à quelques pas de celle où naquit Broussais. Ainsi, cette vieille et paisible ville devait nous donner, en moins de quinze ans, Chateaubriand, Broussais, la Mennais, c'est-à-dire la meilleure partie de la poésie, de la science et de la philosophie de la première moitié du xixe siècle.

Comme Chateaubriand, M. de la Mennais avait passé son

enfance au bord de la mer, écoutant le bruit de l'Océan, suivant les vagues, qui vont se perdre aux horizons infinis, et qui reviennent éternellement se briser contre la falaise comme la vague humaine revient éternellement se briser contre la fatalité. Il conservait, je me le rappelle, — car un coin de mon existence a touché à celle de l'auteur des *Paroles d'un croyant*, — il conservait, dis-je, de ce premier âge de l'enfant, des souvenirs à la fois vifs et lumineux, qu'il rattachait à la nature vaste et sévère de sa chère Bretagne.

— J'entends encore, nous disait-il à un dîner dont les principaux convives étaient lui, l'abbé Lacordaire, M. de Montalembert, Listz et moi, j'entends encore le cri de certains oiseaux de mer qui passaient au-dessus de ma tête *en aboyant*.

Quelques-uns de ces rochers qui regardent en pitié, depuis tant de siècles, mourir à leur pied le flot colère et impuissant, sont peuplés d'antiques légendes. M. de la Mennais a raconté une de ces légendes dans *une Voix de prison* : c'est celle d'une jeune fille qui, surprise par la marée au milieu des récifs, attache ses cheveux aux branches et aux herbes marines pour ne point être entraînée, par le mouvement des vagues, loin de son pays natal.

La jeunesse de M. de la Mennais avait été orageuse et indisciplinée. Il aimait les exercices du corps, la chasse, l'escrime, la course, l'équitation ; c'étaient de singulières tendances vers l'état ecclésiastique ! Aussi ne fut-ce pas de lui-même et de son propre mouvement, mais poussé par les familles nobles du pays, qu'il entra dans les ordres. De son côté, l'évêque du diocèse, qui distinguait dans le jeune homme une suprême intelligence, un caractère altier, un penchant à la rêverie et à la réflexion, l'attira vers lui par toute sorte de séductions. On lui épargna les épreuves du séminaire, auxquelles son humeur insoumise se serait peut-être refusée ; mais, prêtre, M. de la Mennais n'en continua pas moins à monter les chevaux les plus fougueux de la ville, et à faire des armes. On était alors sous l'Empire, régime de gloire et de despotisme, froissant les fibres sensibles du jeune prêtre, esprit farouche, cœur royaliste. La Bretagne se souvenait de ses princes exilés, et la famille de M. de la Mennais était une de ces familles qui gardent fidèlement le culte du passé ; non que cette famille fût de noblesse ancienne : le chef de la maison était un armateur qui s'était enrichi dans des voyages de long cours, et qui avait été anobli, vers la fin du dernier siècle, pour des services rendus à la ville de Saint-Malo.

L'Empire était tombé, et M. de la Mennais, jetant un coup d'œil sur cette ruine gigantesque, écrivait en 1815 :

« Les guerres d'extermination renaissaient ; le despotisme calculait ses dépenses en hommes, comme on suppute le revenu d'une terre ; on fauchait les générations comme l'herbe, et les peuples, journellement vendus, achetés, échangés, donnés comme de vils troupeaux, ignoraient même souvent de qui ils étaient la propriété, tant une politique monstrueuse multipliait ces indignes transactions! On mettait les nations entières en circulation comme des pièces de monnaie! »

Professer ces principes, c'était se tourner naturellement vers la Restauration, cette aurore sans soleil. Il ne faut pas oublier, au reste, qu'alors toute la jeune littérature était prise par cet enivrement des souvenirs monarchiques. Les poëtes sont comme les femmes, — je ne sais même plus qui a dit que les poëtes étaient des femmes : — ils fêtent le malheur heureux. Cet enthousiasme *pour la personne* du roi était partagé à des degrés différents, même par des hommes dont le nom se rattacha plus tard au libéralisme. Dieu sait pourtant si jamais roi fut moins fait que Louis XVIII pour provoquer l'attendrissement et l'idolâtrie! Cela n'empêchait pas Casimir Delavigne de s'écrier :

> Henri, divin Henri, toi qui fus grand et bon,
> Qui chassas l'Espagnol, et finis nos misères,
> Les partis sont d'accord en prononçant ton nom;
> Henri, de tes enfants fais un peuple de frères!
> Ton image déjà semble nous protéger :
> Tu renais! avec toi renaît l'indépendance!

> O roi le plus Français dont s'honore la France,
> Il est dans ton destin de voir fuir l'étranger !
> Et toi, son digne fils, après vingt ans d'orage,
> Règne sur des sujets par toi-même ennoblis;
> Leurs droits sont consacrés dans ton plus bel ouvrage.
> Oui, ce grand monument, affermi d'âge en âge,
> Doit couvrir de son ombre et le peuple et les lis.
> Il est des opprimés l'asile impérissable,
> La terreur du tyran, du ministre coupable,
> Le temple de nos libertés !
>
> Que la France prospère en tes mains magnanimes;
> Que tes jours soient sereins, tes décrets respectés,
> Toi qui proclames ces maximes :
> « O rois, pour commander, obéissez aux lois !
> Peuple, en obéissant, sois libre sous tes rois ! »

Il est vrai que, quinze ans plus tard, l'auteur de *la Semaine de Paris* chantait, presque dans les mêmes vers, l'avénement au trône du roi Louis-Philippe. Voyez plutôt :

> O toi, roi citoyen, qu'il presse dans ses bras,
> Aux cris d'un peuple entier dont les transports sont justes,
> Tu fus mon bienfaiteur... je ne te loûrai pas :
> Les poëtes des rois sont leurs actes augustes.
> Que ton règne te chante, et qu'on dise après nous :
> « Monarque, il fut sacré par la raison publique;
> Sa force fut la loi; l'honneur, sa politique;
> Son droit divin, l'amour de tous ! »

Qu'on relise les vers que nous venons de citer, — ceux qui étaient adressés à Louis XVIII, bien entendu, — et l'on verra que Victor Hugo, Lamartine et la Mennais n'ont jamais exprimé leur joie du retour des Bourbons en termes plus caressants que ne le faisait Casimir Delavigne. D'où vient donc que les libéraux d'alors et les conservateurs d'aujourd'hui ont si amèrement reproché aux trois premiers ces gages d'amour à la branche aînée, et qu'ils ont toujours ignoré ou feint d'ignorer l'envers royaliste de l'auteur des *Messéniennes?* Eh! mon

Dieu, c'est que les uns étaient sincères dans leur jeune et aveugle enthousiasme, tandis que l'autre, disons-le, ne l'était pas. On pardonne un mensonge politique, mais on ne pardonne pas un consciencieux retour sur soi-même et sur les folles illusions de la pitié généreuse. Dans la pitié généreuse que l'on portait, alors, à la famille des Bourbons, il y avait une larme pour Marie-Antoinette et une larme pour Louis XVII.

M. de la Mennais hésita un instant sur sa vocation littéraire, ou, du moins, sur la direction qu'il lui donnerait. La solitude dans laquelle il avait vécu, au bord de la mer, avait peuplé son âme de rêves flottants comme ces beaux nuages qu'il avait si souvent suivis des yeux dans les profondeurs du ciel. Peu s'en fallut qu'il n'écrivît des romans et des œuvres d'imagination; il lui arriva même de faire des vers que, bien entendu, il ne publia jamais.

En voici deux qui entraient, autant que je puis me le rappeler, dans le portrait de la théologie scolastique :

> Elle avait deux grands yeux stupidement ouverts,
> Dont l'un ne voyait pas ou voyait de travers!

M. de la Mennais devint donc écrivain religieux et philosophe plutôt par état que par inclination. Son goût, nous assurait-il dans ses heures d'épanchement, dont nous avons gardé un souvenir de respect et de fierté, son goût l'aurait entraîné de préférence vers la poésie en prose, que Bernardin de Saint-Pierre avait mise à la mode dans *Paul et Virginie*, et Châteaubriand dans *René*.

Il se recueillit pourtant, et, d'un doigt que dirigeait l'implacable génie de l'observateur, il toucha la plaie de son siècle : l'indifférence en matière de religion. Certes, le cri poussé par ce sombre oiseau des tempêtes : « Les dieux s'en vont! les dieux s'en vont! » avait, alors, lieu de surprendre les dévots et les hommes d'État ; les églises n'étaient-elles pas remplies de missions, et les grands chemins couverts de missionnaires? N'y avait-il pas la croix de Migné, les miracles du prince de Hohenlohe, les apparitions et les extases de Martin (de Gallardon) et autres? Que venait donc dire cet homme?

M. de la Mennais prit pour épigraphe de son livre ces mots de la Bible : *Impius, cum in profundum venerit, contemnit.* Le DÉDAIN, tel était, selon lui, le signe auquel il reconnaissait le déclin du sentiment religieux. Le XVIIe siècle croyait, le XVIIIe niait, le XIXe doutait.

Le succès du livre fut immense. La France, agitée de si grands et si tumultueux problèmes; cette Babel où tant de voix parlaient en même temps toutes les langues; la France de l'Empire, de la Restauration, du carbonarisme, du libéralisme, du républicanisme, se tut devant la parole grave et inspirée de cet inconnu; *et siluit terra in conspectu ejus!* Cette voix venait du désert; qui avait vu, qui connaissait cet homme? Il tombait de la région des aigles; son nom se plaça sur toutes les bouches à côté du nom de Bossuet. L'*Essai sur l'indifférence* fut peu lu, mais beaucoup admiré; les poëtes — il n'y a guère que ceux-là qui lisent — y reconnurent une imagination forte, parfois alarmée, qui, dans ses énergies et ses erreurs, étreignait le cadavre des croyances, et le secouait rudement, espérant, mais en vain, lui redonner la vie.

De tous les prosateurs, celui que l'abbé de la Mennais affectionnait le plus, c'était Tacite; de tous les poëtes, celui qu'il relisait le plus souvent, c'était Dante; de tous les livres, celui qu'il savait par cœur, c'était la Bible.

Sans doute va-t-on croire, maintenant, que cette citadelle, destinée à couvrir les côtés faibles du catholicisme, l'*Essai sur l'indifférence en matière de religion*, fut vue d'un œil favorable par le clergé français; point! Tout au contraire, un cri partit des entrailles de l'Église, non pas un cri de joie ou d'admiration, mais un cri d'épouvante.

Le génie de l'homme effrayait; la religion n'était plus habituée à avoir des Origène, des Tertullien et des Bossuet pour la défendre; elle craignit d'être soutenue par un tel soutien, et peu à peu le frisson de sa peur courut jusqu'à Rome; le livre fut tout près d'être mis à l'index. Ces ombrages étaient motivés par la nature des arguments dont l'auteur s'était servi, et à l'aide desquels il avait repoussé les coups des philosophes; au vieil édifice de l'orthodoxie, dont l'abbé de la Mennais entrevoyait, à travers les ténèbres, les causes de ruine, il avait voulu donner pour fondement ou plutôt pour étai le suffrage universel, ou, comme il le disait lui-même, le sens commun ; de là d'incroyables efforts dans le vide pour prouver que le catholicisme était et avait toujours été la religion de l'humanité.

Dans les séminaires, l'abbé de la Mennais fit école, mais cette école était suspecte ; on interdisait aux jeunes gens la lecture d'un ouvrage qui, dans le monde, semblait l'œuvre d'un dieu égaré voulant nier à l'homme le droit de penser. Jamais suicide ne fut plus héroïque, jamais l'intelligence ne mit tant de hardiesse et de logique à se détruire elle-même. Au fond, et à son point de vue, l'abbé de la Mennais avait cependant raison : si vous croyez à une Église infaillible, crevez courageusement les yeux de votre intelligence, éteignez la lumière de votre âme, et, vous étant fait aveugle volontaire, laissez-vous conduire par la main.

Mais, si haut que se place une intelligence solitaire, elle est bien vite atteinte par le mouvement de son siècle.

Il y a deux ou trois ans, un aéronaute de mes amis, Petin, m'annonçait sérieusement de vive voix, et annonçait au monde par l'organe des journaux, qu'il venait de résoudre le grand problème de la navigation aérienne.

Il raisonnait ainsi :

Le terre tourne ; — *e pur si muove !* — dans ce mouvement de rotation sur elle-même, elle présente successivement tous les points de sa surface déserte ou habitée. Or, quelqu'un qui s'élèverait jusqu'aux dernières couches de l'air ambiant, et qui trouverait le moyen de s'y fixer, descendrait en ballon sur la ville du globe où il lui plairait de toucher terre ; il n'aurait qu'à attendre que cette ville passât sous ses pieds ; il irait de la sorte aux antipodes en douze heures, et, cela, sans fatigue aucune, puisqu'il ne bougerait pas de sa place, et que ce serait la terre qui marcherait pour lui.

Ce calcul n'avait qu'un tort : il était faux. La terre, dans son vaste mouvement, entraîne avec elle les dernières molécules de son atmosphère agitée. Il en est de même des grands esprits qui visent à l'immobilité; sans qu'ils s'en aperçoivent, au moment même où ils croient avoir jeté l'ancre dans l'infini, ils se réveillent emportés malgré eux par l'irrésistible mouvement de leur siècle.

Le libéralisme, dont l'atmosphère d'alors était chargée, emporta l'abbé de la Mennais, cette raison superbe, opiniâtre et solitaire. On était aux environs de 1828. Tout en combattant l'école doctrinaire, pour laquelle il montrait un mépris peu ou point déguisé, M. de la Mennais cherchait à unir les besoins de la foi avec les nécessités du progrès; dans cette vue, il avait installé à son château de la Chesnaie une pépinière de jeunes gens auxquels il inculquait ses idées religieuses. La Chesnaie était un de ces vieux châteaux de Bretagne ombragés par des chênes robustes et centenaires, philosophes de la nature qui rêvent, en murmurant, aux vicissitudes de l'homme, dont ils sont les impassibles témoins. Là, ce prêtre, que tourmentait déjà l'esprit nouveau, élevait et entretenait des disciples qui tenaient de près ou de loin à l'Église; parmi eux étaient l'abbé Gerbet, Cyprien Robert, aujourd'hui professeur de littérature slave au collège de France, et quelques autres. Le travail — un travail réglé, persévérant, — habitait ces vieux murs, que les vents de la mer fouettaient ou démantelaient. Cette nouvelle académie de Pythagore cherchait la science du siècle pour la combattre; mais, à chaque rayon nouveau, elle reculait éclairée, et, en reculant, elle rendait les armes à l'ennemi.

L'ennemi, c'était la pensée humaine.

CXC

Fondation de *l'Avenir*. — L'abbé Lacordaire. — M. Charles de Montalembert. — Son article sur le sac de Saint-Germain-l'Auxerrois. — *L'Avenir* et la littérature nouvelle. — Ma première entrevue avec M. de Lamennais. — Procès de *l'Avenir*. — MM. de Montalembert et Lacordaire maîtres d'école. — Leur procès en cour des pairs. — Prise de Varsovie. — Réponse de quatre poëtes à un mot d'un homme d'État.

La révolution de 1830 vint surprendre M. de la Mennais et son école dans ces dispositions vagues et inquiètes. Déjà son cœur, apte à comprendre surtout ce qui est grand et généreux, s'était désaffectionné du culte royaliste; déjà l'homme, poëte et philosophe, regimbait sous la robe du prêtre. Le siècle, qui venait de consacrer et de glorifier son génie, reprochait tout bas à ce génie de résister à la voix du progrès. Indocile nature, tête de fer, raison solitaire et escarpée, l'abbé de la Mennais était par tempérament un homme de liberté.

1830 sonna.

Assis sur les ruines de cet événement, qui venait d'engloutir une dynastie, et d'agiter l'Église de la même tempête et du même naufrage où cette dynastie avait sombré, les philosophes de la Chesnaie tinrent conseil entre eux; ils se dirent que l'opposition contre le clergé, dont le libéralisme était animé depuis 1815, tenait à l'éclatante protection qui avait couvert les prêtres catholiques, en face de l'instabilité des pouvoirs, en face du flot grondant de la Révolution; ils se demandèrent s'il n'y aurait pas profit pour l'immuable Église à se séparer de tous les États chancelants.

Ainsi posée, la question fut vite résolue. L'abbé de la Mennais crut le moment arrivé de se mêler directement et personnellement à la lutte. Les bases d'un journal furent arrêtées; il partit.

Deux hommes entrèrent avec lui dans cette combinaison de

publicité : ce furent l'abbé Lacordaire et le comte Charles de Montalembert.

L'abbé Lacordaire était, à cette époque, où j'eus l'honneur de me trouver en communication de principes religieux et politiques avec lui, un jeune prêtre qui avait passé du barreau de Paris au séminaire de Saint-Sulpice. Il avait fait, après son stage, trois mortelles années de théologie; il sortait de là plein d'idées entrevues et d'instincts tumultueux.

Acre, perçant, subtil, voilà pour son esprit; des yeux noirs pleins de feu, des traits délicats et mobiles, pâle d'une pâleur cénobitique et maladive; des contours secs, maigres, vigoureusement dessinés, voilà pour la figure. Attiré par le rayonnement de l'abbé de la Mennais, il entra dans toutes ses vues politiques; lui aussi aspirait, sous le mors de la chair, à la liberté de l'esprit; prêtre, la protection de l'État lui pesait. Il mit sa main dans celle du maître, et le pacte fut conclu.

Le comte de Montalembert, de son côté, était alors un tout jeune homme blond, au visage de jeune fille et aux joues légèrement colorées; myope, il regardait à travers son lorgnon, et à une courte distance, les personnes qui lui parlaient; timide et rougissant, il plaisait fort à l'abbé de la Mennais, qui se sentait attiré vers lui par une sorte de sympathie paternelle. Au reste, le comte Charles de Montalembert appartenait à une famille dont l'attachement à la cause de la branche aînée des Bourbons était connu; mais il déclara très-haut qu'il mettait dans son cœur la France avant une dynastie, et la liberté avant une couronne.

Autour de ces trois hommes, l'un déjà illustre, les autres encore inconnus, se groupèrent des ecclésiastiques et des jeunes gens de talent qui, dans leur foi naïve, voulaient associer la majesté des traditions religieuses à la grandeur des idées révolutionnaires. Que cette alliance fût impossible, c'est ce que démontra le temps, ce grand *probator* des choses et des hommes; mais la tentative n'en était pas moins généreuse; elle répondait, d'ailleurs, à un besoin qui travaillait, alors, les générations nouvelles. Déjà Camille Desmoulins, un de ces poëtes qu'illumine un double rayon, avait dit au tribunal ré-

volutionnaire, et, cela, non sans une pénétrante mélancolie :
« J'ai l'âge du sans-culotte Jésus : trente-trois ans! »

Le titre du nouveau journal fut *l'Avenir*.

Le programme, rédigé en commun, réclamait du gouvernement de juillet la liberté absolue pour tous les cultes et toutes les communions religieuses, la liberté de la presse, la liberté d'enseignement, la séparation radicale de l'Église et de l'État, enfin l'abolition du budget ecclésiastique.

Le moment était favorable : c'était le 16 octobre 1830. La Belgique était en train de faire sa révolution, et, dans cette révolution, la main du clergé était visible; la catholique Pologne poussait, sous le sabre du czar, un long cri de détresse et d'espérance; à la voix d'O'Connell, l'Irlande, remuant toutes les nationalités pour lesquelles la religion était un motif et un drapeau d'indépendance, agitait dans les airs ces deux mots : CHRIST et LIBERTÉ!

L'Avenir se fit le moniteur du mouvement religieux, associé par lui au mouvement politique, comme on va en juger par ces quelques lignes, émanées de l'association, et empruntées à son premier numéro :

« Nous n'avons point d'arrière-pensée, nous n'en eûmes jamais; notre parole, c'est toute notre âme. Espérant donc d'en être crus, nous dirons à ceux dont les idées diffèrent sur plusieurs points de nos croyances : « Voulez-vous sincère-
» ment la liberté religieuse, la liberté d'éducation, et, dans
» l'ordre civil et politique, la liberté de la presse, qui, ne l'ou-
» blions pas, est la garantie de toutes les autres? Vous êtes
» des nôtres, et nous sommes des vôtres aussi. Toutes les li-
» bertés que les peuples, dans le développement graduel de
» leur vie, peuvent supporter, leur sont dues, et leur progrès
» dans la civilisation se mesure par leur progrès, non fictif,
» mais réel dans la liberté. »

C'est ici que se place la transformation de l'abbé DE LA MENNAIS en abbé de LAMENNAIS. Son opinion et son talent commencent, comme son nom, une nouvelle ère : ce n'est plus le prêtre austère et sombre écrivant d'une main fatale sur le tombeau de la foi la sentence de l'esprit humain; c'est, au contraire, un prophète qui secoue, au nom de la liberté, le linceul des nations mortes, et qui crie aux ossements vides: « Levez-vous! »

Or, parmi les jeunes rédacteurs de *l'Avenir*, chose digne de remarque! celui qui se distinguait le plus, non-seulement par le talent, mais encore par l'exaltation démocratique de ses idées, c'était le comte Charles de Montalembert, dont plus d'une fois le sévère vieillard dut retenir la verve imprudente. Nous aurons à raconter bientôt le sac de l'église Saint-Germain-l'Auxerrois et la profanation des choses saintes; la situation était embarrassante pour *l'Avenir* : ce journal avait recommandé au jeune clergé de croire en la Révolution, et voilà que cette même Révolution, déchaînée en un jour de colère, éclaboussait les temples catholiques, et déracinait les insignes du culte.

Ce fut le comte Charles de Montalembert qui se chargea de faire le premier-Paris du lendemain.

Au lieu de s'emporter contre les démolisseurs, il s'emporta contre le clergé, contre les prêtres, dont l'aveugle et dangereux attachement pour le trône renversé avait attiré sur le symbole chrétien la colère du peuple. D'anathèmes, il n'en avait point assez pour « ces incorrigibles défenseurs de l'ancien régime et ce catholicisme bâtard qu'avait enfanté la religion des rois! » Les croix qu'on venait d'abattre étaient des croix fleurdelisées; il en prenait occasion pour réclamer la séparation de l'Église de l'autorité civile. Sans les fleurs de lis, personne, — et le comte Charles de Montalembert l'affirmait, — personne n'en eût voulu aux croix.

Le caractère de *l'Avenir* était d'entrer, alors, dans le double mouvement politique et littéraire; sympathique à la littérature moderne, dont il possédait, d'ailleurs, dans la personne de l'abbé de Lamennais, un des premiers écrivains, *l'Avenir* était un des rares journaux — *rari nantes* — où l'on pût suivre à la fois l'esprit humain sous ses deux manifestations.

Liber, en latin, ne veut-il pas dire en même temps *libre* et *livre?*

J'ai déjà dit comment, nous, hommes du mouvement littéraire, nous avions pour ennemis acharnés tous les journaux du mouvement politique. C'était d'autant plus étrange que la révolution littéraire avait précédé, aidé, préparé, annoncé la révolution politique qui était faite, et la révolution sociale qui se faisait.

Ainsi, par exemple, nous nous souvenons d'un article sur *Notre-Dame de Paris* dans lequel, tout en regrettant que l'auteur ne fût pas plus profondément catholique, le comte Charles de Montalembert louait, avec une fureur d'adepte, le style et la poésie de Victor Hugo.

Ce fut vers cette époque, et quelques jours, je crois, après la représentation d'*Antony*, que M. de Lamennais manifesta le désir que je lui fusse présenté. C'était un grand honneur pour moi que ce désir; je m'y rendis avec reconnaissance. Un ami commun me conduisit chez l'illustre fondateur de *l'Avenir*, qui demeurait alors rue Jacob; — j'ai retenu le nom de la rue, et oublié le numéro de la maison.

Avant ce jour, je lui avais déjà voué une admiration que j'ai la joie de sentir encore jeune, vive, entière, dans mon cœur et dans mon esprit.

Cependant, *l'Avenir* avait du succès; on s'en aperçut bientôt aux colères et aux haines qui se déchaînèrent contre ses doctrines. Parmi les conseils qu'il donnait au clergé, celui de renoncer aux traitements servis par l'État, et de suivre le Christ nu, fut très-peu goûté; on commençait à s'indigner. La voix solennelle de l'abbé de Lamennais avait beau crier: « Brisez ces chaînes avilissantes! Laissez là cette guenille! » Le clergé répondait à demi-voix:

Guenille, si tu veux..., ma guenille m'est chère.

Veut-on savoir à quel degré le journal *l'Avenir* avait ses racines enfoncées dans ce que l'on appelle aristocratiquement le monde? Nous citons les premières lignes consacrées au procès de *l'Avenir* dans l'Annuaire de Lesur :

« Jamais affluence aussi prodigieuse n'a encombré l'enceinte de la cour d'assises, et jamais surtout un procès politique n'a amené un si grand nombre de *dames*. Au moment où la cour a voulu ouvrir son audience, les jurés, les prévenus, le barreau, le parquet lui-même, se trouvaient assiégés par une multitude de personnes qui ne pouvaient parvenir à s'asseoir. M. l'abbé de Lamennais, M. Lacordaire, rédacteurs de *l'Avenir*, et M. Waille, gérant responsable du même journal, sont placés sur des chaises au milieu du parquet; les deux premiers sont vêtus de redingotes par-dessus leur costume ecclésiastique; M. Waille est en uniforme de garde national. »

C'était un des premiers procès de presse depuis juillet. Le réquisitoire du procureur du roi était fort timide, et s'excusait de venir, après une révolution faite en faveur de la presse, réclamer contre cette même presse les rigueurs de la loi.

Mais aussi *l'Avenir* avait par trop dépassé les limites de la bienséance.

Nous citerons la phrase incriminée :

« Montrons que nous sommes Français en défendant avec constance ce que nul ne peut nous ravir sans violer la loi du pays. Disons aux souverains : « Nous vous obéirons tant que
» vous obéirez vous-mêmes à cette loi qui vous a faits ce que
» vous êtes, et hors de laquelle vous n'êtes rien ! »

Cela était écrit par M. de Lamennais ; — nous avons oublié, sinon la cause, du moins la phrase qui amenait l'abbé Lacordaire sur le banc des prévenus.

M. de Lamennais était défendu par Janvier, qui a joué depuis un rôle politique.

Quant à Lacordaire, il se défendait lui-même.

Le discours de Lacordaire produisit un grand effet, et révéla à la fois le tribun et le prédicateur.

Le jury acquitta.

Quelque temps après, *l'Avenir* eut à soutenir un autre procès sur un plus grand théâtre, et dans une circonstance qu'il convient de rappeler.

MM. de Montalembert et Lacordaire s'étaient déclarés les champions de la liberté d'enseignement, comme de toutes les autres libertés religieuses et civiles. Des paroles, ils passèrent aux actes : tous deux ouvrirent conjointement une école primaire sur les bancs de laquelle vinrent s'asseoir quelques pauvres enfants. La police intervint. Sommés de se retirer, les professeurs résistèrent; il fallut appréhender le corps du délit, c'est-à-dire les gamins qui garnissaient les tables d'étude. Il y avait à peine matière à un procès devant le tribunal correctionnel; mais, sur ces entrefaites, quelques jours avant la promulgation de la loi qui supprimait l'hérédité de la pairie, le père de M. Charles de Montalembert, en bon père qu'il était, mourut.

L'affaire prit alors des proportions inattendues : Charles de Montalembert, pair de France par la grâce de la non-rétroactivité, n'était pas justiciable des tribunaux ordinaires; le procès fut donc porté en cour des pairs, où il prit les dimensions d'un débat politique sur la liberté d'enseignement.

Lacordaire, dont la cause n'avait pu être disjointe de celle son complice, fut aussi traduit devant la cour suprême, et improvisa son plaidoyer. M. de Montalembert, au contraire, lut un discours où il attaquait l'Université et surtout M. de Broglie.

« Ici, dit *le Moniteur* en rendant compte du procès, l'honorable pair de France prit son lorgnon, et examina le jeune orateur. »

Moins heureux devant la cour des pairs que devant le jury, qui les eût certainement acquittés, les deux rédacteurs de *l'Avenir* perdirent leur procès; mais ils le gagnèrent devant le pays. Le comte de Montalembert dut à cette circonstance de se poser à côté de M. de Lamennais, dont il partageait et professait, à cette époque, les doctrines libérales, comme il dut à la mort inopinée de son père de trouver devant lui, à la Chambre haute, une carrière tout ouverte.

Au reste, interrogé à la Chambre sur sa profession, M. de Montalembert avait répondu :

— Maître d'école.

Tous ces procès semblaient donner raison aux ennemis religieux de M. de Lamennais.

La rumeur partit d'en bas.

Du clergé inférieur, qui les condamnait, M. de Lamennais et les autres rédacteurs de *l'Avenir* en appelèrent aux évêques, qui les condamnèrent à leur tour. Alors, repoussés de retranchements en retranchements, comme les défenseurs d'une ville qui, après avoir vaillamment défendu les postes avancés, la première et la seconde enceinte, sont forcés de se réfugier dans la citadelle, les accusés furent forcés de tourner les yeux vers le Vatican, et de mettre leur espérance dans Rome.

Grand mât de ce vaisseau battu par la tempête, M. de Lamennais fut le premier que la foudre atteignit.

Le 8 septembre 1831, une voix courut par le monde, pareille à celle de l'ange qui, dans l'Apocalypse, annonce la chute des villes et des empires ; cette voix, vague comme un dernier râle d'agonie, comme un dernier soupir de mourant, se formula, le 16 septembre, dans ces paroles terribles : « La Pologne vient de succomber ! Varsovie est prise ! »

On sait comment cette nouvelle fut annoncée à la chambre des députés par le général Sébastiani.

— Des lettres que je reçois de Pologne, dit-il dans la séance du 16 septembre, m'annoncent que *la* TRANQUILLITÉ *règne à Varsovie.*

Il y eut une variante dans *le Moniteur*, qui déclara que c'était l'ORDRE, et non la *tranquillité*, qui régnait à Varsovie. Dans la situation, l'un des deux mots ne valait guère mieux que l'autre : tous deux étaient infâmes !

Il est curieux de retrouver aujourd'hui l'écho que cette grande chute éveilla dans l'âme des poëtes et des croyants, ces lyres vivantes que les grandes tristesses nationales font vibrer, et auxquelles le vent des calamités qui passe arrache des murmures sublimes.

Voici quatre réponses à la phrase optimiste de M. le ministre des affaires étrangères :

BARTHÉLEMY

Destinée à périr!... L'oracle avait raison!
Faut-il accuser Dieu, le sort, la trahison ?
Non, tout était prévu, l'oracle était lucide!...
Qu'il tombe sur nos fronts, le sceau du fratricide!
Noble sœur! Varsovie! elle est morte pour nous;
Morte un fusil en main, sans fléchir les genoux;
Morte en nous maudissant à son heure dernière;
Morte en baignant de pleurs l'aigle de sa bannière,
Sans avoir entendu notre cri de pitié,
Sans un mot de la France, un adieu d'amitié!
Tout ce que l'univers, la planète des crimes,
Possédait de grandeur et de vertus sublimes;
Tout ce qui fut géant dans notre siècle étroit
A disparu! Tout dort dans le sépulcre froid!...
Cachons-nous! cachons-nous! nous sommes des infâmes!
Rasons nos poils, prenons la quenouille des femmes;
Jetons bas nos fusils, nos guerriers oripeaux,
Nos plumets citadins, nos ceintures de peaux;
Le courage à nos cœurs ne vient que par saccades....
Ne parlons plus de gloire et de nos barricades!
Que le teint de la honte embrase notre front!
Vous voulez voir venir les Russes : ils viendront!...

BARBIER

La Guerre.

Mère! il était une ville fameuse;
Avec le Hun j'ai franchi ses détours;
J'ai démoli son enceinte fumeuse;
Sous le boulet j'ai fait crouler ses tours!

J'ai promené mes chevaux par les rues,
Et, sous le fer de leurs rudes sabots,
J'ai labouré le corps des femmes nues,
Et des enfants couchés dans les ruisseaux !...
Hourra ! hourra ! j'ai courbé la rebelle !
J'ai largement lavé mon vieil affront :
J'ai vu des morts à hauteur de ma selle !
Hourra ! j'ai mis les deux pieds sur son front !...
Tout est fini, maintenant, et ma lame
Pend inutile à côté de mon flanc.
Tout a passé par le fer et la flamme ;
Toute muraille a sa tache de sang !
Les maigres chiens aux saillantes échines
Dans les ruisseaux n'ont plus rien à lécher ;
Tout est désert ; l'herbe pousse aux ruines...
O mort ! ô mort ! je n'ai rien à faucher !

Le Choléra-Morbus.

Mère ! il était un peuple plein de vie,
Un peuple ardent et fou de liberté ;
Eh bien, soudain, des champs de Moscovie,
Je l'ai frappé de mon souffle empesté !
Mieux que la balle et les larges mitrailles,
Mieux que la flamme et l'implacable faim,
J'ai déchiré les mortelles entrailles,
J'ai souillé l'air et corrompu le pain !...
J'ai tout noirci de mon haleine errante ;
De mon contact j'ai tout empoisonné ;
Sur le teton de sa mère expirante,
Tout endormi, j'ai pris le nouveau-né !
J'ai dévoré, même au sein de la guerre,
Des camps entiers de carnage fumants ;
J'ai frappé l'homme au bruit de son tonnerre ;
J'ai fait combattre entre eux des ossements !...
Partout, partout le noir corbeau becquète ;
Partout les vers ont des corps à manger ;
Pas un vivant, et partout un squelette...
O mort ! ô mort ! je n'ai rien à ronger !

La Mort.

Le sang toujours ne peut rougir la terre;
Les chiens toujours ne peuvent pas lécher;
Il est un temps où la Peste et la Guerre
Ne trouvent plus de vivants à faucher!...
Enfants hideux! couchez-vous dans mon ombre,
Et sur la pierre étendez vos genoux;
Dormez! dormez! sur notre globe sombre,
Tristes fléaux! je veillerai pour vous.
Dormez! dormez! je prêterai l'oreille
Au moindre bruit par le vent apporté;
Et, quand, de loin, comme un vol de corneille,
S'élèveront des cris de liberté;
Quand j'entendrai de pâles multitudes,
Des peuples nus, des milliers de proscrits,
Jeter à bas leurs vieilles servitudes
En maudissant leurs tyrans abrutis;
Enfants hideux! pour finir votre somme,
Comptez sur moi, car j'ai l'œil creux... Jamais
Je ne m'endors, et ma bouche aime l'homme
Comme le czar aime les Polonais!

VICTOR HUGO

Je hais l'oppression d'une haine profonde;
Aussi, lorsque j'entends, dans quelque coin du monde,
Sous un ciel inclément, sous un roi meurtrier,
Un peuple qu'on égorge appeler et crier;
Quand, par les rois chrétiens aux bourreaux turcs livrée,
La Grèce, notre mère, agonise éventrée;
Quand l'Irlande saignante expire sur sa croix;
Quand l'Allemagne aux fers se débat sous dix rois;
Quand Lisbonne, jadis belle et toujours en fête,
Pend au gibet, les pieds de Miguel sur sa tête;
Quand Albani gouverne au pays de Caton;
Quand Naples mange et dort; quand, avec son bâton,
Sceptre honteux et lourd que la peur divinise,
L'Autriche casse l'aile au lion de Venise;

Quand Modène étranglé râle sous l'archiduc ;
Quand Dresde lutte et pleure au lit d'un roi caduc ;
Quand Madrid se rendort d'un sommeil léthargique ;
Quand Vienne tient Milan ; quand le lion belgique,
Courbé comme le bœuf qui creuse un vil sillon,
N'a plus même de dents pour mordre son bâillon ;
Quand un Cosaque affreux, que la rage transporte,
Viole Varsovie échevelée et morte,
Et, souillant son linceul, chaste et sacré lambeau
Se vautre sur la vierge étendue au tombeau ;
Alors, oh ! je maudis, dans leur cour, dans leur antre,
Ces rois dont les chevaux ont du sang jusqu'au ventre.
Je sens que le poëte est leur juge ; je sens
Que la Muse indignée, avec ses poings puissants,
Peut, comme au pilori, les lier sur leur trône,
Et leur faire un carcan de leur lâche couronne,
Et renvoyer ces rois, qu'on aurait pu bénir,
Marqués au front d'un vers que lira l'avenir !
Oh ! la Muse se doit aux peuples sans défense !
J'oublie, alors, l'amour, la famille, l'enfance,
Et les molles chansons, et le loisir serein,
Et j'ajoute à ma lyre une corde d'airain !

LAMENNAIS

Prise de Varsovie.

« Varsovie a capitulé ! L'héroïque nation polonaise, délaissée de la France, repoussée par l'Angleterre, vient de succomber dans la lutte qu'elle a si glorieusement soutenue pendant huit mois contre les hordes tartares alliées avec la Prusse. Le joug moscovite va peser de nouveau sur le peuple des Jagellon et des Sobieski, et, pour aggraver son infortune, les fureurs de quelques monstres affaibliront peut-être l'horreur que doit inspirer le crime de cette nouvelle conquête. Que chacun garde ce qui est à soi : aux égorgeurs, le meurtre, et l'infamie ! aux vrais enfants de la Pologne, une gloire pure et immortelle ! au tzar et à ses alliés, la malédiction de quiconque porte en soi un cœur d'homme, de quiconque sait ce que c'est qu'une patrie ! à nos ministres, leurs noms !... Il n'y a rien au-dessous.

» Ainsi donc, peuple généreux, notre frère de foi et notre frère d'armes, lorsque tu combattais pour ta vie, nous n'avons pu t'aider que de nos vœux ; et, à présent que te voilà gisant sur l'arène, nous ne pouvons te donner que des pleurs ! Puissent-ils, au moins, te consoler un peu dans ta douleur immense ! La liberté a passé sur toi comme une ombre fugitive, et cette ombre a épouvanté tes anciens oppresseurs : ils ont cru voir la justice ! Après des jours sombres, regardant le ciel, tu as cru y découvrir des signes plus doux ; tu t'es dit : « Le temps de la délivrance approche ; cette terre qui
» recouvre les ossements de nos aïeux sera encore notre
» terre ; nous n'y entendrons plus la voix de l'étranger, nous
» dictant ses ordres insolents... Nos autels seront libres
» comme nos foyers. » Et tu te trompais, et ce n'était pas encore le temps de vivre ; c'était le temps de mourir pour tout ce qu'il y a de doux et de sacré parmi les hommes... Peuple de héros, peuple de notre amour ! repose en paix dans la tombe que le crime des uns et la lâcheté des autres t'ont creusée ; mais, ne l'oublie point, cette tombe n'est pas vide d'espérance ; sur elle, il y a une croix, une croix prophétique qui dit : « Tu revivras !... »

Convenons qu'un peuple est bien heureux d'avoir des poëtes ; s'il n'avait que des hommes d'État, la postérité prendrait souvent une étrange idée de lui.

Au reste, la chute de la Pologne entraîna la chute de *l'Avenir*.

Nous allons dire comment.

CXCI

Suspension de *l'Avenir*. — Ses trois principaux rédacteurs se rendent à Rome. — L'abbé de Lamennais musicien. — Ce qu'il en coûte pour obtenir une audience du pape. — Le couvent de Santo-Andrea della Valle. — Entrevue de M. de Lamennais avec Grégoire XVI. — La statuette de Moïse. — Les doctrines de *l'Avenir* sont condamnées par le conseil des cardinaux. — Ruine de M. de Lamennais. — Les *Paroles d'un croyant*.

Pour les rédacteurs de *l'Avenir*, la position n'était plus tenable. Si, d'un côté, la démocratie religieuse, abreuvée de tristesse et de fiel, recueillait avec amour les paroles des envoyés, de l'autre, l'opposition des chefs de l'Église catholique devenait formidable, l'accusation d'hérésie courait de bouche en bouche. L'abbé de Lamennais regarda autour de lui, et ne vit, comme le prophète Isaïe, que des champs où la désolation était assise. La Pologne, blessée au flanc, la main hors du suaire, dormait dans l'attente éternellement trompeuse de la main de la France ; et, cependant, elle était tombée pleine de désespoir et de doute, en disant : « Dieu est trop haut, et la France est trop loin ! » L'Irlande, éperdue de misère, mourant de faim, comprimée à la fois par le poing et par le genou de l'Angleterre, se prosternait en vain devant ses croix de bois en implorant le secours du ciel : rien ne venait ! Il semblait que la Liberté eût détourné sa face d'un monde qui n'était point digne d'elle. La Pologne et l'Irlande, ces deux alliées naturelles de toute démocratie religieuse, disparaissaient de la scène politique, et, en disparaissant, entraînaient dans leur chute l'existence de *l'Avenir*.

Le flot des oppositions, semblable à une marée sans reflux, montait, montait toujours. Les uns en voulaient à l'opinion de M. de Lamennais, les autres à son talent ; ces derniers n'étaient pas les moins animés contre lui. Il fallut céder. Comme tous les journaux qui glissent dans le vide, *l'Avenir* annonça qu'il *suspendait* sa publication ; ce furent ses adieux de Fontainebleau.

« Si nous nous retirons un moment, écrivait M. de Lamennais, ce n'est point par lassitude, encore moins par découragement ; c'est pour aller, comme autrefois les soldats d'Israël, *consulter le Seigneur en Silo.*

» On a mis en doute notre foi et nos intentions même ; car, en ces temps-ci, que n'attaque-t-on point ? Nous quittons un instant le champ de bataille pour remplir un autre devoir également pressant. Le bâton du voyageur à la main, nous nous acheminons vers la chaire éternelle, et, là, prosternés aux pieds du pontife que Jésus-Christ a préposé pour guide et pour maître à ses disciples, nous lui dirons : « O père ! dai-
» gnez abaisser vos regards sur quelques-uns d'entre les der-
» niers de vos enfants qu'on accuse d'être rebelles à votre in-
» faillible et douce autorité ! O père ! prononcez sur eux la
» parole qui donne la vie parce qu'elle donne la lumière, et
» que votre main s'étende pour bénir leur obéissance et leur
» amour. »

Il serait puéril de mettre ici en question la sincérité de celui qui écrivait ces lignes. Comme Luther, qui promettait, lui aussi, de se soumettre à Rome, l'abbé de Lamennais avait l'intention de persévérer dans la foi catholique. Si, plus tard, son orthodoxie s'ébranla ; si, à la vue de Rome et des cardinaux, sa foi au vicaire de Jésus et à la représentation visible de l'Église se démentit, il faut en accuser peut-être la forme toute païenne sous laquelle la religion du Christ lui apparut, comme jadis au moine d'Eisleben, dans la ville éternelle.

Quand j'en serai là de ma vie, à moi, je raconterai mes propres sensations, et je dirai mes longues conversations à ce sujet avec le pape Grégoire XVI.

Les trois pèlerins de *l'Avenir*, l'abbé de Lamennais, l'abbé Lacordaire et le comte Charles de Montalembert se mirent donc en route pour l'Italie, non tout à fait comme l'avait annoncé un d'eux, le bâton du voyageur à la main, mais animés d'une foi réelle, et la douleur dans l'âme. Ils ne laissaient pas sans un regret mortel le rêve de onze mois derrière eux ; *l'Avenir* avait, en effet, duré du 16 octobre 1830 au 17 septembre 1831.

Nous ne raconterons point les *impressions* de voyage de l'abbé de Lamennais, car l'auteur de l'*Essai sur l'indifférence* n'est point un homme à impressions extérieures. Il passa devant l'Italie sans la voir ; à travers cette merveille des merveilles, il n'apercevait que son idée et le but de son itinéraire.

C'est dix ans plus tard qu'étant prisonnier à Sainte-Pélagie, et déjà vieux, Lamennais retrouva dans un coin de ses souvenirs l'Italie encore chaude de son soleil ; par un procédé de daguerréotype qu'explique assez la nature de l'homme dont nous nous occupons, les monuments de l'art et le paysage s'étaient décalqués invisiblement sur la plaque de son cerveau ! il fallut la rêverie, le silence et la captivité, comme il faut l'iode à la plaque argentée, pour faire sortir de sa mémoire la figure des belles choses qu'il avait oublié d'admirer dix ans auparavant. C'est à cause de cela qu'il nous disait en 1841, sous le plafond écrasé de son cachot :

— Je commence à voir l'Italie... C'est un pays merveilleux !

On pourrait faire sur l'abbé de Lamennais, surtout en le comparant aux autres poëtes de son temps, une curieuse étude psychologique.

L'auteur de l'*Essai sur l'indifférence* voit peu et mal ; il a un nuage sur les yeux et un nuage sur le cerveau ; à l'endroit de la perception du monde extérieur, le seul sens qui soit, pour ainsi dire, éternellement éveillé dans cette organisation particulière, est le sens de l'ouïe, qui répond à la faculté musicale : l'abbé de Lamennais joue du piano, et se plaît surtout aux compositions de Listz. De là peut-être la cause de sa profonde tendresse pour ce grand artiste.

Quant au reste, c'est-à-dire quant à ce qui se rapporte au monde objectif, le spectacle est en lui, et, lorsqu'il veut voir, c'est dans son âme qu'il regarde. De cette disposition de l'homme, il résulte une nature de style qui rentre dans la manière psychologique. Décrit-il un paysage, comme dans les *Paroles d'un croyant* ou dans les tableaux datés de sa prison, c'est toujours la ligne infinie qui étend sous sa plume de vagues horizons ; chez lui, la pensée voit, non pas l'œil.

C'est que M. de Lamennais est de la race des penseurs maladifs dont était Blaise Pascal. Que la médecine ne s'avise jamais de guérir ces natures souffrantes : elle leur enlèverait leur génie.

Le voyage, avec ses relais forcés, donna souvent à l'abbé de Lamennais le loisir d'étudier notre littérature moderne, qu'il connaissait peu. Dans un monastère d'Italie où les pèlerins reçurent l'hospitalité, MM. de Lamennais et Lacordaire lurent pour la première fois *Notre-Dame de Paris* et *Henri III*.

Arrivé à Rome, l'abbé de Lamennais logea dans l'hôtel et dans l'appartement qu'avait occupé, quelques mois auparavant, la comtesse Guiccioli. Son idée fixe était de voir le pape, de terminer avec lui ses affaires, qui étaient celles de la démocratie religieuse. Après de longs retards, après une foule de démarches infructueuses, après sept ou huit demandes d'audience restées sans résultat, l'abbé de Lamennais se plaignit ; alors, un ecclésiastique de Rome auquel il témoignait son mécontentement lui fit naïvement observer que peut-être il avait omis de déposer la somme de... dans les mains du cardinal ***. L'abbé de Lamennais avoua qu'il aurait cru offenser Son Éminence en la traitant comme le portier d'une courtisane.

— Alors, ne vous étonnez plus, lui répondit l'abbé italien, de n'avoir pas encore été reçu par Sa Sainteté.

L'ignorant voyageur avait oublié la formalité essentielle. Et, cependant, quoique renseigné, il s'obstina à voir le pape gratis ; en payant, il lui eût semblé devenir le complice d'une simonie.

Les rédacteurs de *l'Avenir* étaient déjà depuis trois mois oubliés dans la ville sainte, attendant que le pape voulût bien s'occuper d'une question qui tenait en suspens une moitié de l'Europe catholique. L'abbé Lacordaire avait pris le parti de retourner en France ; le comte de Montalembert se préparait à partir pour Naples; M. de Lamennais seul continuait de frapper aux portes du Vatican, plus fermées et plus inexorables que celles de Lydie dans ses mauvais jours. Le père Ventura, alors général des Théatins, reçut l'illustre voyageur français à Santo-Andrea della Valle.

« Je n'oublierai jamais, dit M. de Lamennais dans ses *Affaires de Rome*, les jours paisibles que j'ai passés dans cette pieuse maison, entouré des soins les plus délicats, parmi ces bons religieux si édifiants, si appliqués à leurs devoirs, si éloignés de toute intrigue. La vie du cloître, régulière, calme et, pour ainsi dire, retirée en soi, tient une sorte de milieu entre la vie purement terrestre et cette vie future que la foi nous montre sous une forme vague encore, et dont tous les êtres humains ont en eux-mêmes l'irrésistible pressentiment. »

Enfin, après bien des instances, l'abbé de Lamennais fut reçu par Grégoire XVI en audience particulière. Il se rendit au Vatican, monta l'escalier gigantesque tant de fois monté et descendu par Raphaël et par Michel-Ange, par Léon X et par Jules II; il traversa les hautes et silencieuses salles aux deux rangs de fenêtres superposées; à l'extrémité de ce long palais splendide et désert, il arriva, conduit par un huissier, dans une chambre d'attente où deux cardinaux, immobiles comme des statues, assis sur des siéges de bois, lisaient gravement leur bréviaire. Le moment venu, l'abbé de Lamennais fut introduit. — Dans une chambre petite, nue, toute tendue de rouge, où un seul fauteuil annonçait qu'un seul homme avait là le droit de s'asseoir, se tenait *debout* un grand vieillard calme et souriant dans son blanc linceul. Il recevait M. de Lamennais debout; grand honneur! le plus grand que cet homme divin pût faire à un autre homme sans violer l'étiquette.

Alors, le pape entretint le voyageur français du beau soleil, de la belle nature de l'Italie, des monuments de Rome, des arts, de l'histoire ancienne ; mais de son affaire, du but de son voyage, pas un mot. Le pape n'avait point commission pour cela : cette question se traitait quelque part dans l'ombre, entre des cardinaux nommés pour en connaître, et dont on ne savait point les noms. Un mémoire avait été adressé à la cour de Rome par les rédacteurs de *l'Avenir* ; ce mémoire devait amener une décision autour de laquelle régnait le mystère le plus impénétrable. Le pape, d'ailleurs, se montra bienveillant pour le prêtre français dont le génie honorait l'Église catholique.

— Quelle est, parmi les œuvres d'art, demanda-t-il à M. de Lamennais, celle qui vous a le plus frappé?

— Le *Moïse* de Michel-Ange, répondit le prêtre.

— Eh bien, lui dit Grégoire XVI, je vais vous montrer une chose que personne ne voit, ou plutôt que bien peu d'élus voient à Rome.

Et, en disant ces mots, le grand vieillard blanc entra dans une sorte d'alcôve fermée par des rideaux, et revint soutenant dans ses bras une réduction en argent du *Moïse* faite par Michel-Ange lui-même. L'abbé de Lamennais admira, salua et se retira accompagné par les deux cardinaux qui gardaient l'entrée de cette chambre.

Il fut forcé de rendre hommage à la gracieuse réception du saint-père ; mais, en conscience, il n'était pas venu de Paris à Rome pour voir la statuette de Moïse !

Ce fut un désenchantement infini. L'abbé de Lamennais secoua sur Rome la poussière de ses sandales, une poussière de tombe, et s'en revint à Paris.

Après un long silence, au moment où l'affaire de *l'Avenir* semblait ensevelie dans les hypogées du saint-siége, Rome parla : elle condamnait les doctrines des hommes qui avaient essayé de rallier le christianisme à la liberté.

La douleur de l'abbé de Lamennais fut immense. Le pasteur étant frappé, les brebis se dispersèrent ; à peine la nouvelle d'une censure arrivait-elle à la Chesnaie, que les disciples furent saisis de frayeur, et prirent la fuite. M. de Lamennais resta seul dans le vieux château abandonné, seul avec le triste silence qu'interrompaient parfois le murmure des grands chênes et le chant des oiseaux plaintifs. Bientôt cette retraite même lui fut enlevée : l'abbé de Lamennais se réveilla, un jour, ruiné par la faillite d'un libraire dont il avait garanti la signature.

Alors, l'ex-rédacteur de *l'Avenir* commença son voyage à travers un océan d'amertume; les tourments de l'âme l'empêchèrent de s'apercevoir de sa pauvreté, qui fut extrême; ses meubles, ses livres, il vendit tout. Deux fois il baissa sous la main du chef de l'Église une tête résignée, et deux fois il se releva, plus triste chaque fois, chaque fois plus indompté, chaque fois plus convaincu que l'esprit humain, le progrès, la raison, la conscience ne pouvaient avoir tort. Ce ne fut point sans déchirements profonds qu'il se sépara du dogme de sa jeunesse, de sa vie de prêtre, de l'obéissance tranquille, de l'unité majestueuse et forte, en un mot, de tout ce qu'il avait défendu; mais l'esprit nouveau l'avait pris aux cheveux, selon le langage de la Bible, et lui disait : « Va! »

C'est alors que, dans le silence, au milieu des persécutions que sa docilité même n'avait pu désarmer, à Paris, dans une petite chambre meublée d'un lit de sangle d'une table et de deux chaises, l'abbé de Lamennais écrivit les *Paroles d'un croyant*. Le manuscrit resta une année dans le portefeuille de l'auteur; remis plusieurs fois entre les mains de l'éditeur Renduel, retiré, puis redonné, puis retiré encore, ce beau livre subit avant sa publication toute sorte de vicissitudes, rencontra toute sorte d'obstacles; les principales difficultés vinrent de la famille même de l'abbé de Lamennais, surtout d'un frère qui ne voyait pas sans terreur son frère s'aventurer sur cet océan de la démocratie qu'agitaient les tempêtes de 1833. Enfin, après bien des retards et des hésitations douloureuses, la forte volonté de l'auteur l'emporta sur les instances de l'amitié.

Le livre parut.

C'est ici la troisième transformation de l'écrivain : l'ABBÉ DE LA MENNAIS et M. DE LAMENNAIS venaient de faire place au CITOYEN LAMENNAIS.

VIII.   I.

Nous le retrouverons sur les bancs de la Constituante de 1848.

Comme tous les hommes d'un grand génie, et qui, pilotes de leur propre pensée, ont eu à conduire ce génie à travers les orages religieux et politiques qui ont soufflé depuis trente ans, M. de Lamennais a été l'objet des jugements les plus opposés. Nous ne nous faisons ici ni son apologiste ni son accusateur ; nous essayons de lui rendre le service qu'il appartient à tout homme de cœur de rendre à un homme qu'il admire : nous essayons de le montrer aux autres tel qu'à nous-même il est apparu.

CXCII

Celui qui fut Gannot. — Le Mapah. — Son premier miracle. — Les noces de Cana. — Gannot phrénologue. — D'où lui venaient ses premières notions phrénologiques. — L'inconnue. — Changement opéré dans la vie de Gannot. — Comment il passe Mapah.

Encadrons M. de Lamennais, c'est-à-dire le grand philosophe, le grand poëte, le grand humaniste, entre un faux prêtre et un faux dieu. Après sa sanglante passion, le Christ fut crucifié entre deux larrons.

Nous allons raconter les aventures et exposer les doctrines du *Mapah* ou de *celui qui fut Gannot*.

C'est un des dieux les plus excentriques qui se produisirent de 1831 à 1845.

Les anciens divisaient leurs dieux en *dii majores* et en *dii minores*; le Mapah était un dieu *minor*. Il n'en était pas moins amusant pour cela.

Ce nom de *Mapah* était le nom favori du dieu, celui sous lequel il désirait être adoré ; mais, n'oubliant pas qu'il avait été homme avant de devenir dieu, il se laissait humblement et modestement appeler, quelquefois même il s'appelait, parlant de sa propre personne, *celui qui fut Gannot*.

Il avait, en effet, ou plutôt il avait eu deux existences bien distinctes : celle de l'homme et celle du dieu.

L'homme était né vers 1800, ou du moins paraissait à peu près de mon âge quand je l'ai connu. Il se donnait alors de vingt-huit à trente ans. On m'a dit qu'une fois dieu, il soutenait avoir été le contemporain de tous les siècles, et avoir même préexisté sous une double forme symbolique à Ève et Adam, dans lesquels il s'incarna quand le père et la mère du genre humain ne faisaient encore qu'une seule et même personne!

L'homme avait été un beau, un élégant, un dandy, un habitué du boulevard de Gand, aimant les chevaux, adorant les femmes, idolâtrant le jeu ; à tous les jeux il était habile ; au billard surtout. Si bon joueur de billard que fût le pape Grégoire XVI, en supposant qu'il eût joué au billard sa papauté avec Gannot, j'eusse bien certainement parié pour Gannot.

Dire que Gannot jouait mieux au billard qu'aux autres jeux, cela ne veut pas dire qu'il aimât moins les jeux de hasard que les jeux d'adresse ; point : Gannot avait une passion pour la roulette, pour la rouge et la blanche, pour le trente-et-un, pour le biribi, pour tous les autres jeux, enfin.

Aussi avait-il toutes les bienheureuses illusions des joueurs. Nul mieux que lui ne faisait ronfler un cigare et crier des bottes vernies sur l'asphalte des trottoirs en rêvant des fortunes merveilleuses, des calèches, des tilburys, des tandems attelés de chevaux ferrés d'argent ; des maisons, des hôtels, des palais, avec des tapis mous et épais comme le gazon des prairies; des rideaux, des brocatelles, des tapisseries, des lampas, des lustres de cristal, des meubles de Boule. Malheureusement, entre ses doigts prodigues, l'or gagné s'écoulait comme l'onde. Sans cesse ballotté de la misère à l'abondance, il passait de la maigre déesse à la grasse divinité avec des airs superbes qui faisaient plaisir à voir. L'orgie ne lui déplaisait pas non plus ; mais il lui fallait l'orgie avec des proportions gigantesques : le festin de Trimalcion ou les noces de Gamache. Au reste, bon ami, toujours prêt à rendre service, jetant sa bourse au vent, son cœur aux femmes, sa vie à tout, ne se doutant pas encore de sa future divinité, mais faisant déjà toute sorte de miracles.

Tel était Gannot, le futur Mapah, lorsque j'eus l'honneur de faire sa connaissance, vers 1830 ou 1831, au café de *Paris*.

Encore moins que lui, je pressentais sa divinité à venir, et celui qui m'eût dit, lorsque, à deux heures du matin, je le quittai pour regagner mon troisième étage de la rue de l'Université, que je venais de serrer la main à un dieu, celui-là m'eût certes bien étonné.

J'ai dit que, même avant d'être dieu, Gannot faisait des miracles ; je vais raconter un de ceux que je lui ai à peu près vu faire.

C'était vers 1831, — préciser l'époque de l'année me serait chose impossible ; — un ami de Gannot, un innocent débiteur qui en était encore à sa première lettre de change, vint le trouver et lui exposer sa détresse en termes déchirants. Gannot était un de ces hommes que l'on consulte volontiers dans les moments difficiles, — esprit prompt aux expédients, œil sûr, main ferme.

Malheureusement, Gannot était dans un de ses jours de pauvreté, et, dans ses jours de pauvreté, il eût rendu des points à Job. Il commença donc par avouer son impuissance personnelle, et, comme son ami se désespérait :

— Bah ! dit-il, nous en avons vu bien d'autres !

Nous en avons vu bien d'autres était le mot de Gannot, qui, en effet, en avait vu de toutes les couleurs.

— Eh bien, mais, demanda l'ami, en attendant, comment me tirer de là ?

— As-tu un objet d'une valeur quelconque dont on puisse faire de la monnaie, ne fût-ce que vingt francs, ne fût-ce que dix francs, ne fût-ce que cinq francs ?

— Hélas ! dit le jeune homme, j'ai ma montre...

— Argent ou or ?

— Or.

— Or ! et elle vaut ?

— Elle vaut deux cents francs ; mais c'est à peine si j'en trouverai soixante, et la lettre de change est de cinq cents.

— Va porter ta montre au mont-de-piété.

— Et après ?

— Tu rapporteras ici l'argent qu'on t'en aura donné.
— Et après?
— Tu m'en donneras la moitié.
— Et après?
— Après, je te dirai ce qu'il en faudra faire... Va, et surtout ne distrais pas un denier de la somme!
— Peste! je n'ai garde! dit l'ami.
Et il partit courant.
Le jeune homme revint avec soixante et dix francs.
C'était de bon augure.
Gannot les prit et les mit majestueusement dans sa poche.
— Que fais-tu? lui dit l'ami.
— Tu le vois bien.
— Il me semble que tu avais dit que nous partagerions...
— Plus tard... Pour le moment, il est six heures, allons dîner.
— Comment, allons dîner?
— Mon cher, les gens comme il faut ont besoin de dîner, et de bien dîner, pour se donner des idées.
Et Gannot s'achemina vers le Palais-Royal, accompagné du jeune homme, et, une fois au Palais-Royal, Gannot entra aux Frères-Provençaux.
Le jeune homme essaya bien un peu de tirer Gannot par le bras; mais, sous son bras, comme dans un piége, Gannot pinça la main du jeune homme; il fallut suivre.
Gannot fit la carte et dîna bravement, à la grande inquiétude de son ami, qui laissait d'autant plus les morceaux entiers sur son assiette que les morceaux étaient plus délicats. Le futur Mapah mangea pour deux.
Le quart d'heure de Rabelais arriva : l'addition se montait à trente-cinq francs.
Gannot jeta deux louis sur la table. On voulut lui rendre sa monnaie.
— Inutile! les cinq francs sont pour le garçon, dit-il.
Le jeune homme secoua mélancoliquement la tête.
— Ce n'est point là, murmurait-il tout bas, le moyen de payer ma lettre de change!

Gannot ne paraissait remarquer ni ses monologues ni ses hochements de tête.

Ils sortirent.

Gannot marchait devant, le cure-dent à la bouche ; l'ami le suivait silencieux et morne, comme une victime résignée. Arrivé à la Rotonde, Gannot s'assit, attira une chaise à la portée de son ami, frappa sur la table de marbre avec la plaque de bois d'un journal, demanda deux tasses de café, un cabaret de liqueurs assorties, et les meilleurs cigares que l'on pourrait trouver.

La consommation se monta à cinq francs. Restait vingt-cinq francs sur les soixante et dix.

Gannot en déposa dix dans la main de son ami, et réintégra les quinze autres dans sa poche.

— Eh bien? demanda l'ami.

— Prends ces dix francs, répondit Gannot; monte dans cette maison que tu vois en face, au 113; ne te trompe pas d'étage, surtout!

— Qu'est-ce que cette maison?

— C'est une maison de jeu.

— Je jouerai donc?

— Sans doute, tu joueras! et, à minuit, que tu aies gagné ou perdu, reviens ici...; j'y serai.

Le jeune homme en était à ce point d'anéantissement que, si Gannot lui eût dit : « Va te jeter dans la rivière, » il y serait allé.

Il exécuta ponctuellement l'ordre de Gannot.

Il n'avait jamais mis le pied dans une maison de jeu ; la fortune, dit-on, favorise les innocents : il joua et gagna.

A onze heures trois quarts, — il n'avait pas oublié l'injonction du maître, pour lequel il commençait à se sentir une espèce de respect superstitieux, — à onze heures trois quarts, il sort les poches pleines d'or, et le cœur gonflé de joie.

Gannot se promenait devant le passage qui conduit au Perron, fumant tranquillement son cigare.

Du plus loin qu'il l'aperçut :

— Oh! mon ami, s'écria le jeune homme, quel bonheur!

j'ai gagné quinze cents francs; ma lettre de change payée, il me restera mille francs!... Laisse-moi t'embrasser, je te dois la vie..

Gannot le repoussa doucement de la main, et l'invita à modérer les transports de sa reconnaissance.

— Ah! maintenant, dit-il, nous pouvons bien aller prendre un verre de punch, n'est-ce pas?

— Un verre de punch?... Un bol, mon ami! deux bols! tant que tu en voudras, et des havanes à discrétion! Je suis riche : ma lettre de change payée et ma montre retirée, il me reste encore...

— Tu me l'as déjà dit.

— Ma foi! je suis si content, que je ne saurais trop le redire, mon ami!

Et le jeune homme s'abandonna aux éclats d'une joie immodérée, tandis que, beau, calme et fier, Gannot montait royalement l'escalier conduisant à l'estaminet Hollandais, le seul qui fût ouvert à minuit passé.

L'estaminet était plein. Gannot appela *les garçons*.

Un garçon se présenta.

— J'ai demandé *les garçons*, dit Gannot.

On en alla chercher trois qui étaient à la glacerie : on en fit lever deux qui étaient déjà couchés. Il en vint quinze en tout.

Gannot les compta.

— Bon! dit-il. Maintenant, garçons, promenez-vous de table en table, et demandez à ces messieurs et à ces dames ce qu'ils désirent.

— Alors, monsieur...

— C'est moi qui paye! dit majestueusement Gannot.

La plaisanterie fut acceptée, on la trouva même de bon goût; seul, l'ami riait du bout des lèvres en voyant l'absorption de liqueurs, de café, de gloria qui se faisait.

Chaque table était un volcan versant, au milieu des flammes, une lave de punch. Les tables se renouvelaient; les nouveaux venus étaient invités par l'amphitryon à consulter la carte, et à s'en donner à discrétion : glaces, liqueurs, limonades gazeuses, tout y passa, jusqu'à l'eau de Seltz.

Enfin, à trois heures, quand il n'y eut plus un seul petit verre dans l'établissement, Gannot demanda la note de la consommation. Elle s'élevait à dix-huit cents francs.

Et la lettre de change!...

Le jeune homme, plus mort que vif, porta machinalement la main à sa poche, quoiqu'il sût bien qu'elle ne contenait que quinze cents francs; mais Gannot ouvrit son portefeuille, en tira deux billets de mille francs, et, soufflant dessus pour les décoller :

— Tenez, garçons, dit-il, le reste est pour le service.

Et, se tournant vers son élève, près de se trouver mal, et qui, toute la soirée, n'avait cessé de le tirer par la manche, et de lui marcher sur les pieds :

— Jeune homme, lui dit-il, j'ai voulu te donner une petite leçon... C'est pour t'apprendre qu'un bon joueur ne doit pas s'émerveiller des gains qu'il fait, et surtout qu'il doit en user largement.

Avec les quinze francs qu'il avait gardés sur l'argent de son ami, Gannot avait été jouer de son côté, et avait gagné deux mille francs. On a vu où ils étaient passés.

Ce fut son miracle des noces de Cana.

Mais, comme on le comprend bien, cette fortune aléatoire avait de cruels revers ; l'existence de Gannot était pleine de crises ; il vivait de tous les excès ! Plus d'une fois, au milieu de cette vie orageuse, les pensées les plus sinistres traversèrent son cerveau. Nouveau Karl Moor, nouveau Jean Sbogar, nouveau Jaromir, quels plans effroyables ne formait-il pas alors ? Attaquer les passants sur les grands chemins, et jeter au tapis vert un or taché de sang, ce fut, dans plus d'une déroute, le rêve de ses nuits fiévreuses, et la terrible espérance de ses lendemains !

— J'allais, disait-il lui-même lorsque sa divinité l'eut dégagé de toutes ces vapeurs sombres de l'humanité, j'allais trébuchant sur la voie du crime, et me heurtant la tête çà et là aux angles du couperet; je devais passer par toutes ces épreuves : c'est du dernier des vauriens que devait sortir le premier des protestants !

A l'industrie du jeu, il en joignait une autre moins éventuelle. Sur le boulevard Bonne-Nouvelle, où il demeurait alors, les passants ont pu observer une tête servant d'enseigne, et sur le crâne chauve de laquelle un artiste quelconque avait peint en bleu et en rouge la topographie cérébrale des *facultés*, des *sentiments* et des *instincts*; cette tête cabalistique indiquait qu'*ici* on donnait des consultations de phrénologie.

Maintenant, il est bon de dire comment Gannot était arrivé à l'apogée de la science des Gall et des Spurzheim.

Fils d'un chapelier, il avait remarqué, tout enfant, dans la boutique de son père, les formes si diverses de chapeau en rapport avec les formes si variées de la tête. Il s'était ainsi créé un système phrénologique à lui, qu'il développa plus tard par l'étude superficielle de l'anatomie.

Gannot était médecin, ou, pour mieux dire, officier de santé; ce qu'il avait appris tenait peu de place dans sa mémoire; mais, doué d'un tact fin et pénétrant, il analysait avec une espèce de *seconde vue* les caractères et les têtes qui tombaient sous sa main.

Un jour qu'accablé par une perte d'argent qu'il venait de faire au jeu, ne trouvant plus devant lui que misère et désespoir, il s'abandonnait aux plus sombres résolutions, une femme du monde, belle, jeune riche, descend de voiture, monte son escalier, et frappe à sa porte.

Elle venait demander au devin la bonne aventure de sa tête.

Si magnifique créature qu'elle fût, Gannot ne vit ni elle, ni sa beauté, ni son trouble, ni son hésitante rougeur ; elle s'assit, ôta son chapeau, découvrit d'admirables cheveux blonds, et livra sa tête au phrénologue.

Le docteur mystérieux passa négligemment sa main dans ces ondes d'or.

Son esprit était ailleurs.

Rien pourtant de plus riche que les plans et les contours qui se développaient sous le toucher du maître. Au moment où sa main arrivait à un endroit situé à la base du crâne que le vulgaire appelle la nuque, et que les savants nomment l'organe de l'*amativité*, soit qu'elle eût vu Gannot dès longtemps, soit sympathie magnétique et instantanée, cette femme fondit en larmes, et, jetant ses bras autour du cou du futur Mapah:

— Ah! s'écria-t-elle, je vous aime!

Ce fut un rayon nouveau dans la vie de cet homme.

Jusque-là, Gannot avait connu les femmes ; il n'avait pas connu la femme. A une vie de folles débauches, de jeu, d'émotions violentes, à une vie répandue sur l'asphalte du boulevard, sur le parquet des tripots, dans les allées du bois, succéda une vie d'amour solitaire; car, cette belle inconnue, il l'aima jusqu'à la folie, jusqu'à la rage.

Elle était mariée.

Souvent, dans leurs heures de délire, quand venait le moment de se quitter, des pleurs plein les yeux, des sanglots plein la poitrine, ils conspirèrent la mort de l'homme qui était un obstacle à leur enivrante passion; mais ils en restèrent à la pensée du crime. Du moins, elle voulut fuir avec lui: la fuite fut convenue, le jour arrêté; mais, ce jour-là, elle arriva chez Gannot avec un portefeuille garni de billets de banque pris dans le portefeuille de son mari : Gannot eut horreur du vol, et refusa l'argent.

Le lendemain, elle vint sans autre fortune que la robe qu'elle portait sur elle; pas une chaîne d'or à son cou, pas une bague à son doigt.

Ce jour-là, il l'enleva.

La vie de cet homme, compliquée de cet élément nouveau, prit plus que jamais son vol à travers les régions impossibles; c'était une de ces natures qui vont à tous les emportements. Si ce principe de M. Guizot est vrai : « On tombe toujours du côté où l'on penche, » le Mapah ne pouvait manquer de tomber un jour ou l'autre : il penchait de tous les côtés!

Le jeu et l'amour satisfaisaient admirablement les instincts merveilleux de cette vie excentrique; les maisons de jeu fermèrent! la femme qu'il aimait mourut!

C'est alors que le dieu naquit chez lui de l'amant inconsolable et du joueur rentré.

Il fit une maladie pendant laquelle le spectre de cette femme morte le visita toutes les nuits, et lui révéla les dogmes de sa religion nouvelle. En proie à ces hallucinations de l'amour et de la fièvre, Gannot s'écoutait lui-même dans la voix qui lui parlait. Mais il n'était déjà plus Gannot; il se transfigurait.

CXCIII

Le dieu et son sanctuaire. — Il notifie au pape sa déchéance. — Ses manifestes. — Son portrait. — Doctrine de l'évadisme. — Emblèmes de cette religion. — Chaudesaigues me conduit chez le Mapah. — Iswara et Pracriti. — Questions qui manquent d'actualité. — Guerre entre les sectateurs du *bidja* et les partisans du *sakti*. — Ma dernière entrevue avec le Mapah.

En 1840, dans cette vieille île Saint-Louis, que fouettent les vents aigres et colères du nord et de l'ouest, sur le quai le plus froid de cette froide Thulé, — *terrarum ultima Thule*, — à un rez-de-chaussée obscur et livide, dans une chambre nue, un homme pétrissait et moulait du plâtre.

Cet homme, c'était l'ancien Gannot.

La chambre était à la fois un atelier et une école; on venait y prendre des leçons de moulage, et y consulter le *Mapah*. C'était, nous l'avons déjà dit, le nom sous lequel Gannot présidait à sa nouvelle existence.

De cette chambre partit le premier manifeste par lequel *celui qui avait été Gannot* révélait au monde sa mission. — Qui dut être étonné? Ce fut certes le pape Grégoire XVI, lorsqu'il reçut un jour, sur son trône souverain, un écrit daté *de notre grabat apostolique*, dans lequel on lui annonçait qu'il avait fait son temps; qu'à partir de ce jour, il eût à se regarder comme déchu, et qu'enfin il était remplacé.

Ce devoir de politesse rempli envers son prédécesseur, Gannot annonça purement et simplement à ses amis qu'ils eussent à le considérer comme le dieu de l'avenir.

Depuis deux ou trois ans, Gannot faisait école; de cette

école étaient Félix Pyat, Thoré, Chaudesaigues, etc.. etc. La brusque transfiguration de Gannot en Mapah, sa déclaration au pape, la prétention qu'il affichait de se poser en révélateur, lui aliénèrent ses anciens disciples ; ce fut le *durus hic sermo*. Cependant, lui, inébranlable, continuait le cours de ses prédications ; mais, comme ses prédications orales ne suffisaient point, et qu'il crut nécessaire d'y joindre les professions de foi imprimées, un jour il vendit ses hardes, et en convertit le prix en manifestes de guerre contre la religion du Christ, lesquels manifestes il distribuait à ses nouveaux disciples en disant, non pas comme Jésus : « Mangez et buvez ; ceci est mon corps et ceci est mon sang ! » Mais : « Prenez et lisez ; ce sont mes chemises et mes culottes ! »

Depuis cette vente de sa garde-robe, les habitudes du ci-devant lion, ainsi que le costume, avaient entièrement disparu. Dans son passage du Gannot au Mapah, tout ce qui constituait le vieil homme s'était évanoui : une blouse remplaçait, hiver comme été, les habits élégants que portait l'ancien joueur ; un feutre gris couvrait son front haut et magnifiquement dessiné. Ainsi vu, il était véritablement beau : ses yeux gris bleu brillaient d'un feu mystique ; son nez fin, aux arêtes mobiles, suivait une ligne droite et pure ; une abondante barbe d'un blond vif tombait sur sa poitrine ; tous ses traits, comme ceux des rêveurs et des illuminés, étaient attirés vers le haut de sa tête par une sorte de tension nerveuse ; sa main était blanche, fine, distinguée, et, par un reste d'idolâtrie de l'homme du monde, il en prenait un soin particulier ; son geste ne manquait point d'empire ; sa parole était éloquente, chaude, colorée, bizarre. Prophète de la misère, il en avait pris les insignes ; il s'était fait prolétaire pour arriver au cœur des prolétaires ; il avait endossé la blouse pour convertir les blouses.

Le Mapah n'était pas un dieu simple ; c'était un dieu composite ; il y avait en lui du Saint-Simon, du Fourier, de l'Owen.

Son principal dogme était le dogme très-ancien de l'androgénisme, c'est-à-dire l'unité du principe mâle et du principe femelle dans toute la nature, l'unité de l'homme et de la femme dans la société.

Il appelait sa religion l'ÉVADISME, d'Ève et d'Adam; lui-même s'appelait le MAPAH, de *pater* et de *mater*; c'est en cela qu'il se superposait au pape, lequel n'avait été, dans les meilleurs temps de la papauté, même sous Grégoire VII, que le père des chrétiens, tandis que lui était à la fois le père et la mère de l'humanité.

Dans son système, on devait porter, non plus le nom de son père seulement, mais la première syllabe du nom maternel combinée avec la première syllabe du nom paternel.

Un jour, le Mapah s'adresse à son ami Chaudesaigues:

— Comment t'appelles-tu?

— Chaudesaigues.

— Qu'est-ce que cela, Chaudesaigues?

— C'est le nom de mon père.

— Et ta mère, malheureux, tu l'as donc tuée?

Chaudesaigues baissa la tête: il n'y avait rien à répondre à cela.

En socialisme, le dogme du Mapah était la protestation. A l'entendre, les assassins, les voleurs, les contrebandiers étaient la condamnation vivante de l'ordre moral contre lequel ils s'insurgeaient. *Les Brigands* de Schiller lui paraissaient le plus complet développement de sa théorie qui existât au monde.

Il se présente un beau matin dans une maison de filles, les rassemble, comme, au jour de sa folie mondaine, il avait rassemblé les garçons de l'estaminet Hollandais; puis, s'adressant aux pauvres créatures qui attendaient avec curiosité, ne comprenant pas quel était ce sultan, qui demandait douze ou quinze femmes à la fois:

— Mesdemoiselles, dit-il, savez-vous ce que vous êtes?

— Mais nous sommes des p....., répondirent les filles d'une seule voix.

— Vous vous trompez, dit le Mapah, vous êtes des *protestantes!*

Et, dans un langage qui ne manquait ni d'élévation ni de

couleur, il leur expliqua de quelle manière, elles, pauvres filles, protestaient contre le privilége des femmes honnêtes.

Il va sans dire qu'au fur et à mesure que cette doctrine se faisait jour, elle portait une certaine inquiétude dans l'esprit des magistrats, qui n'étaient pas à la hauteur de la religion nouvelle, plongés qu'ils se trouvaient dans les ténèbres du christianisme. Deux ou trois fois, on fit venir le Mapah chez le juge d'instruction, et on le menaça d'un procès; mais, de sa main nerveuse et fine tout à la fois, le Mapah secouait sa blouse, comme l'ambassadeur romain avait secoué sa toge.

— Emprisonnez-moi, jugez-moi, condamnez-moi, disait-il; je n'en appellerai pas du tribunal correctionnel à la cour royale; j'en appellerai de Pilate au peuple!

Et, en effet, soit que l'on craignît sa barbe, sa blouse, sa parole, qui, en réalité, était entraînante, soit qu'on ne jugeât point à propos de donner au nouveau dogme le piédestal de la police correctionnelle, ou de la cour d'assises, on laissa le Mapah tranquille.

Le plus ardent des apôtres évadiens était *celui qui fut Caillaux* et qui publia l'*Arche de la nouvelle alliance*.

C'était le saint Jean du Mapah; l'*Arche de la nouvelle alliance* est l'évangile qui raconte la passion de l'humanité, aux cris de laquelle s'était levé le Christ de l'île Saint-Louis.

Nous consacrerons un chapitre à cet évangile.

Quant au Mapah, il n'écrivait point. A part deux ou trois manifestes datés *de son grabat apostolique*, et dans lesquels il annonçait son apostolat au monde nouveau, il ne faisait guère que des tableaux et des ouvrages en plâtre que l'on eût pu croire tirés de quelque temple d'Isis. C'est là que, prenant sa *religion* à son origine, il la montrait, *sous son double symbole,* se développant de siècle en siècle, fécondant toute la nature, et, enfin, se résumant en lui. Toute cette histoire, écrite en signes hiéroglyphiques qui avaient l'avantage de pouvoir être lus et expliqués par tout le monde, traversait le bouddhisme, le paganisme et le christianisme pour arriver à l'évadisme.

Dans les dernières années du règne de Louis-Philippe, le

Mapah envoyait ses tableaux allégoriques et ses symboles de plâtre aux membres de la chambre des députés et aux membres de la famille royale; on devine bien que membres de la Chambre, membres de la royauté, laissaient les lithographies et les symboles aux mains des huissiers et des laquais, qui en faisaient l'ornement de leurs mansardes. Le Mapah en gémissait pour eux.

— Ils méprisent, disait-il la prophétie: le MANÉ THÉCEL PHARÈS; il leur arrivera malheur !

Il leur arriva ce que vous savez.

Un jour, Chaudesaigues — bon et pauvre garçon, mort bien avant l'âge, dont j'aurai à parler aussi à son tour, — me proposa de me conduire chez le Mapah : j'acceptai.

Le Mapah me reconnut pour avoir dîné ou soupé un soir avec moi, du temps qu'il était Gannot; il avait gardé un bon souvenir de cette rencontre; aussi voulut-il, du premier coup, me mettre en rapport avec ces figures symboliques, et me faire pénétrer, comme les initiés égyptiens, jusqu'au fond des plus secrets mystères.

Je venais, par hasard, d'étudier assez sérieusement toutes les questions du monde primitif, et ces grandes guerres sans cause apparente qui désolèrent les premiers âges de l'humanité; j'étais donc en mesure, non-seulement de comprendre parfaitement les traditions les plus obscures de la religion du Mapah, mais encore de les faire comprendre à d'autres.

C'est ce que je vais essayer ici.

A l'époque où les Celtes firent la conquête de l'Inde, cette aïeule des civilisations égyptienne, grecque et romaine, ils y trouvèrent établi un système complet de sciences métaphysiques et physiques; cette cosmogonie atlantique rapportait tout à l'unité absolue, et faisait tout émaner d'un seul principe; ce principe unique, nommé *Iswara*, était purement spirituel.

Mais bientôt les savants indiens s'aperçurent avec épouvante que ce monde, qu'ils avaient longtemps considéré comme le produit d'une *unité* absolue, était incontestablement celui d'une *duité* combinée.

Ils eussent pu, comme le fit, longtemps après eux, le premier Zoroastre, regarder ces deux principes comme *principiés*, c'est-à-dire comme fils et fille d'Iswara, et laisser ainsi l'antique Iswara à sa place en l'appuyant sur la double colonne des êtres créateurs, comme on voit un général romain élevé sur deux boucliers portés par ses soldats; mais ils voulurent faire, de ces deux principes, des principes *principiants*; ils se contentèrent donc d'adjoindre à Iswara un nouveau principe, c'est-à-dire de marier Iswara avec *Pracriti*, ou la Nature. Alors, tout fut expliqué : Pracriti posséda le *sakti*, c'est-à-dire le pouvoir conceptif, et l'ancien Iswara le *bidja,* ou le pouvoir génératif.

Je crois avoir été aussi clair que possible jusqu'à présent; je vais tâcher de continuer ma démonstration avec une égale limpidité; chose qui ne sera pas facile, attendu — et je suis bien aise d'en prévenir le lecteur — que nous faisons de la plus haute science, ce dont il pourrait ne pas se douter.

Cette première découverte des savants indiens, qui amena le mariage d'Iswara et de Pracriti, eut pour résultat de faire considérer l'univers comme le produit de deux principes possédant chacun en son particulier, l'un la faculté du mâle, l'autre la faculté de la femelle. Iswara et Pracriti, c'étaient l'Ève et l'Adam, non pas seulement de l'humanité, mais encore de l'univers.

Ce système, remarquable par sa simplicité même, et qui séduisit l'homme en donnant à tout ce qui l'entourait une origine pareille à la sienne, se retrouve chez la plupart des peuples, qui le reçurent des Indous. Sanchoniathon appelle son principe mâle *Hypsistos*, le Très-Haut, et son principe femelle *Berouth*, la Nature; les Grecs appellent leur principe mâle *Saturne*, et leur principe femelle *Rhea;* les uns et les autres correspondent à Iswara et à Pracriti.

Cela alla bien pendant quelques siècles; mais la manie de la controverse est naturelle à l'homme, et cette manie amena les questions suivantes, que se posèrent les savants indous, et qui provoquèrent la lutte d'une moitié du genre humain contre l'autre.

« Puisque l'univers, disaient les controvertistes, est le résultat des deux puissances *principiantes*, dont l'une agit avec les qualités du mâle, et l'autre avec les qualités de la femelle, comment devons-nous considérer les rapports qui les lient? Sont-elles indépendantes l'une de l'autre? sont-elles préexistantes à la matière et contemporaines de l'éternité? ou bien doit-on voir dans l'une d'elles la cause procréatrice de sa compagne? Si elles sont indépendantes, comment se sont-elles réunies? est-ce par une force coercitive? Alors, quelle divinité plus puissante qu'elles-mêmes exerçait sur elles cette pression? Est-ce par sympathie? Pourquoi pas plus tôt ou plus tard? Si elles ne sont pas indépendantes l'une de l'autre, laquelle des deux doit être soumise à l'autre? Quelle est la première en rang, soit comme ancienneté, soit comme puissance? Est-ce Iswara qui a produit Pracriti, ou Pracriti Iswara? Lequel, d'Iswara ou de Pracriti, agit le plus nécessairement et le plus énergiquement dans la procréation des choses inanimées et des êtres animés? Qui doit-on nommer le premier ou la première dans les sacrifices qu'on leur fait, ou dans les hymnes qu'on leur adresse? Doit-on confondre ou séparer le culte qu'on leur rend? Les hommes et les femmes doivent-ils avoir des autels séparés pour l'un ou pour l'autre, ou pour tous deux ensemble (1)? »

Ces questions, qui ont divisé des millions d'hommes, qui ont fait couler des fleuves de sang, paraîtront aujourd'hui oiseuses et même ridicules à nos lecteurs, qui entendent parler de la religion indoue comme d'un mythe, et de l'Inde comme d'une planète; mais, à l'époque dont nous nous occupons, l'empire indien était le centre du monde civilisé, et le maître du monde connu. Ces questions étaient donc de la plus haute importance.

Elles circulèrent d'abord sourdement dans l'empire; mais bientôt chacune d'elles eut réuni un assez grand nombre de partisans pour que la question religieuse apparût sous un

---

(1) L'abbé d'Olivet, *État social de l'homme*.

aspect politique. Le sacerdoce suprême, qui d'abord avait commencé par se tenir en dehors de toute controverse, sacrifiant également à Iswara et à Pracriti, au *pouvoir génératif* et au *pouvoir conceptif;* le sacerdoce, qui était longtemps resté neutre entre le bidja et le sakti, fut obligé de se prononcer, et, comme il était composé d'hommes, c'est-à-dire de *pouvoirs génératifs,* il se prononça pour les *mâles*, et proclama la dominance du sexe masculin sur le sexe féminin.

Ce jugement passa, comme on l'imagine bien, pour tyrannique aux yeux des pracritistes, c'est-à-dire des partisans du *pouvoir conceptif;* ceux-ci se révoltèrent, le gouvernement voulut réprimer la révolte, et, dès lors, la guerre civile fut déclarée.

Qu'on se figure sur une immense échelle, dans un empire de plusieurs centaines de millions d'hommes, une guerre comme celle des albigeois, comme celle des vaudois, comme celle des protestants.

Sur ces entrefaites, deux princes de la dynastie régnante (1), issus tous deux du roi Ougra, l'aîné ayant nom Tarak'hya, le cadet Irshou, divisèrent l'empire indien, moins par conviction que pour se faire des prosélytes. L'un prit pour signe le bidja, l'autre le sakti. Les partisans de chacun de ces deux symboles se réunirent à l'instant même à celui qui représentait sa croyance, et l'Inde eut une guerre à la fois politique, civile et religieuse, Irshou, le cadet des deux frères, ayant positivement déclaré qu'il rompait avec le sacerdoce, et qu'il adorait la faculté conceptive ou féminine, comme la cause première de l'univers, lui accordant l'antériorité et la prééminence sur la faculté générative ou masculine.

Une guerre politique peut se terminer par un partage d'empire; une guerre religieuse n'a pas de fin : les sectes s'exterminent et ne se convainquent pas. Une guerre acharnée, mortelle, sans miséricorde, désola donc l'empire. Comme Irshou représentait l'opinion populaire, le socialisme du temps, et

(1) Voir, pour les détails de cette guerre, le *Scanda-Pousana* et le *Brahmanda.*

que son armée se composait en grande partie de pâtres, on appela ses partisans les *pallis*, c'est-à-dire les pasteurs, du mot celte *pal*, qui veut dire houlette.

Irshou fut battu par Tarak'hya, et repoussé jusqu'en Égypte. Les pallis y furent la souche de ces dynasties primitives qui durèrent deux cent soixante et un ans, et qui sont connues sous le nom de dynasties des rois pasteurs. Cette fois, l'étymologie est flagrante; aussi espérons-nous, sur ce point, ne rencontrer aucune contradiction.

Or, nous avons dit qu'Irshou avait pris pour drapeau le signe représentatif de la divinité qu'il avait glorifiée; ce signe, en sanscrit, s'appelle *yoni*, d'où dérive *yoneh*, c'est-à-dire colombe; — ce qui explique, notons-le en passant, comment la colombe devint l'oiseau de Vénus.

Les hommes qui portaient le signe yoni furent appelés des Yoniens, et, comme ils le portaient toujours symboliquement sur un drapeau rouge, le rouge ou le pourpre devint, à Tyr, à Sidon, en Grèce, la couleur royale, couleur qui fut adoptée par la Rome des consuls, des empereurs et des papes, et, enfin, par tous les princes régnants, quelle que soit la race dont ils descendent, et la religion qu'ils professent.

On comprend que je ne suis pas fâché d'apprendre ici à MM. les rois où est teinte la pourpre qu'ils portent.

Eh bien, c'était préoccupé de ces grands débats, qui durèrent plus de deux mille ans, et qui coûtèrent la vie à un million d'hommes; c'était dans la crainte qu'ils ne ressuscitassent de nos jours, que le philanthrope Gannot voulait fonder, sous le titre d'évadisme, une religion qui réunît les deux cultes en un seul.

De là les figures bizarres qu'il moulait en plâtre, et les lithographies excentriques qu'il composait et exécutait sur papier de couleur avec le sérieux d'un brahme sectateur du bidja ou d'un Égyptien partisan du sakti (1).

On comprend quelle fut la joie du Mapah en trouvant en moi un homme aussi au courant des dogmes primitifs de sa

---

(1) En sanscrit, *linga* et *yoni*; en grec φαλλος et χοῖρος.

religion et des malheurs que la discussion de ces dogmes avait entraînés avec elle. Il m'offrit, séance tenante, la position de son premier disciple, c'est-à-dire de remplacer *celui qui avait été Caillaux* ; mais j'ai toujours été l'ennemi de l'usurpation, et je ne voulus point, par mon exemple, consacrer un principe qu'un jour ou l'autre, je pouvais être appelé à combattre.

Alors, le Mapah m'offrit d'abdiquer en ma faveur, et de se faire mon premier disciple.

La position ne me parut pas assez nettement dessinée, en face des autorités spirituelles et surtout temporelles, pour que j'acceptasse cette offre, si séduisante qu'elle fût. Je me contentai donc d'emporter de l'atelier du Mapah un des plus beaux échantillons du bidja et du sakti, promettant de les exposer dans l'endroit le plus visible de mon salon, ce que je me gardai bien de faire, et je partis.

Je ne revis plus le Mapah qu'après la révolution du 24 février, et ce fut le hasard qui me le fit rencontrer dans les bureaux de *la Commune de Paris,* où j'allais demander l'insertion d'un article sur les exilés en général, et, en particulier, sur les exilés de la famille d'Orléans, l'insertion de cet article ayant été refusée à *la Liberté* par son rédacteur en chef, M. Lepoitevin-Saint-Alme.

Cette révolution que Gannot avait prévue était arrivée; je croyais donc le trouver au comble de la joie; et, en effet, il glorifiait les trois jours de février, mais d'une voix faible et d'un cœur engourdi; il me parut singulièrement affaibli par ce mysticisme sensuel et bizarre qui donnait chez lui une forme dogmatique à tous les événements. Au reste, les lignes de la partie supérieure de son visage étaient plus que jamais tirées vers les proéminences frontales, et toute sa personne annonçait un visionnaire chez lequel la fantaisie d'être dieu avait dégénéré en maladie.

Il définissait la terreur de la classe moyenne, en face du 24 février et des doctrines du socialisme, « la peur féroce du cochon qui a senti sur sa gorge le froid du couteau. »

Ses dernières années furent tristes et obscures ; il avait fini par douter de lui-même : l'*Elohi ! elohi! lema sabakht ánny!*

retentissait comme un cri de mort dans son cœur vide et désabusé.

Pendant la dernière année de sa vie, il n'avait plus d'autre disciple qu'un Auvergnat, marchand de marrons dans un passage... C'est à lui que le dieu mourant confia le soin de faire germer sa doctrine.

Cet événement s'accomplit vers le commencement de 1851.

CXCIV

Apocalypse de celui qui fut Caillaux.

Nous avons dit un mot de l'apôtre du Mapah ; nous avons promis de le suivre dans son île de Pathmos, et de donner une idée de son apocalypse.

Nous tenons notre parole. — Ce n'était pas chose facile à retrouver, qu'on le croie bien, que cette apocalypse, publiée par les soins et aux frais d'Hetzel, sous le titre d'*Arche de la nouvelle alliance*.

Ce n'est pas qu'Hetzel fût le moins du monde de la religion évadienne ; non, Hetzel était tout simplement le compatriote et l'ami de *celui qui fut Caillaux*, double avantage auquel il dut l'honneur de dîner plusieurs fois avec le dieu Mapah et son apôtre.

Il est plus que probable que c'était Hetzel qui payait les dîners.

ARCHE DE LA NOUVELLE ALLIANCE

> « Je ne viens point dire au peuple : « Rendez à César ce qui est à César, et à Dieu ce qui est à Dieu ; » mais je viens dire à César :
> « Rendez à Dieu ce qui appartient à Dieu ! »
> « Qu'est-ce que Dieu ? — Dieu, c'est le peuple ! »
> *Le Mapah.*

« A l'heure où les ombres grandissent, j'ai vu passer devant moi le dernier apôtre d'une religion déchue, et je me suis écrié :

I

» Pourquoi t'affliger, ô roi! et pourquoi gémir sur les débris de ta couronne? pourquoi t'élever contre ceux qui t'ont précipité de ton trône? Si tu tombes aujourd'hui, c'est que ton heure est venue : vouloir la prolonger d'un instant serait une insulte à la majesté des cieux.

II

» Tout ce qui existe ici-bas n'a-t-il pas ses phases de vie et de mort? L'herbe des vallées est-elle éternellement fleurie? Et, après la saison des beaux jours, n'arrive-t-il pas qu'un matin le vent d'automne disperse le feuillage des hêtres?

III

» Cesse donc de te plaindre, ô roi! et de t'agiter dans ta solitude! Ne sois point surpris si ta route est déserte, et si les nations se taisent sur ton passage comme devant un funèbre convoi : tu n'as pas failli à ta mission; seulement, ta mission est finie. C'est le destin.

IV

» Ignores-tu que l'humanité ne vit que dans l'avenir? Qu'importe au présent l'oriflamme de Bouvines? Ensevelissons-la auprès de tes ancêtres, immobiles sous leurs monuments; aux hommes du présent, il faut une autre bannière.

V

» Et, quand nous aurons scellé d'un triple sceau la pierre qui recouvre la majesté du passé, inclinons-nous comme les peuples de Memphis devant le silence de leurs pyramides, géants muets du désert; mais comme eux ne restons pas le front dans la poussière, et, sur les débris des cultes antiques élançons-nous vers l'infini!

» C'était ainsi que je chantais à l'aurore de ma vie. Poëte, j'ai toujours plaint les nobles infortunes; fils du peuple, je n'ai jamais renié la gloire.

» Alors, ce monde m'apparaissait libre et puissant sous les cieux, et je pensais que le dernier salut de l'univers aux fantômes des anciens jours serait sa première aspiration vers les magnificences de l'avenir.

» Il n'en fut rien. Le passé, en s'abîmant sous la terre, n'avait point entraîné avec lui tout son cortége de ténèbres.

» Or, je m'en suis allé vers les grèves arides que l'Océan blanchit de son écume. Les mouettes saluaient de leurs cris sauvages les rochers de la côte, et la grande voix de la mer était plus douce à mon oreille que le langage des hommes... »

Puis vient le récit des sensations de l'apôtre mis en contact avec tous les grands aspects de la nature; il reste un an loin de Paris; mais, enfin, sa vocation le rappelle parmi les hommes.

« Or, ce même soir où, de retour de mon pèlerinage, je marchais rêveur au milieu du tumulte de la grande cité d'Occident, plus que jamais mon âme était affaissée sous le poids de sa déchéance.

» Je me voyais, comme au temps de mes belles années, plein de confiance en Dieu et en l'avenir; et puis je reportais mes regards sur moi, sur moi, l'homme du présent, éternellement ballotté entre une crainte et une espérance, entre un désir et un remords, entre le calme et le découragement.

» Et, quand je me fus bien contemplé ainsi, quand, j'eus remué avec ma pensée toute cette fange, quand j'eus songé à ce qui avait germé de bon sous mon flanc, et à ce qui s'en exhalait de corrompu, je levai, avec une rage indicible, le poing vers le ciel, et je dis à Dieu :

» — Mais à qui donc appartient la terre?

» Au même instant, je me sentis heurté avec violence, et, par un mouvement que je ne pus réprimer, mon bras s'abaissa pour frapper : sur la joue de celui qui me coudoyait, il me semblait souffleter ce monde.

» O surprise! ma main, au lieu de s'abattre sur sa face, rencontra sa main; une étreinte d'amour nous réunit, et, de sa voix gravement solennelle, il prononça ces paroles :

» — L'eau, l'air, la terre et le feu ne sont à personne; ils sont à Dieu!

» Puis, entr'ouvrant les plis du vêtement qui recouvrait ma poitrine, il appuya un de ses doigts à la place où battait mon cœur, et il en jaillit une flamme brillante, et je me sentis soulagé.

» Saisi d'étonnement, je m'écriai :

» — Qui donc es-tu, toi dont la parole fortifie, et dont l'attouchement régénère?

» — Cette nuit même, tu le sauras! me répondit-il.

» Et il continua sa route.

» Je le suivis, et je pus le considérer à loisir : c'était un homme du peuple au dos arqué et aux membres puissants; sur sa poitrine flottait une barbe inculte, et sa tête nue et presque chauve attestait un long travail et de rudes passions. Il marchait, portant sur son épaule un sac de plâtre dont le poids courbait ses reins. Ainsi voûté, il passait à travers la foule... »

L'apôtre suit alors le dieu; car, cet homme qui l'a consolé, c'est le Mapah; il le suit jusqu'au seuil de son atelier dans lequel il disparaît.

C'était ce même atelier où m'avait conduit Chaudesaigues, sur le quai Bourbon, dans l'île Saint-Louis.

Bientôt la porte de cet atelier se rouvre, et l'apôtre peut entrer à son tour, et assister au spectacle que lui a promis le Mapah.

D'abord, il retrouve le Mapah lui-même.

« Et, pourtant, le maître de cette demeure n'avait point les allures d'un ouvrier vulgaire. C'était bien encore l'homme au sac de plâtre, à la barbe inculte, à la blouse déchirée, qui m'avait abordé d'une façon si inattendue; c'était bien la même puissance de regard, la même largeur d'épaules, la même force de reins ; seulement, sur ce front sillonné, sur ces traits granitiques, sur tout cet ensemble indescriptible, planait une majesté sauvage devant laquelle je m'inclinai.

» Et, m'avançant vers mon hôte, couché sur un lit à demi brisé qu'éclairait une veilleuse dans une urne de terre, je dis :

» — Maître, vous dont l'attouchement guérit, et dont la parole régénère, qui donc êtes-vous?

» Ayant levé les yeux sur moi, il répondit avec simplicité :

» — Le maître n'est plus ; nous sommes tous enfants de Dieu : appelle-moi frère.

» Alors, je repris :

» — Frère, qui donc êtes-vous?

» — Je suis *celui qui est*. Comme le pâtre à la cime des falaises, j'ai entendu le cri de la multitude ; il ressemblait à la plainte des flots, durant l'équinoxe d'hiver ; j'ai entendu ce cri dans ma poitrine, et je suis venu.

» Et, m'ayant fait signe de me rapprocher, il dit encore :

» — Fils du doute, toi qui sèmes la tristesse, et qui recueilles l'angoisse, que cherches-tu? Le soleil ou l'obscurité? la mort ou la vie? l'espérance ou le sépulcre?

» — Frère, je cherche la vérité, répondis-je. Après avoir salué le passé, j'ai demandé à ses abîmes d'où provenait la rumeur qui montait jusqu'à moi : le passé ne m'a point entendu.

» — C'est que le passé ne devait point t'entendre. Chaque âge a eu ses prophètes, et chaque pays ses monuments ; mais prophètes et monuments se sont évanouis comme des ombres : ce qui, hier, était la vie, est la mort aujourd'hui. N'évoque donc plus le passé, et laisse-le s'endormir dans la nuit de ses tombeaux, et dans la poussière de ses solitudes.

» Je continuai :

» — Au milieu des éclairs et des déceptions de ce siècle, j'ai interrogé le présent, et le présent ne m'a point entendu.

» — C'est que le présent ne devait point t'entendre ; ses éclairs sont ceux qui précèdent l'orage, et sa loi n'est pas la loi de l'avenir.

» — Frère, quelle est donc cette loi? quelles pluies la feront éclore, et quel soleil lui versera la lumière?

» — Dieu te l'apprendra.

» Et, me désignant une place auprès de lui, il ajouta :

» — Assieds-toi, et sois attentif, car, je te le dis en vérité, je suis celui qui s'écrie à la face des peuples : *Veillez au seuil de vos demeures, et ne vous endormez point : l'heure de la révélation est proche!...* »

En ce moment, la terre tremble, l'ouragan fouette les fenêtres, les beffrois sonnent d'eux-mêmes; l'apôtre veut fuir, mais la peur l'enchaîne aux côtés du maître. Il reprend :

« Je pressentis qu'il allait se passer devant mes yeux quelque chose d'étrange. En effet, à l'instant où le dernier glas du beffroi retentit dans le vide, un chant qui n'a point d'écho dans la langue mortelle, tant il était saccadé, rapide et empreint d'une moquerie indéfinissable, lui répondit de dessous terre, et, s'élevant de note en note depuis les tons les plus graves jusqu'aux plus aigus, se déroula, bondit comme un serpent blessé, grinça comme une scie qu'on aiguise; puis, enfin, toujours décroissant, toujours s'amoindrissant, finit par se perdre dans l'immensité.

» Voici ce que disait ce chant :

» — Le voici, le voici, l'an 40, le fameux an 40! Ah! ah! ah! qu'enfantera-t-il? que produira-t-il? Un bœuf ou un œuf? Peut-être l'un, peut-être l'autre! Ah! ah! ah! retroussez vos manches, manants! Et vous, riches, balayez la pierre de vos foyers. Place, place, place à l'an 40! L'an 40 a froid, l'an 40 a faim, l'an 40 veut manger; il a raison, l'an 40! ses dents claquent, ses membres grelottent, ses enfants n'ont pas de souliers, et ses filles pas un ruban pour en orner leur coiffe du dimanche, et pas un pauvre as bien rouillé dans leur pauvre pochette pour se régaler d'un pot de bière avec leurs fiancés! Ah! ah! ah! quelle misère! si ce n'était pas affreux, ce serait drôle. Est-ce pour voir ce monde renversé que vous venez par ici, commère? Arrivez, arrivez vite; il y a place pour tous...

Tiens, ce corbeau qui regarde à sa fenêtre, et ce vautour qui bat des ailes! Ah! ah! ah! l'an 40 a froid, l'an 40 a faim, l'an 40 veut manger! Qu'enfantera-t-il? qu'enfantera-t-il?...

» Et le chant s'éloigna et se confondit avec le murmure du vent, qui se lamentait au dehors...»

Puis commencent les apparitions.

« Ils étaient douze, tous livides, tous chargés de chaînes, tous sanglants, tous tenant à la main leur tête séparée du tronc, tous enveloppés d'un suaire verdi par la mousse du sépulcre, tous portant sur leur face le cachet des douzes grandes passions, anneau mystique qui unit l'homme au Créateur.

» Ils s'avançaient comme la nuit, quand l'ombre descend sur les montagnes. — C'était un de ces groupes terrifiants qu'on aperçoit, aux jours de tourmente, au milieu des carrefours de la cité qui bouillonne, alors que les citoyens s'interrogent de l'œil, et se demandent entre eux :

» — Voyez-vous là-bas ces faces lamentables? Quels sont donc ces hommes, et d'où vient qu'ils errent comme des spectres au milieu de la foule ameutée?

» Et sur la tête de celui qui marchait le premier, pareil à un roi déchu, tant sa pâleur était magnifique et sa lèvre railleuse, flamboyait une couronne de feu, avec ce mot écrit en lettres de sang : *Lacenairisme!*

» Toujours muets, et guidés par celui qui paraissait leur roi, les fantômes se groupèrent en demi-cercle au bord du lit délabré comme au pied d'un tribunal; et *celui qui est*, ayant fixé sur eux pendant quelques instants son regard profond, les interpella en ces termes :

» — Qui êtes-vous?

» — Les élus de la douleur, les apôtres de la faim.

» — Vos noms?

» — Une lettre mystérieuse.

» — D'où sortez-vous?

» — Des ténèbres.

» — Que demandez-vous?

» — Justice !

» Et les échos répétèrent : « Justice ! » Et, à un signal de leur roi, les fantômes entonnèrent en chœur un hymne retentissant... »

Cet hymne ne manque pas d'une certaine majesté terrible, d'une certaine terreur grandiose ; mais nous nous réservons pour d'autres citations que nous préférons à celle-là.

L'apôtre reprend :

« Ils se turent, les pâles fantômes ; leurs lèvres devinrent immobiles et glacées, et sur le front maudit de ces enfants perdus de la tombe sembla flotter indécise l'ombre sanglante du passé.

» Et soudain, de la base au faîte de l'escalier mystérieux, il se fit un grand bruit, et de nouveaux visages apparurent sur le seuil...

» Une chemise rouge, un bonnet de laine grossière, un mauvais pantalon de toile souillé de sueur et de poudre ; aux pieds un boulet d'airain ; aux mains des chaînes retentissantes ; tel était leur accoutrement, marqué du cachet indélébile de toutes les misères humaines.

» Comme s'ils eussent été évoqués par l'appel de leurs devanciers, ils entrèrent en leur adressant un salut amical. Je remarquai que chacun d'eux portait sur son visage un air d'insouciance et de défi, et, soigneusement caché sous ses vêtements, un poignard couvert de rouille.

» Et sur leurs épaules ils élevaient triomphalement un large billot encore imprégné d'un sang noirâtre.

» Et sur ce billot un homme à la face avinée, aux jambes titubantes, grotesquement appuyé sur le manche usé d'une hache.

» Et cet homme, gambadant et gesticulant, écorchait d'un ton nasillard une espèce de complainte dont le refrain était celui-ci :

Voici l'autel et le bedeau !
A sa barbe faisons l'orgie ;

Jusqu'à ce que sur notre vie
Le diable tire le rideau,
Foin de l'autel et du bedeau !

» Et ses compagnons reprenaient ce refrain en chœur, au bruit de leurs chaînes entre-choquées.

» Ce que voyant *celui qui est*, il étendit les mains sur l'appareil redoutable. Il se fit un silence profond, et il dit :

» — Mon cœur, océan de vie, de douleur et d'amour, est la grande coupe de la nouvelle alliance où sont tombés les larmes, la sueur et le sang ; et, par les larmes qui ont arrosé, par la sueur qui a pétri, par le sang qui a fécondé, forçats et suppliciés, mes frères, soyez bénis ! et espérez ! l'heure de la révélation est proche !

» — Eh quoi ! m'écriai-je avec épouvante, viens-tu prêcher le poignard ?

» — Je ne viens point prêcher le poignard ; je viens en donner le mot.

» ... Et *celui qui est* reprit :

» — Les passions sont comme les douze grandes tables de la loi des lois, AMOUR : elles sont, en harmonie, la source de tous les biens ; en subversion, la source de tous les maux.

» Le silence se fit, et il ajouta :

» — Chaque tête qui tombe est une lettre d'un verbe encore incompris dont le premier mot est protestation ; le dernier, expansion passionnelle intégrale. La hache est un briquet ; la tête du supplicié, une pierre ; le sang qui en jaillit, l'étincelle ; et la société, une poudrière !

» Le silence se fit, et il ajouta pour la troisième fois :

» — La cour d'assises est le thermomètre de la fausseté de l'institution sociale !

» Le silence se fit, et pour la quatrième fois il ajouta :

» — Le bagne est aux sociétés modernes ce qu'était le cirque à l'ancienne Rome : l'esclave mourait pour la liberté individuelle ; aujourd'hui, le forçat meurt pour la liberté intégrale passionnelle.

» Et tout rentra dans le silence ; et, peu de temps après, à ces paroles succéda une voix d'en haut, voix pleine de mansuétude :

» — Espérez, pauvres martyrs ! disait-elle au lugubre cortége immobile dans un des coins du grabat; espérez ! l'heure approche ! »

Alors, viennent trois nobles figures : celles de l'ouvrier, du laboureur et du soldat. Le premier a faim : on lui dispute le pain qu'il a gagné. Le second a faim et froid : on lui marchande le grain qu'il a semé, le bois qu'il a coupé. Le troisième a passé par toutes les souffrances humaines; bien plus, il a espéré, et son espérance a été déçue, et on lui reproche le sang versé. Tous trois portent sur leur visage l'histoire de leur vie ; tous trois se sentent mal à l'aise dans le présent; tous trois sont prêts à demander à Dieu compte de ses œuvres ; mais, quand l'heure approche, quand leur cri va s'élever vers l'Éternel, un spectre s'élance des limbes du passé : on le nomme le *Devoir*. Et ils reculent pleins d'épouvante.

Un prêtre les précède; ses membres sont serrés dans un vêtement funèbre; il s'avance à pas lents et les yeux baissés. Étrange contraste! il rêve le ciel, et s'incline vers la terre ! Sur sa poitrine on lit : *Christianisme!* et plus bas : *Résignation*.

« Les voici ! les voici ! s'écrie l'apôtre; ils s'avancent vers *celui qui est*. Quels seront leurs discours, et comment s'exprimeront-ils en sa présence? Leur plainte sera-t-elle aussi profonde que leur tristesse ? Non, leur incertitude est trop grande pour qu'ils osent formuler leur pensée : d'ailleurs, leur pensée, c'est le doute.

» Peut-être, un jour, parleront-ils plus haut. Écoutons religieusement l'hymne que murmurent leurs lèvres; hymne plein de majesté, mais, pourtant, moins harmonieux que la brise et moins infini que l'Océan. Écoutons :

HYMNE

Du haut de l'horizon, du milieu des nuages
Où l'astre voyageur apparut aux trois rois,

Des profondeurs du temple où veillent tes images,
    O Christ! entends-tu notre voix?
    Si tu contemples la misère
De la foule muette au pied de tes autels,
Une larme de sang doit mouiller ta paupière.
Tu dois te demander, dans ta douleur austère,
    S'il est des dogmes éternels!

Le prêtre.

O Christ! j'ai pris longtemps pour un port salutaire
Ta maison, dont le toit domine les hauts lieux;
Et j'ai voulu cacher au fond du sanctuaire,
Comme sous un bandeau, mon front tumultueux.

Le soldat.

O Christ! j'ai pris longtemps pour une noble chaîne
L'abrutissant lien que je traîne aujourd'hui;
Et j'ai donné mon sang à la cause incertaine
De cette égalité dont l'aurore avait lui.

Le laboureur.

O Christ! j'ai pris longtemps pour une tâche sainte
La rude mission confiée à mes bras,
Et j'ai, pendant vingt ans, sans repos et sans plainte,
Laissé sur les sillons la trace de mes pas.

L'ouvrier.

O Christ! j'ai pris longtemps pour œuvre méritoire
Mes longs jours consumés dans un labeur sans fin;
Et, maintes fois, de peur d'outrager ta mémoire,
J'ai plié ma nature aux douleurs de la faim.

Le prêtre.

La foi n'a pas rempli mon âme inassouvie!

Le soldat.

L'orage a balayé tout le sang répandu!

Le laboureur.

Où je semais le grain, j'ai récolté l'ortie!

L'ouvrier.

Hier, j'avais un lit : mon maître l'a vendu!

. . . .

« Silence! Est-ce le vent de la nuit qui emporte leur prière, ou leur voix a-t-elle cessé d'interroger le ciel?... Seront-ils consolés? Qui le sait? Dieu retient encore l'énigme entre ses mains puissantes, énigme terrible suspendue aux confins de deux mondes : le présent et l'avenir.

» Non, ils ne seront point abandonnés dans la route où le doute les accable, où la résignation les abat. Enfants de Dieu, ils auront leur part de vie et de soleil : Dieu aime ceux qui le cherchent... »

Puis le prêtre, le soldat, le laboureur, l'ouvrier font place à d'autres, et l'apôtre reprend :

« Et à la suite de deux femmes, dont l'une était resplendissante de parure et d'audace, l'autre muette et voilée, un cortége où le grotesque se mêlait au terrible, le fantastique au réel, se rua dans l'enceinte, qui parut s'agrandir subitement pour contenir toute cette multitude, tandis que, de leur côté, les résignés, cédant la place aux nouveaux venus, se groupaient en silence non loin de leurs formidables devanciers.

» Et, *celui qui est* se disposant à adresser la parole aux arrivants, un d'entre eux, que je n'avais pas aperçu d'abord, s'approcha pour répondre au nom de ses acolytes.

» Et sur le front de cet interprète à l'encolure carrée, aux lèvres luisantes et avides, je lus en lettres d'or le mot *Macairisme!*

» Et *celui qui est* dit :
» — Qui êtes-vous ?
» — Les élus de la luxure, les apôtres de la joie.
» — D'où venez-vous ?
» — De la richesse.
» — Où allez-vous ?

» — Au plaisir.
» — Qui vous a faits si gras?
» — L'infâmie.
» — Qui vous rend si joyeux?
» — L'impunité... »

On devine l'étrange procession qui se déroule, alors, aux yeux de l'apôtre : d'abord, la femme resplendissante de parure et d'audace, la prostituée ; la femme muette et voilée, l'adultère ; puis les agioteurs, les grecs, les hommes d'affaires, les banquiers, les usuriers, tous ces vers, tous ces reptiles, tous ces serpents qui naissent dans la fange des sociétés.

« L'un faisait pirouetter entre ses doigts une large tabatière d'or sur le couvercle de laquelle étaient gravés ces mots : *Patience plébéienne pulvérisée ;* et il s'en bourrait les narines à en mourir.

» Un autre se drapait dans les plis d'un large manteau auquel était attachée cette inscription : *Laine coupée sur le dos des niais.*

» Un troisième, au front étroit, au teint jaunâtre, aux joues tombantes, appuyait amoureusement sur son abdomen, qui n'était autre chose qu'un coffre-fort, ses deux mains, dont les doigts étaient autant de grosses sangsues qui se tordaient et entr'ouvraient affreusement leurs trompes béantes, comme pour demander pâture.

» Le nez de plusieurs, encadré entre deux yeux ronds et fauves, et fait en forme de bec de vautour, déchiquetait avec une voracité dégoûtante un quartier de charogne maintenu à portée par une chaîne d'or massif pareille à celle qui brille sur la poitrine des grands dignitaires des divers ordres de chevalerie.

» Au milieu de tous, il y en avait un qui brillait revêtu des ornements pontificaux les plus magnifiques, la tête surmontée d'une mitre arrondie en forme de globe et resplendissante d'émeraudes et de rubis. Il tenait d'une main une crosse sur laquelle il s'appuyait, de l'autre une épée qui, le loin, paraissait jeter des flammes ; mais, en approchant, on entendait sous ses habits le craquement des os, et l'on s'apercevait que ce qu'on avait pris pour une figure n'en était que le squelette fardé, et que le glaive et la crosse étaient, l'un de verre fragile, l'autre de bois pourri.

» Puis, au-dessus de cet assemblage grouillant, difforme, indescriptible, flottait une sombre bannière, oriflamme gigantesque, fantastique labarum dont un vent empesté soulevait, en sifflant, les immenses replis ; et sur cette bannière, qui se déroulait lentement et silencieusement comme l'aile d'un vautour, on lisait : *Gémonies providentielles*.

» Et tout cela causait, chantait, riait, pleurait, gesticulait, dansait, faisait mille gentillesses. C'était délirant ! c'était effroyable !... »

Puis vient la description d'une espèce de sabbat près duquel celui de *Faust* manque complétement d'imagination.

Mais, lorsqu'il jugea que tout cela avait suffisamment causé, chanté, ri, pleuré, gesticulé, dansé :

« *Celui qui est* fit un geste, et toutes ces voix ne formèrent plus que deux voix, tous ces corps que deux corps, toutes ces têtes que deux têtes.

» Et deux formes humaines apparurent côte à côte, regardant leurs pieds qui étaient d'argile.

» Puis soudain, de cette argile, naquit une hydre à sept têtes ; et chacune de ces têtes avait un nom.

» La première s'appelait Orgueil ; la seconde, Avarice ; la troisième, Luxure ; la quatrième, Envie ; la cinquième, Gourmandise ; la sixième, Colère ; la septième, Paresse.

» Et, se dressant de toute sa hauteur, l'hydre effroyable étreignit de ses mille replis les membres palpitants du colosse, qui se tordait, hurlait et envoyait vers le ciel des blasphèmes et des lamentations : chacune des sept gueules du monstre imprimait sur sa chair d'horribles morsures, qui au front, qui au cœur, qui au ventre, qui à la bouche, qui aux flancs, qui aux bras.

» — Voilà le passé! fit *celui qui est.*

» — Frère! m'écriai-je, et quel sera donc l'avenir?

» — Regarde, dit-il.

» Et l'hydre avait disparu, et les deux formes humaines se dessinaient entrelacées et pleines de force, de majesté et d'amour, sur l'horizon lumineux du taudis; et les pieds du colosse s'étaient changés en marbre de la plus éclatante blancheur.

» Et, lorsque j'eus bien contemplé cette forme céleste, *celui qui est* étendit de nouveau les mains, et elle s'évanouit, et l'atelier redevint ce qu'il était quelques instants auparavant.

» Les trois grandes catégories de nos visiteurs étaient toujours là, mais calmes et saintement recueillies.

» Et *celui qui est* dit :

» — Qui que vous soyez, de quelque région que vous veniez, de la tristesse ou du plaisir, du levant splendide ou du couchant sombre, soyez les bienvenus frères, et à tous, bon jour, bon an!... Bon jour, bon an, à vous suppliciés et forçats, mes frères! protestants innocents, gladiateurs du cirque, thermomètres vivants de la fausseté de l'institution sociale, espérez! l'heure de votre réhabilitation est proche!... A vous, pauvres prostituées, mes sœurs! beaux diamants couverts de boue et d'opprobre, espérez! l'heure de votre transfiguration est proche!... A vous, femmes adultères, mes sœurs, qui pleurez et hurlez dans le bagne conjugal! beaux christs d'amour au front flétri, espérez! l'heure de la liberté est proche!... A vous, pauvres ouvriers, mes frères, qui suez pour le maître qui vous dévore, qui mangez le peu de pain qu'il vous laisse, lorsqu'il vous en laisse, dans l'agonie et les tortures du lendemain! Que devriez-vous être? Tout! Qu'êtes-vous? Rien! Espérez et écoutez : l'exploitation est impie, la résignation est un blasphème!... A vous, pauvres laboureurs et métayers, mes frères, qui labourez pour le propriétaire, semez pour le propriétaire, récoltez pour le propriétaire le blé dont il vous laisse le son; espérez! l'heure du pain plus blanc que neige approche!... A vous, pauvres soldats, mes frères, qui fécondez de votre sang le grand sillon de l'humanité! espérez! l'heure de la paix éternelle est proche!... A vous, pauvres prêtres, mes frères, qui vous lamentez sous la bure et qui vous frappez le front aux angles de l'autel! espérez! l'heure de l'expansion pour tous est proche!

» Et, après un instant de silence, *celui qui est* ajouta encore :

» — Je ne vous oublierai pas non plus, vous, les heureux du siècle, vous, les élus de la joie. Vous avez votre mission à remplir; elle est sainte, car, du cadavre gorgé du vieux monde, sortira l'univers transfiguré... Soyez donc les bienvenus, frères! et à tous, bon jour, bon an!

» Ayant entendu ces choses, tous ceux qui étaient présents s'acheminèrent en silence vers le seuil du grabat; ils sortirent pleins d'espoir, et leurs pas retentissaient sur les degrés de la spirale infinie.

» Et le même cri qui avait déjà résonné à mes oreilles traversa l'air une seconde fois :

» — L'an 40 a froid! l'an 40 a faim! l'an 40 veut manger! Qu'enfantera-t-il? qu'enfantera-t-il? Ah! ah! ah!

» Je me tournai vers *celui qui est*. La nuit n'était pas encore au tiers de sa course, et la flamme de la lampe pétillait toujours dans son urne jaunâtre.

» Et je m'écriai :

» — Frère! en quel nom viens-tu relever toutes ces misères ?

» — Au nom de ma mère, au nom de la grande crucifiée! répondit *celui qui est*.

» Et il continua :

» — Au commencement tout était bien, et toutes les femmes ne formaient qu'une seule femme, *Ève*, et tous les hommes ne formaient qu'un seul homme, *Adam*; et le règne d'*Ève-Adam*, ou de l'unité primitive, florissait dans l'Éden, et l'harmonie et l'amour étaient les seules lois de ce monde.

» Et *celui qui est* dit encore :

» — Il y a cinquante ans, une femme apparut belle entre toutes : elle se nommait *Liberté*; elle s'incarna dans un peuple; ce peuple s'appelait *France*. — Et sur le front de cette femme s'étendit, comme dans l'antique Éden, un arbre aux verts rameaux ; et cet arbre se nomma *arbre de liberté*. Et, désormais, France et Liberté ne font plus qu'un seul et même terme, qu'une seule et même idée !

» Et, me présentant une harpe suspendue au-dessus de sa couche, il ajouta ;

» — Chante, prophète !

» Et voici ce que m'inspira l'esprit de Dieu :

I

» Pourquoi te lèves-tu avec le soleil, ô France ! ô Liberté ! et pourquoi tes vêtements exhalent-ils une senteur embaumée ? Pourquoi montes-tu dès le matin sur ta montagne ?

II

» Est-ce pour voir à l'horizon les faucheurs dans les champs de blé mûr, ou la glaneuse qui se courbe sur les sillons comme un arbrisseau battu des vents ?

III

» Est-ce pour écouter le chant de l'alouette ou le murmure du fleuve, ou pour contempler l'aurore, belle comme une vierge aux yeux bleus ?

IV

» Si tu te lèves avec le soleil, ô France ! ô Liberté ! ce n'est point pour voir à l'horizon les faucheurs dans les champs de blé mûr, ni la glaneuse qui se courbe sur les sillons.

V

» Ce n'est point pour écouter le chant de l'alouette ou le murmure du fleuve, ni pour contempler l'aurore, belle comme une vierge aux yeux bleus.

VI

» C'est que tu attends ton fiancé ; ton fiancé aux mains puissantes, aux lèvres plus roses que le corail des mers d'Ibérie, et au front plus uni que le marbre de Paros.

VII

» Descends de la montagne, ô France ! ô Liberté ! ce n'est pas là que tu trouveras ton fiancé. Tu le rencontreras dans la cité sainte, au milieu de la multitude.

VIII

» Le voici qui s'avance vers toi, la démarche fière et la poitrine couverte d'un triple airain ; tu lui passes au doigt l'anneau nuptial ; à tes pieds se trouve une couronne tombée dans la fange ; tu la lui places sur le front, et tu le proclames empereur. Ainsi paré, tu le contemples avec orgueil, et tu lui dis :

IX

» — Mon fiancé, vous êtes beau comme le premier homme. Otez de dessus mon front mon bonnet phrygien, remplacez-le par un casque au panache ondoyant, ceignez mes reins d'une épée flamboyante, et poussez-moi tout armée à travers les nations, afin que j'accomplisse dans la douleur le mystère d'amour, selon ce qui a été écrit, et que par moi la tête du serpent soit écrasée !

X

» Ce qu'ayant entendu ton fiancé, il répond : « Que ta vo-
» lonté soit faite, ô France ! ô Liberté. » Et il te pousse tout armée à travers les nations, afin que la parole de Dieu soit accomplie.

XI

» Pourquoi ton front est-il si pâl , ô France ! ô Liberté ! et pourquoi ta blanche tunique est-elle souillée de sueur et de sang ? Pourquoi marches-tu péniblement comme une femme en travail ?

XII

» C'est que ton fiancé ne te donne pas de relâche, et que l'enfantement est proche.

XIII

» Entends-tu à l'horizon le vent qui mugit, et la grande voix du fleuve, qui se plaint dans sa prison de granit? Entends-tu le gémissement des vagues et le cri des oiseaux de ténèbres? C'est que l'enfantement est proche.

XIV

» Comme aux jours de ton départ, ô France! ô Liberté! revêts-toi de tes plus beaux habits ; répands sur tes cheveux les plus purs parfums d'Arabie ; vide avec tes disciples la coupe des adieux, et achemine-toi vers ton calvaire, où doit être scellée la délivrance du monde.

XV

» Comment se nomme cette colline que tu gravis au milieu des éclairs? Cette colline, c'est Waterloo! Comment se nomme cette plaine toute rouge de ton sang? C'est la plaine de la Belle-Alliance! Sois bénie, à jamais bénie entre toutes les femmes, entre toutes les nations, ô France! ô Liberté !

» Et, ayant entendu ces choses, *celui qui est* reprit :

» — O ma mère, toi qui m'as dit : « La mort n'est pas le » tombeau ; elle est le berceau d'une vie plus grande, d'un » amour plus infini! » ton cri est venu jusqu'à moi. O ma mère ! par l'angoisse de ton pénible enfantement, par les souffrances de ton martyre, que la tête du serpent soit écrasée, et l'humanité sauvée !

» Et, se retournant vers moi, il ajouta :

» — Enfant de Dieu, que cherches-tu? le soleil ou l'obscurité ? la mort ou la vie ? l'espérance ou le sépulcre ?

» — Frère, ai-je répondu, je cherche la vérité!

» Et il reprit :

» — Au nom de l'unité primitive, reconstituée par le beau sang de France, je te salue apôtre d'*Ève-Adam*!...

» Et, en prononçant ces paroles, *celui qui est* évoqua l'abime, qui s'entr'ouvrit à sa voix.

» — Enfant de Dieu, dit-il, sois attentif, et regarde !
» Et j'ai regardé.
» Et j'ai vu un immense vaisseau surmonté d'un mât gigantesque terminé en ruche; et l'un des flancs du vaisseau regardait l'occident, et l'autre l'orient.
» Et, du côté de l'occident, ce vaisseau s'appuyait sur les sommets nuageux de trois montagnes dont la base se perdait dans une mer furieuse.
» Et chacune de ces montagnes portait son nom sanglant attaché à son flanc : — la première s'appelait Golgotha ; la seconde, Mont-Saint-Jean ; la troisième, Sainte-Hélène.
» Et, au centre du mât gigantesque, du côté de l'occident, était fixée une croix à cinq branches sur laquelle expirait une femme. Au-dessus de la tête de cette femme, on lisait :

France.
18 *juin* 1815.
Vendredi saint.

» Et chacune des cinq branches de la croix sur laquelle elle était étendue représentait une des cinq parties du monde ; sa tête reposait sur l'Europe, et un nuage l'entourait.
» Et, du côté du vaisseau qui regardait l'orient, les ténèbres n'existaient pas ; et la carène était arrêtée au seuil de la cité de Dieu, sur le faîte d'un arc triomphal que le soleil illuminait de ses rayons.
» Et la même femme apparaissait de nouveau, mais transfigurée et radieuse ; elle soulevait la pierre d'un sépulcre, et sur cette pierre il était écrit :

Restauration, jours du tombeau.
29 *juillet* 1830.
Pâques.

» Et son fiancé lui tendait les bras en souriant, et ils s'élançaient ensemble vers les cieux.
» Et, des profondeurs de l'arche sainte, sortait une voix puissante qui disait :

» — Le mystère d'amour est accompli : — tous sont appelés ! — tous sont élus ! — tous sont réhabilités !

» Voilà ce que j'ai vu sur l'arche sainte, et, peu de temps après, l'abîme se voila, et *celui qui est*, m'imposant les mains, dit :

» — Va, mon frère, quitte tes habits de fête ; endosse la tunique de l'ouvrier ; suspends à tes reins le marteau du travailleur ; car celui qui ne marche pas avec le peuple ne marche pas avec moi, et celui qui ne partage pas son labeur est l'ennemi de Dieu... Va, et sois un fidèle apôtre de l'unité !

» Et j'ai répondu :

» — C'est la foi dans laquelle je veux vivre, et que je suis prêt à sceller de mon sang ?

» Et, quand je m'en suis allé, le soleil commençait à monter sur l'horizon.

» *Celui qui fut* Caillaux.

» Juillet 1840. »

Telle est l'apocalypse du principal, et nous dirons même de l'unique apôtre du Mapah.

J'avais commencé à l'écrire en me promettant d'en retrancher les trois quarts, et je l'ai reproduite presque entièrement. J'avais commencé à l'écrire la raillerie au bout de ma plume, et je n'ai pas eu le courage de railler ; car, au milieu de tout cela, il y a un grand dévouement, une poésie réelle, de nobles pensées.

Qu'est devenu l'homme qui a écrit ces lignes ? Je n'en sais rien ; mais, sans doute, il n'aura pas failli à *la foi dans laquelle il voulait vivre, et qu'il était prêt à sceller de son sang...*

Il faut qu'une société soit bien malade, bien disloquée, bien désorganisée, pour que des hommes d'une pareille intelligence n'y trouvent pas d'autre ressource que de se faire dieu — ou apôtre !

CXCV

Le bouc émissaire du pouvoir. — Espérances légitimistes. — La messe expiatoire. — L'abbé Olivier. — Le curé de Saint-Germain-l'Auxerrois. — Pachel. — Où je commence à avoir tort. — Le général Jacqueminot. — Pillage de Saint-Germain-l'Auxerrois. — Le prétendu jésuite et le préfet de police. — La chambre de l'abbé Paravey.

Pendant que nous en étions aux grands prêtres et aux dieux, à l'abbé Châtel, à *celui qui fut Caillaux*, et au Mapah, nous voulions entamer, tout courant, l'histoire de Saint-Simon et de ses deux disciples Enfantin et Bazard; mais nous commençons à craindre que nos lecteurs n'en aient assez de l'Olympe moderne, et nous nous hâtons de revenir à la politique, qui allait de pis en pis, et à la littérature, qui allait de mieux en mieux.

Toutefois, que nos lecteurs se rassurent, ils ne perdront rien pour attendre : un peu plus tard, ils retrouveront le dieu à son bureau du Mont-de-Piété, et les apôtres dans leur retraite de Ménilmontant.

Retournons d'abord à nos artilleurs; puis, par Saint-Germain-l'Auxerrois et l'archevêché, nous arriverons à *Antony*.

On comprend que tous nos méfaits des mois de novembre et de décembre avaient éveillé l'attention de l'autorité; des mandats d'amener avaient été lancés, et dix-neuf citoyens appartenant pour la plupart à l'artillerie avaient été arrêtés. Ces dix-neuf citoyens étaient Trélat, Godefroy Cavaignac, Guinard, Sambuc, Francfort, Audry, Penard, Rouhier, Chaparre, Guilley, Chauvin, Pescheux d'Herbinville, Lebastard, Alexandre Garnier, Charles Garnier, Danton, Lenoble, Pointis et Gourdin.

Il en était de toutes les émeutes du règne de Louis-Philippe comme il en avait été de celles de la fin du Consulat et du commencement de l'Empire : quel que fût le parti qui eût fait l'émeute, c'était sur les républicains que l'on frappait.

C'est que, les uns après les autres, tous les gouvernements réactionnaires qui se sont succédé depuis soixante et dix ans ont bien compris qu'ils n'avaient d'ennemis sérieux, réels, incessants, que les républicains..

Cette préférence que nous donnait, au risque d'être accusé de partialité, le roi Louis-Philippe, encourageait fort les autres partis, et notamment le parti carliste. Royalistes du dedans, royalistes du dehors semblaient se renvoyer les uns aux autres ce fameux programme de 1792 : *Remuez, et nous entrerons ! Entrez, et nous remuerons !*

Ce furent les royalistes de l'intérieur qui remuèrent les premiers, et voici à quelle occasion :

Il était resté dans l'esprit de quelques personnes que le roi Louis-Philippe n'avait accepté le pouvoir que pour le rendre un jour à Henri V.

Ce qui pouvait faire croire surtout que le roi Louis-Philippe était disposé à jouer le rôle de Monk, c'est qu'on assurait que le seul ambassadeur qu'eût voulu accepter l'empereur Nicolas était ce même M. de Mortemart à qui le duc d'Orléans avait remis, le 13 juillet, cette fameuse lettre dont j'ai donné copie; et, comme M. de Mortemart venait de partir pour Saint-Pétersbourg avec le titre d'ambassadeur, il n'y avait plus de doute, aux yeux des royalistes, du moins, que le roi des barricades ne fût disposé à rendre la couronne à Henri V.

Ce bruit était moins absurde encore, il faut en convenir, que celui qui courut de 1799 à 1803, à savoir que Bonaparte avait fait le 18 brumaire au profit de Louis XVIII.

Chacun des deux souverains répondit par un argument à sa taille. Bonaparte fit arrêter, juger et fusiller le duc d'Enghien. Louis-Philippe laissa piller Saint-Germain-l'Auxerrois et l'archevêché.

Une occasion allait être donnée aux carlistes et aux prêtres, leurs alliés naturels, de tâter la situation que huit mois de règne philippiste et trois mois de persécutions républicaines leur avaient faite.

On approchait du 14 février, jour anniversaire de l'assassinat du duc de Berry.

Déjà, en province, de petites tentatives légitimistes avaient eu lieu. A Rodez, on avait arraché, pendant la nuit, l'arbre de la liberté; à Collioure, on avait arboré le drapeau blanc; à Nîmes, les verdets semblaient ressuscités, et, comme ces fantômes qui reviennent de l'autre monde pour rouer de coups leurs ennemis, ils avaient, disait-on, battu des gardes nationaux qu'on avait retrouvés presque assommés, et qui ne pouvaient donner que de vagues renseignements sur leurs assommeurs.

On en était donc là, le 12 février. La triple émanation républicaine, carliste et napoléonienne passait dans l'air comme une bouffée d'orage au milieu de laquelle s'élançaient les cris discordants d'un carnaval effréné, lorsque, tout à coup, on apprit que, le surlendemain, un service anniversaire allait être célébré à Saint-Roch, en expiation de l'assassinat de la place Louvois.

Un assassinat politique est une si odieuse chose aux yeux de tous les partis, qu'il devrait toujours être permis de dire des messes expiatoires pour les assassinés; mais il y a des temps de fièvre où les actions les plus simples prennent les proportions gigantesques de la menace ou du mépris.

Cette messe expiatoire était à la fois, dans les circonstances où l'on se trouvait, une menace et un défi.

On se trompait seulement sur le lieu où la messe devait être dite.

Saint-Roch, autant que je puis m'en souvenir, était desservi à cette époque par l'abbé Olivier, beau et spirituel prêtre adoré de ses ouailles, qui sont à peine consolées aujourd'hui de le voir évêque d'Évreux. Je connaissais l'abbé Olivier; il m'aimait, et j'espère qu'il m'aime encore; je le vénérais et le vénère toujours. — Cela soit dit en passant, et pour lui donner des nouvelles d'un de ses pénitents, au cas extrêmement improbable où ces Mémoires lui tomberaient sous la main. D'ailleurs, j'aurai encore, dans deux ou trois circonstances, à parler de lui.

L'abbé Olivier était très-dévoué à la reine; mieux que personne, il avait pu apprécier la bienfaisance, la piété, l'humilité même de cette digne princesse : il était son confesseur. Je ne sais si ce fut à cause de cette intimité royale dont l'abbé Olivier était honoré, ou parce qu'il comprit la portée de l'acte qu'on demandait de lui, que la fabrique de Saint-Roch se récusa.

Il n'en fut pas de même du curé de Saint-Germain-l'Auxerrois. Il accepta.

C'était pour lui un double devoir : le curé de Saint-Germain-l'Auxerrois, âgé de près de quatre-vingts ans, était ce même prêtre qui avait accompagné Marie-Antoinette à l'échafaud.

Son vicaire, M. Paravey, chose singulière, était le prêtre qui avait béni les tombes du Louvre.

En conséquence du changement qui s'était opéré dans le programme, des hommes placés sur les marches de l'église Saint-Roch distribuaient, le 14 au matin, des billets annonçant que la cérémonie mortuaire était transportée de Saint-Roch à Saint-Germain-l'Auxerrois.

J'étais au Vaudeville, où nous répétions, je crois, *la Famille improvisée*, d'Henry Monnier ; — j'ai déjà parlé et j'aurai à parler encore bien souvent de ce vieil ami à moi, de cet éminent artiste, de ce spirituel compagnon, de ce *good fellow!* comme disent les Anglais ; — j'étais donc au Vaudeville, lorsque le chef de claque Pachel accourut tout effaré, racontant que des équipages armoriés faisaient queue à Saint-Germain-l'Auxerrois ; qu'on disait dans la foule que les personnes qui descendaient de ces équipages venaient assister à un service funèbre, et que ce service funèbre était dit pour le repos de l'âme du duc de Berry.

Cette nouvelle produisit sur Arago et sur moi deux effets absolument contraires : elle exaspéra Arago, et me laissa fort tranquille.

J'ai raconté comment j'avais été élevé par un prêtre, et même par un excellent prêtre ; cette éducation première, cette influence des souvenirs juvéniles a répandu, je ne dirai pas sur mes actions, — Dieu me garde de me présenter à mes lecteurs comme un homme coutumier d'actes religieux! — mais sur toutes mes croyances, sur toutes mes opinions, une teinte de religiosité si profonde, que je ne puis, à l'âge que j'ai, entrer dans une église sans y prendre de l'eau bénite, passer devant un crucifix sans faire le signe de la croix.

Je trouvai donc, pour ma part, si violent que je fusse dans mes opinions politiques à cette époque, que ce pauvre assassiné qu'on nommait le duc de Berry avait droit à une messe funèbre, que les royalistes avaient droit d'assister à cette messe et que le curé avait droit de la dire.

Ce n'était pas l'avis d'Étienne. Peut-être avait-il raison.

En conséquence, il écrivit un mot au *National* et au *Temps*, et courut sur la place.

Je le suivis d'une allure beaucoup plus tranquille. Je prévoyais que quelque chose de grave allait se passer, que les journaux royalistes crieraient au sacrilège, et que l'accusation retomberait sur le parti républicain.

Arago, avec son cœur convaincu, avec son ardeur méridionale, entra dans l'église juste au moment où un jeune homme attachait au catafalque une lithographie représentant le duc de Bordeaux.

Voilà où Arago commençait à avoir raison, et où je commençais à avoir tort.

Derrière le jeune homme vint une femme qui y déposa une couronne d'immortelles; derrière la femme vinrent des militaires qui, à l'aide d'épingles, y suspendirent leur croix à l'effigie d'Henri IV.

Voilà où Arago avait tout à fait raison, et où j'avais tout à fait tort.

La cérémonie cessait d'être une démonstration religieuse, et devenait une provocation politique. Le peuple et les bourgeois se ruaient alors dans l'église. Les bourgeois s'irritaient, le peuple grondait.

Conservons, cependant, aux événements qui vont suivre leur vrai caractère. L'émeute de l'archevêché fut bourgeoise, et non pas populaire. Ceux qui firent cette émeute étaient les hommes qui avaient fait les émeutes Raucourt et Philippe, sous la Restauration; les souscripteurs du Voltaire-Touquet, les acheteurs des tabatières à la Charte.

Arago sentit que le moment était bon, que cette irritation et ce grondement pouvaient devenir quelque chose.

Rien n'était organisé comme conspiration à cette époque; mais le parti républicain était à l'affût, et s'apprêtait à profiter de toutes les occasions. Nous verrons éclater cette vérité à propos de l'enterrement de Lamarque.

Arago s'élança hors de l'église, monta sur un barreau transversal de la grille, et s'écria, en étendant la main vers les tombes de juillet, qui s'élevaient en face du portail de Saint-Germain-l'Auxerrois :

— Citoyens! à cinquante pas des victimes de juillet, on ose célébrer un service funèbre en l'honneur d'un des membres de la famille que nous venons de chasser! Laisserez-vous achever ce service?

Des cris forcenés retentirent.

— Non! non! non! répétèrent toutes les voix.

Et l'on se précipita dans l'église.

Les assaillants rencontrèrent sous le portail le général Jacqueminot, alors chef ou sous-chef d'état-major de la garde nationale; — je ne sais plus bien, et la chose ne vaut pas la peine que je m'en informe. — Il essaya de lutter contre le torrent. Le torrent était trop fort pour être arrêté par un homme; le général le sentit, et voulut l'arrêter par une parole. Une parole, si elle est juste, courageuse ou sympathique, est la digue la plus sûre que l'on puisse opposer à ce cinquième élément qu'on appelle le peuple.

— Mes amis, s'écria le général, écoutez-moi et reconnaissez-moi... J'étais à Rambouillet; je suis donc des vôtres.

— Vous étiez à Rambouillet? lui cria une voix.

— Oui.

— Eh bien, vous eussiez mieux fait de rester à Paris et d'y laisser les combattants de juillet : on n'eût pas profité de leur absence pour faire un roi!

La riposte était mortelle. Le général Jacqueminot se tint pour mort, et ne donna plus signe de vie.

L'envahissement de l'église fut rapide, irrésistible, terrible. En quelques minutes, le catafalque fut brisé, le drap mortuaire déchiré en lambeaux, l'autel abattu ; tentures aux fleurs d'or, tableaux pieux, habits sacerdotaux, tout fut foulé aux pieds !

L'incrédulité se vengeait, par l'impiété, le sacrilége et le blasphème, des quinze ans pendant lesquels elle avait été forcée de couvrir son visage moqueur du masque de l'hypocrisie. On riait, on hurlait, on dansait en rond autour de toutes ces choses saintes entassées, renversées, mises en pièces.

Un des émeutiers sortit de la sacristie avec un costume complet de prêtre : il monta sur un amas de débris, et battit la mesure à la ronde infernale. On eût dit Satan revêtu, par ironie, d'habits sacerdotaux, et présidant un sabbat.

Je vis tout cela de la porte, et je me retirai fâché de l'avoir vu, la tête baissée, le cœur gros, l'esprit inquiet. Je ne pouvais me dissimuler que ces gens avaient été provoqués à faire ce qu'ils faisaient. J'étais trop philosophe pour demander au peuple de séparer l'Église du prêtre, la religion de ses ministres ; mais j'étais trop pieux de cœur pour rester là, et je tentai de m'en aller. Je dis *je tentai*, car s'en aller n'était pas chose facile : la place Saint-Germain-l'Auxerrois était encombrée ; la foule s'enfonçait dans l'étroite rue des Prêtres, et débordait sur les quais.

Un point de cette foule était tumultueux, agité ; il s'y livrait une lutte, et il en sortait des cris. Un jeune homme, grand, pâle, à longs cheveux noirs, assez beau de visage, était monté sur une borne, et regardait tout ce tumulte un peu dédaigneusement peut-être.

L'un des assistants, que ce dédain blessait sans doute, se mit à crier :

— Au jésuite !

Un pareil cri dans un pareil jour, c'était le feu mis à un ballot d'étoupe. La foule se rua sur le pauvre jeune homme en criant :

— A la Seine, le jésuite ! A l'eau, le jésuite ! Aux filets de Saint-Cloud, le jésuite !

Baude était préfet de police. Je le vois encore avec ses grands cheveux noirs flottants, ses yeux noirs lançant des éclairs, sa force herculéenne. C'était la seconde fois qu'il m'apparaissait.

Il venait d'arriver avec les gardes municipaux, qu'il avait fait ranger devant le portail de l'église, et qui essayaient de fermer la grille.

Il s'élança au secours du malheureux condamné, qu'on se passait de main en main, et qui, dans sa course aérienne, se rapprochait du fleuve avec une rapidité effrayante.

Le désir d'empêcher un meurtre redoublait les forces de Baude. Il arriva au bord de la rivière en même temps que celui qui était menacé d'être jeté par-dessus le parapet. Il se cramponna à lui et le tira en arrière.

Je ne vis plus rien : on m'étouffait contre les planches qui fermaient alors le jardin de l'Infante ; et, si délabrées qu'elles fussent, ces planches résistaient beaucoup plus que je ne l'aurais voulu.

La nécessité de travailler à ma conservation personnelle me força de détourner les yeux du quai, et de lutter pour mon propre compte.

Vigoureusement bâti, et déjà connu de beaucoup de gens qui, en me reconnaissant, combinèrent leurs efforts avec les miens, je parvins à gagner le quai, et, du quai, le pont des Arts.

On se battait toujours près du parapet. Plus tard, je sus que Baude, au prix de bon nombre de meurtrissures et de son habit mis en pièces, était parvenu à sauver le pauvre diable.

Mais, pendant que le préfet de police faisait le métier de philanthrope, il ne faisait pas son état de préfet de police, et l'émeute profitait de cette lacune dans ses fonctions municipales.

Le peuple continuait de dévaster l'église et le presbytère de Saint-Germain-l'Auxerrois, et, quand Baude fut libre de sa bonne action, c'était chose faite.

La seule chambre de l'abbé Paravey, qui avait béni les tombes des martyrs de juillet, avait été respectée.

Dans ses plus grandes impiétés, la foule reconnaît toujours quelque chose de plus grand que sa colère, et, devant cette chose, elle s'arrête et s'agenouille.

Le 24 février 1848, la foule fit des Tuileries ce qu'elle avait fait, le 14 février 1831, de l'église Saint-Germain-l'Auxerrois; mais elle s'arrêta devant l'appartement de madame la duchesse d'Orléans comme elle s'était arrêtée devant la chambre de l'abbé Paravey.

CXCVI

Le préfet de police au Palais-Royal. — La part du feu. — Le bandagiste Valérius. — Dévastation de l'archevêché. — L'album chinois. — François Arago. — Les spectateurs de l'émeute. — Grattage des fleurs de lis. — Je donne une seconde fois ma démission. — MM. Chambolle et Casimir Périer.

Le faux jésuite sauvé, l'église de Saint-Germain-l'Auxerrois mise à sac, la chambre de l'abbé Paravey respectée, la foule s'écoula.

Baude crut la colère du lion apaisée, et se rendit au Palais-Royal sans prendre le temps de changer de vêtements.

De même que ses habits conservaient la trace matérielle de la lutte qu'il avait soutenue, sa physionomie gardait l'empreinte des émotions qu'il avait éprouvées.

Cela veut dire, en langage vulgaire, — l'homme le moins académique se laisse quelquefois entraîner à faire des phrases, — que l'habit du préfet de police était déchiré, et son visage fort pâle.

Le roi, au contraire, était calme.

Mieux renseigné, cette fois, sur les événements de la rue qu'il ne l'avait été sur ceux de la Chambre le jour où l'on destituait la Fayette, il savait tout ce qui venait de se passer.

Tout ce qui venait de se passer était à son avantage.

Les carlistes avaient levé la tête, et, sans qu'il s'en fût mêlé le moins du monde, les carlistes avaient été punis !

Il y avait émeute, émeute qui ne menaçait pas le Palais-

Royal, et, de cette émeute, avec un peu d'adresse, on pourrait faire honneur au parti républicain.

Quelle chance! juste au moment où les chefs de ce même parti étaient en prison pour une autre émeute.

Seulement, le roi se doutait bien que les choses n'en resteraient pas là; avec sa finesse ordinaire et sa courtoisie apparente, il retint Baude à dîner.

Baude ne vit dans cette invitation qu'une politesse, une sorte de rémunération des dangers qu'il avait courus.

Il y avait mieux que cela.

Le préfet de police se trouvant au Palais-Royal, tous les rapports de la police seraient envoyés au Palais-Royal; or, Baude ne pouvait faire autrement que de les communiquer à son illustre amphitryon.

De cette manière, sans se déranger, le roi saurait tout; et ce que saurait la police de Baude, et ce que saurait sa police à lui.

C'était un homme bien fin que le roi Louis-Philippe; mais sa finesse même lui ôtait de la force. On ne peut pas, à notre avis, être à la fois renard et lion.

Les rapports étaient inquiétants : l'un d'eux annonçait, pour le lendemain, le pillage de l'archevêché; un autre, une tentative d'attaque contre le Palais-Royal.

— Sire, demanda le préfet de police, que faut-il faire?

— La part du feu! répondit le roi.

Baude comprit. A trois heures du matin, toutes les troupes de la garnison étaient disposées autour du Palais-Royal, mais les avenues de l'archevêché restaient parfaitement libres..

Pendant que le préfet de police dînait chez Sa Majesté, voici ce qui s'était passé.

Le général Jacqueminot avait requis la garde nationale; mais la garde nationale, au lieu de disperser les émeutiers, battait des mains à l'émeute.

Cadet de Gassicourt, qui était maire du quatrième arrondissement, arriva à son tour. Quelqu'un lui fit remarquer les trois fleurs de lis qui ornaient les pointes supérieures de la croix surmontant l'église.

Un homme du peuple entendit la remarque.

Aussitôt ce cri retentit :

— A bas les fleurs de lis ! à bas la croix !

On s'attela à la croix fleudelisée de Saint-Germain-l'Auxerrois comme, dix-sept ans auparavant, on s'était attelé à la statue de Napoléon sur la place Vendôme. La croix tomba à la troisième secousse.

Il n'y avait plus grand'chose à faire, ni dans l'église ni dessus, et, à moins de la démolir, c'était du temps perdu de rester là.

En ce moment, à tort ou à raison, le bruit circula qu'un bandagiste de la rue du Coq, nommé Valérius, avait été l'un des ordonnateurs de la fête. On se rua sur la boutique de Valérius, on dispersa ses bandages, et l'on brisa sa devanture.

La garde nationale arriva. Devinez ce qu'elle fit ?

Elle fit un corps de garde de la boutique dévastée.

C'était cette affaire de la croix et des fleurs de lis qui avait donné à l'émeute son caractère politique, et qui avait dirigé ou devait diriger, le lendemain, une partie de la houle populaire vers le Palais-Royal.

En effet, jusque-là, les fleurs de lis étaient restées les armoiries du roi. Aussitôt après l'élection du 9 août, Casimir Périer lui avait conseillé de les abandonner; mais le roi s'était souvenu qu'il était petit-fils d'Henri IV par les hommes, de Louis XIV par les femmes, et il avait obstinément refusé.

Sous prétexte donc de demander l'abolition des fleurs de lis, une troupe de républicains devait, le lendemain, marcher sur le Palais-Royal. Une fois au Palais-Royal, si l'on se sentait en force, on demanderait du même coup l'abolition de la royauté.

J'ignorais ce complot; et, l'eussé-je connu, je voulais rester en dehors de tout ce qui serait un mouvement direct contre le roi Louis-Philippe. J'avais à travailler ce lendemain-là; ma porte était donc fermée à tout le monde, même à mon domestique, lorsque celui-ci viola la consigne, et entra.

Il était évident qu'il se passait quelque chose d'extraordinaire, pour que Joseph prît vis-à-vis de moi une telle liberté.

On avait tiré des coups de fusil une partie de la nuit, on avait désarmé deux ou trois postes, on mettait à sac l'archevêché.

La proposition de marcher sur le palais de M. de Quélen avait été accueillie avec enthousiasme. M. de Quélen était un de ces prélats mondains qui passent pour être plus bergers que pasteurs. On assurait que, le 28 juillet 1830, un bonnet de femme avait été trouvé chez lui, et l'on voulait voir si, par hasard, il n'aurait pas la paire.

Le diable me tenta : je m'habillai en toute hâte, et je courus du côté de la Cité.

Les ponts étaient chargés à crouler ; les parapets offraient une double muraille de curieux.

Sur le pont Neuf seulement, je parvins à me faire jour entre deux spectateurs. La rivière charriait des meubles, des livres, des chasubles, des soutanes, des robes de prêtre. Ces derniers objets étaient effrayants, en ce qu'ils présentaient le simulacre de gens en train de se noyer.

Tout cela venait de l'archevêché. Lorsque l'émeute était arrivée devant le palais, la porte en avait paru trop étroite relativement à l'empressement et au nombre des visiteurs : la foule, de sa main puissante, avait saisi la grille, l'avait secouée et arrachée. Puis elle s'était répandue dans les appartements, et avait tout jeté par les fenêtres.

Quelques bibliophiles qui avaient voulu sauver des livres rares, des éditions précieuses, avaient failli être jetés à la Seine.

Un seul album échappa à la destruction générale. Celui qui avait mis la main dessus eut l'idée de l'ouvrir : c'était un album chinois peint sur feuilles de riz. Les Chinois sont très-fantastiques dans leurs compositions ; celles-là dépassaient de si loin les limites de la fantaisie française, que la foule n'eut pas le courage d'exiger que le précieux album fût jeté à l'eau.

Je n'ai vu quelque chose approchant de cet album que dans le musée secret de Naples ; encore dois-je dire que l'album de

M. l'archevêque de Paris l'emportait de beaucoup sur celui de Sa Majesté le roi des Deux-Siciles.

Les plus indulgents pensèrent que ce curieux monument avait été déposé chez l'archevêque par quelque Madeleine repentante, en expiation des péchés qu'elle avait commis, et dont le miséricordieux prélat lui avait donné l'absolution.

Il va sans dire que j'étais de ceux-là, et que, autant qu'il fut en mon pouvoir, je fis alors, comme je le fais aujourd'hui, tous mes efforts pour accréditer cette opinion.

Cependant, après s'en être pris aux meubles, à la bibliothèque, aux tentures, aux tapis, aux glaces, aux missels, aux chasubles et aux soutanes, la foule, mal satisfaite, s'en prit au bâtiment lui-même.

En un instant une centaine d'hommes furent éparpillés sur les toits, et commencèrent à arracher les tuiles et les ardoises du palais archiépiscopal. On eût dit que l'émeute n'était composée que de couvreurs.

Est-il arrivé à mon lecteur d'enfermer parfois une souris, un rat ou un oiseau dans une boîte trouée, au milieu d'une fourmilière, et d'attendre, s'il avait de la patience, l'espace de deux ou trois heures? Au bout de ces deux ou trois heures les fourmis avaient fait leur besogne, et, du milieu de la fourmilière, il pouvait tirer un charmant squelette dont les chairs avaient complétement disparu. Ainsi, sous le travail de la fourmilière humaine, au bout d'une heure, les chairs de l'archevêché avaient disparu complétement. Puis vint le tour des os : — où les fourmis se rebutent, les hommes s'acharnent ; — à deux heures de l'après-midi, les os avaient disparu comme la chair. De l'archevêché, il ne restait plus pierre sur pierre !

Par bonheur, l'archevêque était à sa maison de campagne de Conflans; sans quoi, il eût probablement été démoli comme sa maison de ville.

Pendant ce temps-là, les tambours battaient le rappel, non pas avec cet acharnement de baguettes dont ils nous avaient donné un spécimen au mois de décembre, et qui semblait dire : « Accourez tous, le feu est à la ville ! » mais avec cette mollesse d'exécution qui dit: « Si vous n'avez rien de mieux à faire, venez, et vous serez mal reçus ! »

Aussi, comme la garde nationale commençait à comprendre la langue des tambours, ne se dérangeait-elle que médiocrement.

Toutefois, un détachement de la douzième légion, commandé par François Arago, — l'illustre savant, le noble patriote qui se meurt en ce moment-ci, et dont l'Académie n'osera probablement faire l'éloge que comme savant; — un détachement de la deuxième légion, disons-nous, descendait du Panthéon vers la Cité. Le malheur voulut que son adjudant, qui marchait sur le flanc, son sabre à la main, gesticulât avec une énergie qu'excusait la circonstance, et que, en gesticulant, il atteignît de son sabre un pauvre diable qui le regardait passer fort tranquillement. Le pauvre diable tomba blessé, et fut relevé à peu près mort. Nous savons comment cela se pratique en pareille occasion : le mort ou le blessé ne s'appartient plus ; il appartient à la foule, qui en fait un drapeau. La foule s'empara de l'homme tout sanglant, et se mit à crier :

— Aux armes ! vengeance sur l'assassin ! vengeance !

L'assassin ou plutôt le meurtrier involontaire avait disparu. On porta la victime sur le parvis Notre-Dame; là, tout le monde songeait fort à la plaindre ou à la venger, mais nul ne songeait à lui porter secours. Ce fut François Arago qui, faisant au milieu des cris de menace un appel à l'humanité, montra l'Hôtel-Dieu, ouvert pour recevoir, et, s'il était possible, pour guérir le mourant. On posa celui-ci sur une civière, et François Arago accompagna le malheureux jusqu'au lit où, à peine déposé, il expira.

Le bruit de cette mort s'était répandu avec l'effrayante rapidité des mauvaises nouvelles. Quand Arago reparut, la foule tournait sérieusement à la colère ; elle était dans un de ces moments où, les dents et les ongles aiguisés, elle ne demande pas mieux que de déchirer et de dévorer... qui? Dans ces moments-là, peu lui importe, pourvu qu'elle déchire et dévore quelqu'un ou quelque chose ! si bien que, lorsque François Arago reparut, elle se jeta sur lui, prenant le sauveur pour le meurtrier. En un clin d'œil, notre grand astronome fut entraîné vers la Seine, où il allait être précipité avec les meubles, les livres et les soutanes de l'archevêché; heureusement, deux ou trois des spectateurs le reconnurent, le nommèrent, interposant son nom, sa réputation, sa popularité entre la mort et lui. Reconnu, François Arago fut sauvé; mais, à défaut d'un homme, il fallait quelque chose à la foule irritée : ne pouvant noyer Arago, elle démolit l'archevêché.

Nous avons dit avec quelle rapidité s'était faite l'exécution du monument.

Ce qu'il y avait de remarquable, c'est que cette exécution avait les plus honorables témoins.

M. Thiers était là, faisant sa première étude pratique sur la chute des palais et des monarchies. M. de Schonen était là, en uniforme de colonel, mais réduit à l'impuissance par le peu d'hommes qu'il commandait. M. Talabot était là, avec son bataillon; mais il avouait à M. Arago, qui le pressait d'agir, qu'on lui avait donné l'ordre *de paraître et de s'en retourner*.

La présence passive de toutes ces notabilités donnait à l'émeute de l'archevêché un cachet que je n'avais point vu encore, et que je ne revis depuis à aucune émeute.

Ce n'était plus l'émeute en blouse, pleine d'enthousiasme, risquant sa vie au milieu des éclairs de la fusillade et du tonnerre de l'artillerie; c'était l'émeute en gants jaunes, en paletot, en habit, railleuse et impie, démolissant et insultant, sans avoir pour excuse de l'insulte et de la destruction le danger qu'elle courait; c'était l'émeute bourgeoise, enfin, la plus impitoyable comme la plus misérable de toutes les émeutes.

Je revins chez moi le cœur navré, je me trompe, soulevé! J'appris le soir qu'on avait voulu démolir Notre-Dame, et que peu s'en était fallu que ce chef-d'œuvre de quatre siècles, commencé par Charlemagne, achevé par Philippe-Auguste, n'eût disparu en quelques heures comme l'archevêché.

En revenant chez moi, j'avais passé par le Palais-Royal.

Le roi, qui avait refusé à Casimir Périer le sacrifice des

fleurs de lis, faisait ce sacrifice à l'émeute : on grattait les blasons de ses voitures, et on mutilait les balcons en fer de son palais.

Le lendemain, une ordonnance parut au *Moniteur*, qui changeait les trois fleurs de lis de Charles V en deux tables de la loi. Si la généalogie s'établissait par les blasons, on eût pu croire que, au lieu de descendre de saint Louis, le roi de France descendait de Moïse !

Seulement, les nouvelles tables de la loi, contrefaçon de celles du Sinaï, n'avaient pas même l'excuse d'avoir été acceptées au milieu du tonnerre et des éclairs.

Ce fut ce jour-là que, sur le bureau de Lamy, le secrétaire de madame Adélaïde, voyant les palefreniers occupés à gratter les voitures du roi, et trouvant que ce n'était point ainsi que les fleurs de lis devaient sortir de la maison de France, j'écrivis ma seconde démission, la seule qui parvint au roi, et qui fut acceptée.

Elle était conçue en ces termes :

« 15 février 1831.

» Sire,

» J'ai eu l'honneur de demander, il y a trois semaines, une audience à Votre Majesté : j'avais l'intention de lui offrir de vive voix ma démission ; car je voulais lui expliquer comment, en faisant cela, je n'étais ni un ingrat ni un capricieux.

» Sire, il y a longtemps que j'ai écrit et imprimé que, chez moi, l'homme littéraire n'était que la préface de l'homme politique.

» L'âge auquel je pourrai faire partie d'une chambre régénérée se rapproche de moi.

» J'ai la presque certitude, le jour où j'aurai trente ans, d'être nommé député ; j'en ai vingt-huit, sire.

» Malheureusement, le peuple, qui voit d'en bas, et de loin, ne distingue pas les intentions du roi des actes des ministres ; or, les actes des ministres sont arbitraires et liberticides.

» Parmi ces hommes qui vivent de Votre Majesté, et lui disent tous les jours qu'ils l'admirent et qu'ils l'aiment, il n'en est peut-être pas un qui vous aime plus que je ne le fais; seulement, ils le disent et ne le pensent pas, et, moi, je ne le dis pas et je le pense.

» Mais, sire, le dévouement aux principes passe avant le dévouement aux hommes. Le dévouement aux principes fait les La Fayette; le dévouement aux hommes fait les Rovigo (1).

» Je supplie donc Votre Majesté d'accepter ma démission.

» J'ai l'honneur d'être, avec respect,

» De Votre Majesté, etc.

» ALEX. DUMAS. »

Chose étrange! aux yeux du parti auquel j'appartenais, j'étais républicain, bel et bien républicain, puisque je prenais ma part à toutes les émeutes; je voulais voir le drapeau de 92 flotter à la tête de nos armées; mais, en même temps, je ne comprenais pas que, du moment qu'on avait pris un Bourbon pour roi, qu'il fût de la branche aînée ou de la branche cadette, qu'il fût même Valois, comme on avait essayé un instant de le faire croire au bon peuple parisien, — les fleurs de lis dussent cesser d'être ses armes.

C'est que j'étais à la fois poëte et républicain ; c'est que déjà je comprenais et je soutenais, contrairement à certains esprits étroits de notre parti, que la France, même démocratique, ne datait pas de 89 ; que nous avions, nous autres hommes du XIXe siècle, un immense héritage de gloire à recevoir et à conserver ; que les fleurs de lis sont les fleurs de lance de Clovis et les angons de Charlemagne ; qu'elles ont successivement flotté à Tolbiac, à Tours, à Bouvines, à Taillebourg, à Rosbec-

---

(1) Nous sommes obligé d'avouer que, dans notre opinion, le parallèle entre la Fayette et le duc de Rovigo est au désavantage de ce dernier ; mais combien, en le comparant aux autres hommes de l'Empire, il est au-dessus d'eux ! L'amour de la Fayette pour la liberté est sublime ; le dévouement du duc de Rovigo pour Napoléon est respectable, car tout dévouement est une belle et surtout rare chose par le temps qui court.

que, à Patay, à Fornoue, à Ravenne, à Marignan, à Renty, à Arques, à Rocroy, à Steinkerque, à Almanza, à Fontenoy, sur les mers de l'Inde, sur les lacs de l'Amérique ; qu'après la fortune de cinquante victoires, nous avons la gloire de vingt défaites qui eussent suffi à anéantir un autre peuple ; que les Romains nous ont envahis, et que nous les avons chassés ; que les Francs nous ont envahis, et que nous les avons chassés ; que les Anglais nous ont envahis, et que nous les avons chassés.

Au reste, cette opinion que je manifeste aujourd'hui sur le grattage des fleurs de lis, et que je manifestais bien plus hautement à cette époque par ma démission, était aussi celle de Casimir Périer.

Le lendemain du jour où les fleurs de lis avaient disparu des voitures du roi, des balcons du Palais-Royal, et même du bouclier de Bayard, tandis que l'effigie d'Henri IV était conservée sur la croix de la Légion d'honneur, M. Chambolle, le même qui, depuis, créa le journal orléaniste *l'Ordre*, se présenta chez M. Casimir Périer.

— Eh bien, nom de Dieu ! lui demanda celui-ci, il paraît que le roi sacrifie ses armoiries ? Eh ! f..... ! c'était le lendemain de la révolution qu'il fallait s'y décider ; et je le lui conseillais ; mais non, il ne voulait point alors qu'on les effaçât, ces fleurs de lis auxquelles il tient encore plus que ses aînés. Maintenant, l'émeute passe sous sa fenêtre, et le voilà qui f.... son écusson dans le ruisseau !

Ceux qui ont connu l'irascible caractère de Casimir Périer ne s'étonneront pas des fleurs de réthorique dont ces quelques mots sont ornés.

Maintenant qu'il n'y a plus d'archevêché ni de fleurs de lis, qu'on est en train d'abattre la statue du duc de Berry à Lille, de piller le séminaire de Perpignan, et de détruire les bustes de Louis XVIII et de Charles X à Nîmes, revenons à *Antony*, qui devait faire, en littérature, une émeute près de laquelle les émeutes que nous venons de citer n'étaient que des jeux d'écoliers en vacances.

CXCVII

Ma foi dramatique chancelle. — Bocage et Dorval me réconcilient avec moi-même. — Un procès politique où je méritais de figurer. — Chute du ministère Laffitte. — L'Autriche et le duc de Modène. — Le maréchal Maison ambassadeur à Vienne. — Histoire d'une de ses dépêches. — Casimir Périer premier ministre. — Quel accueil il reçoit au Palais-Royal. — On lui fait amende honorable.

On a vu le peu de succès de lecture qu'*Antony* avait obtenu près de M. Crosnier. Il en était résulté que, de même qu'on ne s'était nullement gêné au Théâtre-Français pour faire passer avant moi le drame de *Don Carlos ou l'Inquisition*, on ne se gêna nullement, à la Porte-Saint-Martin, pour faire passer tout ce qu'il y avait à passer.

Pauvre *Antony!* il avait déjà près de deux ans d'existence; mais ce retard, il faut l'avouer, au lieu de lui nuire en quoi que ce fût, lui devait, au contraire, devenir très-profitable

Pendant ces deux années, les événements avaient marché et avaient fait à la France une de ces situations fiévreuses dans lesquelles les explosions des excentricités individuelles ont un immense écho. Il y avait dans l'époque quelque chose de maladif et de bâtard qui répondait à la monomanie de mon héros.

Au reste, comme je l'ai dit, je n'avais plus aucune opinion arrêtée sur mon drame; ma foi, toute juvénile n'avait tenu que pour *Henri III* et pour *Christine;* mais l'horrible concert de sifflets qui m'avait assourdi, à la représentation de cette pièce, avait ébranlé cette foi jusque dans ses bases les plus profondes.

Puis était venue la révolution, qui m'avait jeté dans un tout autre ordre d'idées, et qui m'avait fait croire que j'étais destiné à devenir ce qu'on appelle en politique un homme d'action, croyance qui était tombée encore plus vite que ma croyance littéraire.

Puis avait eu lieu la représentation de mon *Napoléon Bonaparte*, ouvrage dont, avec épouvante, j'avais reconnu le peu de valeur, malgré le fanatique enthousiasme qu'il avait excité à la lecture.

Enfin, arrivait *Antony*, qui n'inspirait aucun fanatisme, aucun enthousiasme, ni à la lecture, ni à la répétition, et que, dans mon for intérieur, je croyais destiné à clore par une chute la courte série de mes succès.

Est-ce que M. Fossier, M. Oudard, M. Picard, M. Deviolaine, auraient eu raison, par hasard? est-ce que j'eusse mieux fait d'*aller à mon bureau*, comme me l'avait conseillé l'auteur de *la Petite Ville* et des *Deux Philibert?*

C'était un peu tard pour faire ces réflexions, au moment où je venais de donner ma démission définitive.

Je ne les en faisais pas moins, et elles ne m'égayaient pas davantage.

Ce qui me consolait, c'est que Crosnier ne paraissait pas faire plus grand cas de *Marion Delorme* que d'*Antony*, et que, moi, j'admirais fort *Marion Delorme*.

Je pouvais me tromper sur ma pièce; mais, à coup sûr, je ne me trompais pas sur celle d'Hugo, tandis que, au contraire, Crosnier, se trompant sur la pièce d'Hugo, pouvait parfaitement se tromper sur la mienne.

En attendant, les répétitions allaient leur train.

Ce que j'avais prévu arrivait : au fur et à mesure qu'avançaient les répétitions, les deux rôles principaux prenaient, représentés par madame Dorval et par Bocage, des proportions qu'ils étaient loin d'avoir, représentés par mademoiselle Mars et par Firmin. L'absence des traditions scolastiques, l'habitude de jouer du drame, une certaine sympathie des acteurs pour leurs rôles, sympathie qui n'existait pas au Théâtre-Français, tout cela réhabilitait peu à peu le pauvre *Antony* à mes propres yeux. Il est vrai de dire que, en sentant approcher le jour de la représentation, les deux grands artistes sur lesquels reposait le succès de la pièce développaient, comme à l'envi l'un de l'autre, des qualités inconnues à eux-mêmes. Dorval, à côté des choses du cœur, avait des effets de dignité dont je l'eusse crue incapable; et Bocage, à qui je n'avais accordé d'abord qu'une certaine sauvagerie misanthropique, avait des moments de tristesse poétique et de mélancolie rêveuse que je n'ai vus qu'à Talma, dans ses rôles de l'Hamlet anglais et de l'Oreste de Soumet.

La représentation devait avoir lieu dans la première quinzaine d'avril; mais, dans la première quinzaine d'avril justement, se jouait, au palais de justice, un drame qui, même à mes yeux, était bien autrement intéressant que le mien.

Mes amis Guinard, Cavaignac et Trélat étaient, avec seize autres coaccusés, traduits devant la cour d'assises.

On se rappelle qu'il était question du complot de l'artillerie auquel j'avais pris une part si active; aussi une seule chose m'étonnait-elle: c'est qu'ils fussent en prison, et que je fusse libre; qu'ils subissent des interrogatoires au palais de justice pendant que je répétais une pièce à la Porte-Saint-Martin.

Les audiences, depuis le 6 jusqu'au 11 avril, avaient été consacrées à l'interrogatoire des accusés et à l'audition des témoins. Le 12, l'avocat général prit la parole.

Il va sans dire que, du 12 au 15, jour où le jugement fut rendu, je ne quittai pas l'audience.

C'était assez difficile pour un avocat général de charger des hommes comme ceux qui étaient assis sur le banc des accusés: les principaux combattants de juillet; ceux qu'on avait nommés les héros des trois jours, ceux que le lieutenant général avait reçus, caressés, choyés, dix mois auparavant; ceux que Dupont (de l'Eure) appelait ses amis; ceux que la Fayette appelait ses enfants; et ceux que, depuis qu'il n'était plus au ministère, Laffitte appelait ses complices.

En effet, le ministère Laffitte était tombé le 9 mars. Voici à quelle occasion il était tombé. La cause de cette chute était on ne peut plus honorable pour l'ancien ami du roi Louis-Philippe, que cinq mois de frottements politiques avec la nouvelle Majesté suffirent à rendre un de ses plus irréconciliables ennemis.

C'était à l'époque où trois peuples, ressuscitant, réclamaient leur nationalité : la Belgique, la Pologne et l'Italie. On était à peu près tranquille sur le sort de la Belgique; mais il n'en était pas ainsi pour la Pologne et l'Italie, et tous les cœurs généreux étaient sympathiques à ces deux sœurs en liberté qui râlaient, l'une sous le couteau du czar, l'autre sous le bâton de l'Autriche.

Les yeux étaient particulièrement fixés sur Modène.

Le duc de Modène, à la nouvelle de l'insurrection de Bologne, avait fui de son duché, dans la nuit du 4 au 5 février.

Le cabinet du Palais-Royal reçut à ce sujet une communication du cabinet de Vienne qui lui annonçait que le gouvernement autrichien se préparait à intervenir pour replacer François IV sur son trône ducal.

La nouvelle était étrange, et la prétention exorbitante.

Le gouvernement français avait proclamé le principe de non-intervention; or, à quel titre l'Autriche intervenait-elle dans le duché de Modène?

L'Autriche avait bien un droit de réversibilité sur ce duché; mais ce droit était tout éventuel, et, jusqu'au jour où il y aurait extinction des héritiers mâles de la maison régnante, Modène était un duché parfaitement indépendant.

De pareilles exigences devaient révolter un esprit aussi droit et aussi juste que celui de M. Laffitte; et il déclara en plein conseil que, si l'Autriche persistait dans cette insolente prétention, la France en appellerait aux armes.

M. Sébastiani, ministre des affaires étrangères, fut invité par le président du conseil à répondre dans ce sens, et s'y engagea.

Le maréchal Maison occupait alors l'ambassade de Vienne. C'était un de ces roides diplomates qui, de leur carrière militaire, avaient conservé l'habitude de parler aux rois ou aux empereurs la main sur la garde de leur épée. — Je l'ai beaucoup connu, et, malgré notre différence d'âge, avec une certaine intimité; une charmante femme au nom pacifique, qui n'était qu'une amie pour moi, qui n'était plus qu'une amie pour lui, servait de lien entre le jeune poëte et le vieux soldat.

Le maréchal fut chargé de présenter à l'Autriche l'*ultimatum* de M. Laffitte.

Cet *ultimatum* était précis : « La non-intervention ou la guerre ! »

On ignorait encore, à cette époque, le système adopté par Louis-Philippe de conserver la paix à tout prix.

L'Autriche répondit comme si elle eût connu la secrète pensée du roi de France. Sa réponse était non-seulement ferme, mais encore insolente.

La voici :

« Jusqu'à ce jour, l'Autriche a laissé la France mettre en avant le principe de non-intervention ; mais il est temps que la France sache que nous n'entendons point le reconnaître en ce qui concerne l'Italie. Nous porterons nos armes partout où s'étendra l'insurrection. Si cette intervention doit amener la guerre, eh bien, vienne la guerre ! nous aimons mieux en courir les chances que d'être exposés à périr au milieu des émeutes. »

Avec les instructions que le maréchal avait reçues, la note que nous venons de citer ne laissait aucun jour à un arrangement ; en conséquence, à la même heure où il envoyait la réponse de M. de Metternich au roi Louis-Philippe, il écrivait au général Guilleminot, notre ambassadeur à Constantinople, que la France était forcée de tirer l'épée, et qu'il eût à faire un appel à la vieille alliance de la Turquie avec la France.

Le maréchal Maison ajoutait, comme post-scriptum, à la note de M. de Metternich :

« Il n'y a pas un instant à perdre pour conjurer le danger dont la France est menacée ; il faut, en conséquence, prendre l'initiative, et jeter cent mille hommes dans le Piémont. »

Cette dépêche, adressée à M. Sébastiani, ministre des affaires étrangères, avec lequel, en sa qualité d'ambassadeur, le maréchal Maison correspondait directement, arriva le 4 mars à l'hôtel des Capucines. M. Sébastiani, homme du roi la communiqua au roi, mais, si importante qu'elle fût, n'en dit pas un mot à M. Laffitte.

Voilà de quelle façon le roi, suivant le premier principe du gouvernement constitutionnel, régnait et ne gouvernait point.

Comment *le National* se procura-t-il cette dépêche? C'est ce que nous serions bien embarrassé de dire; mais, le 8, elle était textuellement reproduite à la seconde colonne du journal.

M. Laffitte la lut par hasard, comme la Fayette, par hasard aussi, avait lu sa destitution de commandant de la garde nationale.

M. Laffitte monta en voiture, et, le journal en main, courut chez M. Sébastiani.

Il n'y avait pas moyen de nier : le maréchal allégua de si misérables raisons, que M. Laffitte vit qu'il était complétement joué.

Il se fit conduire au Palais-Royal. Il espérait trouver là les explications que lui refusait le ministre des affaires étrangères; mais le roi ignorait tout; le roi faisait bâtir à Neuilly, ne se mêlait pas d'affaires, ne prendrait aucune initiative, et approuverait son ministre. C'était à M. Laffitte de s'expliquer avec ses collègues.

Il y avait tant d'apparente sincérité et de naïve bonhomie dans l'air, dans l'accent, dans le maintien, dans toute la personne du roi, que Laffitte douta qu'il fût du complot.

Le lendemain, en effet, suivant le conseil donné par le roi, M. Laffitte eut une explication avec ses collègues.

Cette explication amena, séance tenante, la démission du chef du cabinet, qui rentra chez lui l'âme moins navrée peut-être de sa maison ruinée, de sa popularité perdue, que de son amitié trompée.

C'était un noble cœur que M. Laffitte; il s'était livré tout entier au roi, et voilà qu'en face de l'insulte faite à la France, le roi, dans son parti pris de conserver la paix, l'abandonnait à son tour, comme il avait abandonné la Fayette et Dupont (de l'Eure).

Laffitte était jeté sans remords et sans pitié dans le gouffre où Louis-Philippe jetait ses popularités au rebut.

Le nouveau ministère était composé d'avance; la majorité de ses membres avait été prise dans l'ancien. Il n'y avait de ministres nouveaux que Casimir Périer, le baron Louis et M. de Rigny.

Voici les attributions de chacun de ses membres : Casimir Périer, président; Sébastiani, ministre des affaires étrangères; le baron Louis, ministre des finances; Barthe, ministre de la justice; Montalivet, ministre de l'instruction publique et des cultes; le comte d'Argout, ministre du commerce et des travaux publics; de Rigny, ministre de la marine.

Le nouveau ministère faillit perdre son président le lendemain même du jour où il avait été nommé, c'est-à-dire le 13 mars 1831.

Ce n'était qu'avec peine que la reine, madame Adélaïde et M. le duc d'Orléans voyaient Casimir Périer arriver au pouvoir. Était-ce regret de l'ingratitude montrée à M. Laffitte? Était-ce crainte du caractère bien connu de M. Casimir Périer? Tant il y a que, le 14 mars, lorsque le nouveau président du conseil se rendit au Palais-Royal pour faire sa cour du soir, il trouva que tous les visages avaient pris un aspect singulier : les courtisans riaient, les aides de camp chuchotaient, les domestiques demandaient qui il fallait annoncer. M. le duc d'Orléans tournait le dos, madame Adélaïde était de glace, la reine était grave. Au fond du salon, le roi seul attendait, le visage souriant.

Il fallut au ministre traverser cette double haie formée, d'un côté, par la répulsion, de l'autre, par la malveillance, pour arriver au roi.

Le rival et le successeur de Laffitte était colère, orgueilleux, impatient; il résolut de se venger à l'instant même. Il se savait l'homme indispensable à la situation : Thiers n'était pas encore assez populaire; M. Guizot l'était déjà trop peu. Casimir Périer alla droit au roi.

— Sire, lui dit-il, j'ai l'honneur de vous demander un entretien secret.

Le roi, étonné, marcha devant lui, et le conduisit dans son cabinet.

A peine la porte en fut-elle refermée, que, sans circonlocution et sans ambages :

— Sire, dit le nouveau président, j'ai l'honneur d'offrir ma démission à Votre Majesté.

— Eh ! mon Dieu, monsieur Périer, s'écria le roi, et à quel propos ?

— Sire, reprit le ministre exaspéré, des ennemis dans les clubs, des ennemis dans les rues, des ennemis dans la Chambre, passe encore ! mais des ennemis à la cour, à laquelle je viens offrir mon nom, mon courage, ma fortune, c'est trop ! et je ne me sens pas la force, je l'avoue à Votre Majesté, de faire face à toutes ces haines.

Le roi sentit le coup ; il fallait le parer, car, dans la situation, peut-être allait-il être mortel.

Alors, tout ce que sa voix avait de flatterie, tout ce que son esprit avait de séduction, — et il en avait beaucoup ! — le roi le mit en usage pour adoucir l'orgueil blessé de son ministre.

Mais Casimir Périer répéta incessamment, avec la hautaine inflexibilité de son caractère :

— Sire, j'ai l'honneur d'offrir ma démission à Votre Majesté.

Le roi comprit qu'il fallait faire amende honorable.

— Attendez dix minutes ici, mon cher monsieur Périer, fit-il ; dans dix minutes, vous êtes libre.

Le ministre s'inclina en silence, et laissa sortir le roi.

Pendant ces dix minutes, le roi expliqua à la reine, à sa sœur et à son fils l'urgence qu'il y avait pour lui à garder M. Casimir Périer, et leur annonça la résolution que venait de prendre M. Casimir Périer de donner sa démission.

C'était un mot d'ordre nouveau. En quelques secondes, il fut transmis à qui de droit.

Le roi entr'ouvrit la porte de son cabinet, où le ministre continuait de se ronger les ongles en frappant du pied.

— Venez! dit-il.

Casimir Périer s'inclina légèrement, et suivit le roi.

Mais, grâce au nouveau mot d'ordre, tout était changé. La reine était gracieuse; madame Adélaïde, affable; M. le duc d'Orléans s'était retourné; les aides de camp formaient un groupe, prêts à obéir, non-seulement au premier signe du roi, mais encore à celui du ministre; les courtisans ne montraient plus les dents qu'à travers un obséquieux sourire.

Enfin, en voyant arriver M. Casimir Périer à la porte, les laquais s'élancèrent dans les antichambres, et se précipitèrent par les degrés en criant :

— La voiture de M. le président du conseil!

Il était impossible d'obtenir plus promptement une plus éclatante réparation.

Casimir Périer resta ministre.

Voilà où en étaient les choses, et le nouveau président du conseil venait de commencer la dévorante carrière qui devait, au bout d'un an, le conduire à la tombe, où il allait précéder de quelques semaines seulement son antagoniste Lamarque, lorsque nous nous sommes interrompu, à propos de M. Laffitte, au beau milieu du procès de l'artillerie.

Mais, une fois pour toutes, ce n'est point de l'histoire que nous faisons, ce sont des souvenirs que nous jetons sur le papier, et souvent nous nous apercevons qu'au moment où nous avons pris le galop pour suivre les divagations de notre mémoire, nous avons laissé derrière nous des événements de la première importance. Alors, nous sommes forcé de revenir sur nos pas, de faire nos excuses à ces événements, comme le roi à M. Casimir Périer, de les prendre, pour ainsi dire, par la main, et de les ramener à nos lecteurs, qui peut-être ne leur font pas toujours un aussi gracieux accueil que celui que la cour du Palais-Royal fit au président du conseil dans la soirée du 14 mars 1831.

CXCVIII

Procès des artilleurs. — Le procureur général Miller. — Pescheux d'Herbinville. — Godefroy Cavaignac. — Acquittement des accusés. — Ovation qu'ils reçoivent. — Le commissionnaire Gourdin. — La croix de juillet. — Le ruban rouge et noir. — Dernières répétitions d'*Antony*.

Nous avons dit la difficulté qu'il y avait pour un avocat général d'accuser des hommes tout noirs encore de la poudre de juillet, comme l'étaient Trélat, Cavaignac, Guinard, Sambuc, Danton, Chamarre et leurs coaccusés.

Tous ces hommes, d'ailleurs, — à part le commissionnaire Gourdin, contre la moralité duquel, au reste, il n'y avait absolument rien à dire, — vivaient de leur fortune ou de leur talent, et étaient plutôt riches que pauvres.

On ne pouvait donc attaquer chez eux qu'une opinion dangereuse peut-être, au point de vue du gouvernement, mais, à coup sûr, désintéressée.

M. le procureur général Miller eut l'intelligence de comprendre la situation, et, au début de son réquisitoire, se tournant vers les prévenus :

— Nous gémissons plus que personne, dit-il, de voir traduits sur ces bancs des citoyens honorables, dont la vie privée paraît commander l'estime; des jeunes gens riches de nobles pensées, d'inspirations généreuses. Ce n'est pas nous, messieurs, qui chercherons à récuser leurs titres à la considération publique ou à la bienveillance de leurs concitoyens, et les services qu'ils ont pu rendre à la patrie.

L'auditoire, visiblement alléché par ce préambule, fit entendre un murmure d'approbation qu'il eût certainement réprimé s'il eût eu la patience d'attendre la suite.

Le procureur général reprit :

— Mais les services que l'on a pu rendre à l'État donneraient-ils le droit de l'ébranler jusque dans ses fondements, s'il n'est point administré selon des doctrines qui conviennent à des imaginations peut-être déréglées? Mais l'ardeur de la jeunesse suffirait-elle pour légitimer des essais qui alarment tous les bons citoyens et froissent tous les intérêts? Faut-il donc que les hommes paisibles puissent devenir les victimes des manœuvres coupables de ceux qui parleraient de liberté en attaquant celle d'autrui, et qui se vanteraient de travailler au bonheur de la France en brisant avec violence tous les liens sociaux?

On comprend de quel air dédaigneux les prévenus recevaient ces filandreuses et banales observations. Loin qu'ils songeassent à se défendre, on sentait que, le moment venu de charger, c'étaient eux qui allaient prendre l'offensive.

Pescheux d'Herbinville, le premier, s'élançant à toute bride, sabra juges et procureur général.

— Monsieur Pescheux d'Herbinville, lui dit le président Hardouin, vous êtes accusé d'avoir eu des armes à votre disposition, et d'en avoir distribué. Avouez-vous le fait?

Pescheux d'Herbinville se leva.

C'était un beau jeune homme de vingt-deux à vingt-trois ans, blond, soigné de sa personne, délicat dans ses manières. Les cartouches qu'on avait saisies chez lui étaient enveloppées de papier de soie, et enjolivées de faveurs roses.

— Non-seulement, dit-il, j'avoue le fait, monsieur le président, mais encore je m'en vante... Oui, j'ai eu des armes, et beaucoup! et je vais vous dire comment je les ai eues. En juillet, j'ai, à la tête d'une quinzaine d'hommes, au milieu du feu, pris successivement trois postes; les armes que j'ai eues, ce sont celles des soldats que j'ai désarmés. Or, moi, je me battais pour le peuple, et ces soldats tiraient sur le peuple. Suis-je coupable d'avoir pris des armes qui, dans les mains où elles se trouvaient, donnaient la mort à des citoyens?

Une salve d'applaudissements accueillit ces paroles.

— Quant à les avoir distribuées, continua l'accusé, c'est encore vrai, je l'ai fait; et non-seulement j'ai distribué des armes, mais encore, croyant que, dans des temps pareils au nôtre, il était bon de reconnaître les amis de la France de ses ennemis, j'ai, à mes frais, quoique je ne sois pas riche, habillé en gardes nationaux quelques-uns des hommes qui m'avaient suivi. C'est à ces hommes-là que j'ai distribué des armes auxquelles, d'ailleurs, ils avaient bien droit, puisqu'ils m'avaient aidé à les prendre!... Vous m'avez demandé ce que j'avais à dire pour ma défense, je l'ai dit.

Et il se rassit au milieu d'applaudissements que les injonctions réitérées du président purent seules faire cesser.

Puis vint le tour de Cavaignac.

— Vous m'accusez d'être républicain, dit-il; je relève l'accusation à la fois comme un titre de gloire et comme un héritage paternel. Mon père fut un de ceux qui, dans le sein de la Convention nationale, proclamèrent la République à la face de l'Europe, alors victorieuse; il la défendit aux armées; c'est pour cela qu'il est mort dans l'exil, après douze années de proscription; et, tandis que la Restauration elle-même était forcée de laisser à la France les fruits de cette révolution qu'il avait servie, tandis qu'elle comblait de ses faveurs les hommes que la République avait créés, mon père et ses collègues souffraient seuls pour la grande cause que tant d'autres trahissaient! dernier hommage de leur vieillesse impuissante à la patrie que leur jeunesse avait si vigoureusement défendue!... Cette cause, messieurs, se lie donc à tous mes sentiments comme fils; les principes qu'elle embrassait sont mon héritage. L'étude a fortifié naturellement cette direction donnée à mes idées politiques, et, aujourd'hui que l'occasion s'offre enfin à moi de prononcer un mot que tant d'autres proscrivent, je le déclare sans affectation comme sans crainte, de cœur et de conviction je suis républicain!

C'était la première fois qu'une pareille déclaration de principes était faite hautement et publiquement, devant la justice et devant la société à la fois; aussi fut-elle accueillie d'abord par une espèce de stupeur que traversa immédiatement un tonnerre d'acclamations.

Le président comprit qu'il n'y avait pas moyen de lutter contre un pareil entraînement; il laissa les applaudissements se calmer, et Cavaignac continuer son discours.

Godefroy Cavaignac était orateur, plus orateur que son frère, quoique celui-ci ait eu, comme le général Lamarque et le général Foy, de ces mots éminemment français qui entrent plus profondément dans les cœurs que les plus beaux discours. Cavaignac continua donc avec un succès croissant. Enfin, il résuma dans ces quelques mots toutes ses opinions, toutes ses espérances, ainsi que les opinions et les espérances du parti qui, presque inaperçu alors, devait triompher dix-sept ans plus tard :

— La Révolution ! messieurs, vous attaquez la Révolution! Mais, insensés que vous êtes, la Révolution, c'est la nation tout entière, moins ceux qui l'exploitent ; c'est notre patrie remplissant cette sainte mission de l'affranchissement des peuples qui lui a été confiée par la Providence; c'est toute la France, enfin, faisant son devoir envers le monde ! Quant à nous, nous avons, c'est notre conviction, fait notre devoir envers la France, et, chaque fois qu'elle aura besoin de nous, quoi qu'elle nous demande, cette mère respectée, fils pieux, nous lui obéirons !

Il est impossible de se faire une idée de l'effet que produisit ce discours, prononcé d'un accent ferme, avec une figure franche et ouverte, avec l'enthousiasme dans les yeux, la conviction dans le cœur.

A partir de ce moment, la cause était gagnée : la condamnation de pareils hommes eût été une émeute, une révolution peut-être.

Les questions posées au jury étaient au nombre de quarante-six.

A midi moins un quart, les jurés entrèrent dans la chambre des délibérations; à trois heures et demie, ils en sortirent. Sur les quarante-six questions, les accusés étaient déclarés non coupables.

Il n'y eut qu'un cri de joie, presque d'enthousiasme; les mains battaient, les chapeaux s'agitaient ; chacun se hâtait, enjambant les banquettes, renversant les obstacles ; on voulait serrer la main de l'un ou de l'autre des dix-neuf accusés, qu'on les connût ou qu'on ne les connût pas.

On sentait que, sur ce banc des prévenus, là était la vie, là était l'honneur, là était l'avenir.

Ce fut au milieu de ce tumulte que le président prononça la mise en liberté.

Il ne s'agissait plus pour les accusés que de se dérober au triomphe. Les triomphes, dans ces cas-là, sont souvent pires que des défaites : je me rappelle le triomphe de Louis Blanc au 15 mai.

Guinard, Cavaignac et les élèves des Écoles parvinrent à se soustraire à l'ovation : au lieu de sortir par la porte de la Conciergerie qui donne sur le quai des Lunettes, ils sortirent par celle des cuisines, et passèrent sans être reconnus.

Trélat, Pescheux d'Herbinville et trois amis—Achille Roche, qui mourut jeune et plein d'avenir, Avril et Lhéritier,—étaient montés dans une voiture, et avaient donné au cocher l'ordre d'aller aussi vite que possible ; mais, à travers les vitres fermées, ils furent reconnus. En un instant, la voiture fut arrêtée, les chevaux furent dételés, les portières furent ouvertes ; il fallut sortir, traverser la foule, répondre aux cris par des saluts, et marcher au milieu des mouchoirs flottants, des drapeaux agités, et des cris de « Vivent les républicains ! » jusqu'à la maison de Trélat.

Guilley, également reconnu, fut encore moins heureux : on l'emporta à bras, malgré ses protestations et ses efforts.

Un seul sortit par la grande porte, et traversa toute la foule incognito : c'était le commissionnaire Gourdin, traînant sur une petite charrette ses malles et celles de ses compagnons de captivité, qu'il reportait à domicile.

Cet acquittement me rendait à mes répétitions, et il avait été à peu près arrêté qu'*Antony* passerait dans les derniers jours d'avril.

Mais les derniers jours d'avril devaient nous rejeter dans une bien autre agitation !

La loi du 13 décembre 1830 sur les récompenses nationales avait ordonné la création d'un nouvel ordre qui serait appelé la *croix de juillet*.

Il y avait dans cette création un motif qui pouvait la faire excuser, et qui avait poussé les républicains à appuyer la loi.

C'est toujours une triste décoration que celle qui rappelle une guerre civile et une victoire remportée par des citoyens sur des citoyens, par le peuple sur l'armée, ou par l'armée sur le peuple; mais, je l'ai dit, il y avait au fond de cela un autre but.

C'était, dans un cas donné, de pouvoir se reconnaître, et de savoir, par conséquent, sur qui compter.

Ces croix avaient été votées par des bureaux formés de combattants, lesquels étaient difficiles à tromper; car, sur douze membres qui composaient, je crois, chacun de ces bureaux, il s'en trouvait toujours deux ou trois qui, si la croix se fût égarée sur quelque poitrine indigne, eussent été à même de relever une erreur ou de donner un démenti.

La part que j'avais prise à la révolution était assez publique pour que cette croix me fût votée sans contestation; mais, en outre, une fois les croix votées, comme les membres des différents bureaux ne pouvaient se donner des croix à eux-mêmes, j'avais été nommé membre du comité chargé de voter les croix aux premiers distributeurs.

L'institution était donc toute populaire à la surface, toute républicaine au fond.

Aussi fûmes-nous on ne peut plus étonnés quand, le 30 avril, parut une ordonnance contre-signée Casimir Périer, et réglant les points suivants:

« La croix de juillet consistera en une étoile à trois branches.

» Le centre de l'étoile portera à la face : 27, 28 *et* 29 *juillet* 1830.

» Elle aura pour légende : *Donnée par le roi des Français*.

» Elle sera suspendue à un ruban bleu liseré de rouge.

» Les citoyens décorés de la croix de juillet PRÊTERONT SERMENT DE FIDÉLITÉ AU ROI DES FRANÇAIS et d'obéissance à la charte constitutionnelle et aux lois du royaume. »

L'ordonnance était suivie d'un état nominatif des citoyens auxquels cette croix était décernée.

J'avais vu avec une joie extrême mon nom sur la liste; et, le même jour, moi qui n'ai jamais porté de croix que dans les occasions solennelles, j'achetai un ruban rouge et noir; et le mis à ma boutonnière.

Le ruban rouge et noir demande une explication.

Nous avions décidé, nous, dans notre programme, si bien faussé par l'ordonnance royale, que le ruban serait rouge liséré de noir. Le rouge devait rappeler le sang répandu; le noir, le deuil porté.

Je ne crus donc pas devoir me soumettre à cette partie de l'ordonnance qui décrétait un ruban bleu liséré de rouge, — pas plus qu'à la légende : *Donnée par le roi*, et au serment de fidélité au roi, à la charte constitutionnelle et aux lois du royaume.

Beaucoup firent comme moi, et, aux Tuileries, où j'allai me promener pour voir si quelque agent de l'autorité viendrait me chercher querelle à propos de mon ruban; je trouvai une douzaine de décorés, dont deux ou trois amis, qui, sans doute, étaient venus là dans la même intention que moi.

Il y a plus : la garde nationale était, à cette époque, de faction aux Tuileries, et la garde nationale portait les armes au ruban rouge et noir comme au ruban de la Légion d'honneur.

Le soir, nous apprîmes qu'il y avait réunion chez Higonnet, pour protester contre la couleur du ruban, la légende et le serment. J'allai au rendez-vous, je protestai; et, le lendemain, je vins faire ma répétition avec mon ruban.

Le lendemain, c'était le 1er mai; nous en étions aux répétitions générales, et, je l'ai dit, je commençais à me raccommoder avec ma pièce, sans cependant — tant elle était en dehors des données reçues! — me faire aucune idée sur le succès ou la chute de l'ouvrage.

Quant au succès que devaient y avoir les deux acteurs principaux, il était incontestable.

Bocage avait tout fait servir à l'originalité du personnage

qu'il était chargé de représenter, jusqu'aux défauts physiques que nous avons signalés chez lui.

Madame Dorval avait tiré un parti énorme du rôle d'Adèle. Elle jetait les mots avec une admirable justesse. Tous ses effets étaient indiqués, excepté un seul qu'elle n'avait point encore trouvé.

« Mais je suis perdue, moi! » devait-elle s'écrier en apprenant l'arrivée de son mari. Eh bien, elle ne savait pas comment dire ces cinq mots : « Mais je suis perdue, moi! » Et, cependant, elle sentait que, dits avec vérité, ils renfermaient un grand effet.

Tout à coup, une illumination lui passa dans l'esprit.

— Es-tu là, mon auteur? demanda-t-elle en s'approchant de la rampe pour regarder à l'orchestre.

— Oui... Qu'y a-t-il? répondis-je.

— Comment mademoiselle Mars disait-elle : « Mais je suis perdue, moi? »

— Elle était assise, et se levait.

— Bon! reprit Dorval en retournant à sa place, je serai debout, et je m'assiérai.

La répétition s'acheva. Alfred de Vigny était présent, et me donna quelques bons conseils. J'avais fait d'Antony un athée, il me fit effacer cette nuance du rôle.

Alfred de Vigny me promit un grand succès. Nous nous quittâmes, lui persistant dans son opinion, moi secouant la tête en signe de doute.

Bocage m'emmena dans sa loge pour me montrer son costume. Je dis *costume*, car, quoique Antony fut vêtu, comme le commun des mortels, d'une cravate, d'un gilet et d'un pantalon, il devait y avoir, vu l'excentricité du personnage, quelque chose de particulier dans la mise de la cravate, dans la forme du gilet, dans la coupe de l'habit, et dans la taille du pantalon. J'avais, d'ailleurs, donné là-dessus mes idées à Bocage, qui les avait parfaitement utilisées, et, en le voyant revêtu de ces habits, on devait comprendre, dès le premier abord, que l'acteur ne représentait pas un homme ordinaire.

Il était convenu que la pièce passerait définitivement le

3 mai; je n'avais donc plus que deux répétitions avant le grand jour. Les répétitions précédentes avaient été fort négligées par moi : je fis les deux dernières avec une extrême sévérité.

Arrivée à la phrase qui l'avait si longtemps inquiétée, madame Dorval se tint parole à elle-même : elle était debout, elle se laissa tomber sur un fauteuil, comme si la terre eût manqué sous ses pieds et s'écria : « Mais je suis perdue, moi! » avec un tel accent de terreur, que le peu de personnes qui assistaient à la répétition éclatèrent en bravos.

La dernière répétition générale se fit à huis clos. C'est toujours un tort d'introduire même ses amis les plus sûrs à une répétition générale : le jour de la représentation, ils racontent la pièce à leurs voisins ou se promènent dans les corridors en parlant à haute voix, et en faisant craquer leurs bottes sur le parquet.

Je ne me suis jamais beaucoup loué d'avoir donné des billets de spectacle à mes amis, un jour de première représentation; mais je me suis toujours repenti de leur avoir donné des billets d'entrée un jour de répétition générale.

On objectera les bons conseils que les spectateurs peuvent donner : d'abord, aux répétitions générales, il est trop tard pour recevoir un conseil important; puis, les bons conseils, ceux qui les donnent, ce sont, dans le cours des répétitions, les acteurs, les pompiers, les machinistes, les comparses, tout ce monde enfin qui vit du théâtre, et qui sait le théâtre mieux que tous les bacheliers ès lettres et tous les académiciens possibles.

Eh bien, tout ce monde-là m'avait prédit le succès d'*Antony*, machinistes et pompiers en allongeant le cou à travers les coulisses, artistes et comparses en allant écouter dans la salle les scènes où ils ne figuraient pas.

Le soir de la première représentation arriva.

CXCIX

Première représentation d'*Antony*. — La pièce, les acteurs, le public. — *Antony* au Palais-Royal. — Variante au dénoûment.

L'époque était mal choisie pour la littérature : tous les esprits tournaient à la politique, et l'on voyait l'émeute voler dans l'air, comme, pendant les chaudes soirées d'été, les martinets aux cris aigus et les chauves-souris aux ailes de crêpe.

Ma pièce était aussi bien montée qu'elle pouvait l'être ; mais, à part la dépense de talent qu'allaient faire les acteurs, M. Crosnier n'avait fait aucune dépense : pas un tapis neuf, pas une décoration nouvelle, pas même un salon retouché. L'ouvrage pouvait tomber sans remords : il n'avait coûté au directeur que le temps perdu en répétitions.

La toile se leva.

Madame Dorval, en robe de gaze, en toilette de ville, en femme du monde enfin, c'était une nouveauté au théâtre où l'on venait de la voir dans *les Deux Forçats* et dans *Trente Ans*; aussi ses premières scènes eurent-elles un médiocre succès ; sa voix rauque, ses épaules voûtées, son geste si familier, que dans les scènes sans passion il devenait vulgaire, tout cela ne prévenait en faveur ni de la pièce ni de l'actrice. Deux ou trois intonations d'une admirable justesse trouvèrent, cependant, grâce devant le public, mais ne l'émurent pas au point de lui arracher un seul bravo.

Bocage, de son côté, on se le rappelle, a peu de chose dans le premier acte : on l'apporte évanoui, et le seul effet qu'il ait, c'est, après avoir arraché l'appareil de sa blessure, cette phrase qu'il prononce en s'évanouissant pour la seconde fois : « Et, maintenant, je resterai, n'est-ce pas ? »

A cette phrase seulement, on commença de comprendre la pièce, et de sentir ce que pouvait renfermer de drame intime un ouvrage dont le premier acte se terminait ainsi.

La toile tomba au milieu des applaudissements.

J'avais recommandé de faire les entr'actes courts. Je passai au théâtre pour presser moi-même artistes, régisseurs et machinistes. Au bout de cinq minutes, avant que l'émotion eût eu le temps de se calmer, la toile se leva de nouveau.

Le second acte était tout entier à Bocage. Il s'en empara avec vigueur, mais sans égoïsme, laissant à Dorval tout ce qu'elle avait le droit d'y prendre, et s'élevant à une très-grande hauteur dans sa scène de misanthropie amère et de menace amoureuse, scène qui, au reste, — à part celle des enfants trouvés, — tient à peu près tout l'acte.

Je le répète, Bocage y fut très-beau : intelligence d'esprit, noblesse de cœur, expression de visage, le type d'Antony tel que je l'avais conçu était livré au public.

Après l'acte, et tandis que la salle applaudissait encore, je montai le féliciter de grand cœur. Il était rayonnant d'enthousiasme et d'espoir, et Dorval lui disait, avec la franchise de son génie, combien elle était contente de lui. Dorval ne craignait rien : elle savait que le quatrième et le cinquième acte étaient à elle, et elle attendait tranquillement son tour.

La salle, à ma rentrée, était frémissante; on y sentait cette atmosphère imprégnée d'émotions qui fait les grands succès. Je commençais à croire que j'avais eu raison contre tout le monde, même contre mon directeur. J'excepte Alfred de Vigny, qui m'avait prédit un succès.

On connaît le troisième acte, tout d'action, et d'action brutale ; il avait, du côté de la violence, un certain rapport avec le troisième acte d'*Henri III*, où le duc de Guise broie le poignet de sa femme pour la forcer de donner à Saint-Mégrin un rendez-vous de son écriture.

Heureusement, le troisième acte du Théâtre-Français, ayant réussi, faisait planche à celui de la Porte-Saint-Martin.

Antony, poursuivant Adèle, arrive le premier dans une auberge de village, s'empare de tous les chevaux de poste, pour obliger Adèle à s'y arrêter, choisit, dans les deux seules chambres de l'hôtellerie, celle qui lui convient, se ménage par le balcon une entrée dans celle d'Adèle, et se retire au bruit de la voiture de celle-ci.

Adèle entre, prie, supplie pour qu'on lui trouve des chevaux: elle n'est plus qu'à quelques lieues de Strasbourg, où elle va rejoindre son mari; les chevaux, écartés par Antony, sont introuvables : Adèle est obligée de passer la nuit dans l'hôtel. Elle prend toutes ses précautions de sûreté, précautions qui, dès qu'elle sera seule, deviendront nulles par le fait de la croisée du balcon, oubliée dans sa craintive investigation.

Madame Dorval était adorable de naïveté féminine et de terreur instinctive. Elle disait comme personne ne les eût dites, comme personne ne les dira jamais, ces deux phrases bien simples : « Mais elle ne ferme pas, cette porte! » et : « Il n'est jamais arrivé d'accident dans votre hôtel, madame? » Puis, l'hôtelière rentrée, elle se décidait elle-même à rentrer dans son cabinet.

A peine avait-elle disparu, qu'un carreau de la fenêtre tombait brisé en éclats, qu'un bras s'avançait, que l'espagnolette était levée, que la fenêtre s'ouvrait, et qu'Antony et Adèle apparaissaient à la fois, l'un sur le balcon de sa fenêtre, l'autre sur le seuil de son cabinet.

Adèle, à la vue d'Antony, poussait un cri. Le reste de la mise en scène était d'une naïveté effrayante. Pour empêcher que le cri ne se renouvelât, Antony jetait un mouchoir sur la bouche d'Adèle, entraînait celle-ci vers le cabinet, et, au moment où y ils entraient tous deux, la toile tombait.

Il y eut un instant de silence dans la salle. Porcher, l'homme que j'avais désigné à l'un de nos trois ou quatre prétendants à la couronne comme le plus capable de lui faire une restauration ; Porcher, qui était chargé de ma restauration, à moi, hésitait à donner le signal. Le pont de Mahomet n'est pas plus étroit que ce fil qui suspendait en ce moment *Antony* entre un succès et une chute.

Le succès l'emporta. Une immense clameur suivie d'applaudissements frénétiques s'élança comme une cataracte. On applaudit et l'on hurla pendant cinq minutes.

Quand j'en serai aux chutes, qu'on soit tranquille, je ne me ménagerai pas ; mais, en attendant, je demande la permission de dire la vérité.

Cette fois, le succès appartenait aux deux acteurs; je courus au théâtre pour les embrasser.

Pas d'Adèle! pas d'Antony!

Je crus un instant qu'emportés par l'ardeur de la représentation, ils avaient repris la mise en scène à ces mots : *Antony lui jette un mouchoir sur la bouche, et l'emporte dans sa chambre*, et qu'ils continuaient la pièce.

Je me trompais : chacun d'eux changeait de costume pour le quatrième acte, et était enfermé dans sa loge.

Je leur criai toute sorte de tendresses à travers la porte.

— Êtes-vous content? me demanda Bocage.

— Enchanté!

— Bravo! le reste regarde Dorval.

— Vous ne la laisserez pas en route?

— Oh! soyez tranquille!

Je courus à la porte de Dorval.

— C'est superbe, ma petite! splendide! magnifique!

— Est-ce toi, mon grand chien?

— Oui.

— Entre donc, alors!

— Mais la porte est fermée.

— Pour tout le monde, mais pas pour toi.

Elle m'ouvrit, toute défaite, à moitié déshabillée, et se jeta dans mes bras.

— Je crois que nous en pinçons un, mon petit!

— Un quoi?

— Tiens donc! un succès!

— Hum! hum!

— Tu n'es pas content?

— Si fait!

— Diable! tu serais difficile! Il me semble pourtant que nous avons passé de rudes ornières!

— C'st vrai, tout a été bien jusqu'à présent; mais...

— Mais quoi, voyons, mon grand chien?... Oh! que je t'aime, va! de m'avoir donné un si beau rôle!... As-tu vu des femmes du monde, hein?

— Non.

— Que t'ont-elles dit de moi?
— Puisque je n'en ai pas vu...
— Tu en verras, n'est-ce pas?
— Oh! oui.
— Tu me répéteras ce qu'elles t'auront dit..., mais bien franchement?
— Sois tranquille.
— Tiens, voilà ma toilette de bal... Un peu soignée, j'espère! Oh! grand chien, va! Sais-tu combien tu me coûtes?
— Non.
— Tu me coûtes huit cents francs!
— Viens ici.

Je lui dis tout bas quelques mots à l'oreille.

— Vraiment? s'écria-t-elle.
— Parbleu?
— Tu feras cela?
— Puisque je te le dis.
— Embrasse-moi.
— Non.
— Pourquoi cela?
— Je n'embrasse jamais les gens à qui je fais un cadeau.
— Comment?
— J'attends qu'ils m'embrassent.

Elle me sauta au cou.

— Allons, bon courage! lui dis-je.
— Et à toi aussi.
— Du courage? Je vais en chercher.
— Où cela?
— A la Bastille.
— A la Bastille?
— Oui; j'ai idée que le commencement du quatrième acte n'ira pas sur des roulettes.
— Et pourquoi cela? Allons donc! il est charmant, le quatrième acte : j'en réponds, moi.
— Oui, tu réponds de la fin, mais pas du commencement.
— Ah! oui, il y a un *feuilleton* que dit Grailly... Bah! cela

passera tout de même : le public est lancé ; nous sentons cela, nous autres.

— Ah ! vous sentez cela ?

— Et puis, vois-tu, mon grand chien, il y a des gens à l'orchestre, des *messieurs*, des vrais ! qui me regardent comme jamais on ne m'a regardée.

— Ça ne m'étonne pas.

— Dis donc...

— Quoi ?

— Si j'allais devenir une femme à la mode ?

— Il ne tient qu'à toi.

— Menteur !

— Je te jure qu'il ne tient qu'à toi.

— Oui... mais...

— Alfred, hein ?

— Justement !... Ah ! ma foi, tant pis ! on verra.

La voix du régisseur retentit.

— Madame Dorval ! peut-on commencer ?

— Non, non, non, je suis en chemise ! Il est bon, Moëssard ! Que dirait le public ?... C'est toi qui me retardes aussi... Va-t'en donc !

— Mets-moi à la porte.

— Allons, va-t'en ! va-t'en ! va-t'en !

Elle me poussa trois fois avec ses lèvres, et je me trouvai dehors.

Pauvres lèvres, si vivantes, si frémissantes, si souriantes, et que j'ai vues se fermer et se refroidir pour toujours sous la main de la mort !

Je sortis ; j'avais besoin d'air. Je rencontrai Bixio dans les corridors.

— Viens avec moi, lui dis-je.

— Où diable vas-tu ?

— Je vais me promener.

— Comment ! te promener ?

— Oui.

— Au moment où l'on va lever la toile ?

— Justement! je ne suis pas sûr du quatrième acte, et j'aime autant qu'il commence sans moi.

— Es-tu sûr de la fin?

— Oh! la fin, c'est autre chose... Nous reviendrons pour la fin, sois tranquille!

Nous nous élançâmes sur le boulevard.

— Ah! fis-je en respirant.

— Qu'as-tu donc?... Est-ce ta pièce qui te met comme cela?

— Allons donc, ma pièce!

J'entraînai Bixio vers la Bastille. De quoi parlâmes-nous? Je n'en sais rien. Ce que je sais, c'est que nous fîmes une demi-lieue, aller et retour, en bavardant et en riant.

Si l'on eût dit aux passants : « Vous voyez bien ce grand fou qui est là-bas? C'est l'auteur de la pièce qu'on joue en ce moment au théâtre de la Porte-Saint-Martin! » ils eussent, à coup sûr, été bien étonnés.

Je rentrai au bon moment, à la scène de l'insulte. Le *feuilleton*, comme disait Dorval, c'est-à-dire l'apologie du drame moderne, la vraie préface d'*Antony*, avait passé sans encombre et même avait été applaudi.

J'avais une baignoire, près du théâtre; je fis signe à Dorval que j'étais là. Elle me fit signe qu'elle me voyait.

Puis commença la scène entre Adèle et la vicomtesse, la scène qui se résume par ces mots : « Mais je ne lui ai rien fait, à cette femme! » Puis la scène entre Adèle et Antony, où Adèle répète à trois ou quatre reprises : « C'est sa maîtresse! »

Eh bien, je le dis après vingt-deux ans, — et, pendant ces vingt-deux ans, j'ai fait bien des drames, j'ai vu représenter bien des pièces, j'ai applaudi bien des artistes, — eh bien, qui n'a pas vu Dorval jouant ces deux scènes, celui-là eût-il vu tout le reste du répertoire moderne, n'a pas une idée du point où le pathétique peut être porté.

On sait comment se termine cet acte : la vicomtesse entre; Adèle, surprise dans les bras d'Antony, jette un cri, et disparaît. Derrière la vicomtesse entre à son tour le domestique d'Antony, qui arrive à franc étrier de Strasbourg, et qui annonce à son maître le retour du mari d'Adèle Antony s'élance hors de scène comme un fou, comme un désespéré, en s'écriant : « Malheureux! arriverai-je à temps? »

Je courus au théâtre. Dorval était déjà en scène, occupée à défriser ses cheveux et à déchirer ses fleurs. Elle avait des moments de désordre passionné que personne n'avait comme elle.

Les machinistes faisaient leur changement, tandis que Dorval faisait le sien.

On applaudissait avec frénésie.

— Cent francs, criai-je aux machinistes, si la toile est levée avant que les applaudissements aient cessé!

Au bout de deux minutes, on frappait les trois coups; la toile se levait, et les machinistes avaient gagné leurs cent francs.

Le cinquième acte commença littéralement avant que les applaudissements du quatrième se fussent apaisés.

J'eus un moment d'angoisse. Au milieu de la scène d'épouvante où les deux amants, pris dans un cercle de douleurs, se débattent sans trouver un moyen ni de vivre ni de mourir ensemble, un instant avant que Dorval s'écriât : « Mais je suis perdue, moi! » j'avais, dans la mise en scène, fait faire à Bocage un mouvement qui préparait le fauteuil à recevoir Adèle, presque foudroyée par la nouvelle de l'arrivée de son mari. Bocage oublia de tourner le fauteuil.

Mais Dorval était tellement emportée par la passion, qu'elle ne s'inquiéta point de si peu. Au lieu de tomber sur le coussin, elle tomba sur le bras du fauteuil, et jeta son cri de désespoir avec une si poignante douleur d'âme meurtrie, déchirée, brisée, que toute la salle se leva.

Cette fois, les bravos n'étaient point pour moi; ils étaient pour l'actrice, pour l'actrice seule, pour la merveilleuse, pour la sublime actrice!

On connaît le dénoûment, dénoûment si inattendu, et qui se résume dans une seule phrase, qui éclate en six mots. La porte est enfoncée par M. d'Hervey au moment où Adèle, poignardée par Antony, tombe sur un sofa. « Morte? s'écrie le baron d'Hervey. — Oui, morte! répond froidement Antony.

Elle me résistait : je l'ai assassinée! Et il jette son poignard aux pieds du mari.

On poussait de tels cris de terreur, d'effroi, de douleur dans la salle, que peut-être le tiers des spectateurs à peine entendit ces mots, complément obligé de la pièce, qui, sans eux, n'offre plus qu'une simple intrigue d'adultère dénouée par un simple assassinat.

Et, cependant, l'effet fut immense. On demanda l'auteur avec des cris de rage. Bocage vint et me nomma.

Puis on redemanda Antony et Adèle; et tous deux revinrent prendre leur part d'un triomphe comme ils n'en avaient jamais eu, comme ils n'en devaient jamais ravoir.

C'est que tous deux avaient atteint les plus splendides hauteurs de l'art!

Je m'élançai hors de ma baignoire pour courir à eux, sans faire attention que les corridors étaient encombrés de spectateurs sortant des loges.

Je n'avais pas fait quatre pas, que j'étais reconnu. Alors, j'eus mon tour comme auteur.

Tout un monde de jeunes gens de mon âge, — j'avais vingt-huit ans, — pâle, effaré, haletant, se rua sur moi. On me tira à droite, on me tira à gauche, on m'embrassa. J'avais un habit vert boutonné du premier au dernier bouton : on en mit les basques en morceaux. J'entrai dans les coulisses comme lord Spencer rentre chez lui, avec une veste ronde; le reste de mon habit était passé à l'état de relique.

Au théâtre, on était stupéfait. On n'avait jamais vu de succès se produisant sous une pareille forme; jamais applaudissements n'étaient arrivés si directement du public aux acteurs; — et de quel public? du public fashionable, du public dandy, du public des premières loges, du public qui n'applaudit pas d'habitude, et qui, cette fois, s'était enroué à force de crier, avait crevé ses gants à force d'applaudir.

Crosnier était caché. Bocage était joyeux comme un enfant. Dorval était folle!

Oh! bons et braves cœurs d'amis, qui, au milieu de leur triomphe, semblaient jouir encore plus de mon succès que du leur ! qui laissaient de côté leur talent, et qui, à grands cris, exaltaient le poëte et l'œuvre !

Je n'oublierai jamais cette soirée ; Bocage ne l'a point oubliée non plus. Il y a huit jours, nous en parlions comme si cela se fût passé la veille ; et, pour peu que l'on se souvienne encore de quelque chose là-haut, Dorval s'en souvient aussi, j'en suis sûr !

Maintenant, après nous être embrassés, que devînmes-nous ? Je n'en sais rien. Comme autour de tout ce qui est lumineux, il y a, sur le reste de la soirée et de la nuit, un brouillard que ma mémoire ne peut percer, à vingt-deux ans distance.

Au reste, une des spécialités du drame d'*Antony* était de retenir les spectateurs jusqu'au tomber du rideau. Comme la *morale* de l'ouvrage était dans ces six mots, que Bocage disait, d'ailleurs, avec une dignité parfaite : « Elle me résistait ; je l'ai assassinée ! », chacun restait pour les entendre, et ne voulait partir qu'après les avoir entendus.

Il en résulta ceci :

Deux ou trois ans après la première représentation d'*Antony*, *Antony* devint la pièce de toutes les représentations à bénéfice ; si bien qu'un jour on demanda à Dorval et à Bocage la pièce pour le théâtre du Palais-Royal.

Au bénéfice de qui était la représentation ? Je ne me le rappelle plus, et cela ne fait rien à la chose.

La pièce eut son succès ordinaire, grâce au jeu des deux grands artistes ; seulement, le régisseur, mal renseigné sur le moment où il fallait crier : *Au rideau !* fit tomber la toile sur le coup de poignard d'Antony ; de sorte que le public fut privé de son dénoûment.

Ce n'était point son affaire : le dénoûment, voilà ce qu'il voulait surtout ; aussi, au lieu de s'en aller, se prit-il à crier de toutes ses forces :

— Le dénoûment ! le dénoûment !

Les cris devinrent tels, que le régisseur pria les artistes de permettre qu'on relevât le rideau, afin qu'ils pussent achever la pièce.

Dorval, toujours bonne fille, reprit sur son fauteuil sa pose de femme tuée, et l'on se mit à courir après Antony.

Mais Antony était rentré dans sa loge, furieux qu'on lui eût fait manquer son effet de la fin, et, retiré sous sa tente comme Achille, comme Achille il refusa obstinément d'en sortir.

Pendant ce temps, le public applaudissait, criait, appelait : « Bocage! Dorval!... Dorval! Bocage! » et menaçait de briser les banquettes.

Le régisseur leva la toile, espérant que Bocage, mis au pied du mur, serait forcé d'entrer en scène.

Bocage envoya promener le régisseur.

Cependant, Dorval attendait sur son fauteuil, le bras pendant, la tête renversée en arrière.

Le public aussi attendait. Le plus profond silence s'était fait; mais, une minute écoulée, comme il vit que Bocage n'entrait pas en scène, il se mit à applaudir, à appeler, à crier de plus belle.

Dorval sentit que l'atmosphère tournait à la bourrasque; elle ranima son bras inerte, redressa sa tête renversée, se leva, s'avança jusqu'à la rampe, et, au milieu du silence, ramené comme par miracle au premier mouvement qu'elle avait risqué :

— Messieurs, dit-elle, *je lui résistais, il m'a assassinée!*

Puis elle tira une belle révérence, et sortit de scène, saluée par un tonnerre d'applaudissements.

La toile tomba, et les spectateurs se retirèrent enchantés. Ils avaient leur dénoûment, avec une variante, c'est vrai; mais cette variante était si spirituelle, qu'il eût fallu avoir un bien mauvais caractère pour ne pas la préférer à la version originale.

CC

Sous quelle inspiration je fis *Antony*. — La préface. — Où est la morale de la pièce. — Le cocuage, l'adultère et le code civil. — *Quem nuptiæ demonstrant.* — Pourquoi les critiques ont crié à l'immoralité sur mon drame. — Un compte rendu des moins malveillants. — Comme quoi les préjugés sur la bâtardise sont vaincus.

Antony a donné lieu à de telles controverses, que je demande la permission de ne pas l'abandonner ainsi; d'ailleurs, non-seulement c'est mon œuvre la plus originale, mon œuvre la plus personnelle, mais encore c'est une de ces œuvres rares qui ont une influence sur leur époque.

Quand je fis *Antony*, j'étais amoureux d'une femme qui était loin d'être belle, mais dont j'étais horriblement jaloux : jaloux parce qu'elle se trouvait dans la position d'Adèle, qu'elle avait son mari officier dans l'armée, et que la jalousie la plus féroce que l'on puisse éprouver est celle qu'inspire un mari, attendu qu'il n'y a pas de querelle à chercher à une femme en puissance de mari, si jaloux que l'on soit de ce mari.

Un jour, elle reçut du sien une lettre qui annonçait son retour. Je faillis devenir fou.

J'allai trouver un de mes amis employé au ministère de la guerre : trois fois le congé, prêt à être envoyé, disparut, déchiré ou brûlé par lui.

Le mari ne vint pas.

Ce que je souffris pendant cette période d'attente, je n'essayerai pas de le dire au bout de vingt-quatre ans, maintenant que cet amour s'en est allé où s'en vont les vieilles lunes du poëte Villon. Mais lisez *Antony :* ce que j'ai souffert, c'est Antony qui vous le racontera.

Antony n'est point un drame, *Antony* n'est point une tragédie, *Antony* n'est point une pièce de théâtre. *Antony* est une scène d'amour, de jalousie, de colère en cinq actes.

Antony, c'était moi, moins l'assassinat. Adèle, c'était elle, moins la fuite.

Aussi pris-je pour épigraphe ces mots de Byron : *Ils ont dit que Childe Harold, c'était moi... Peu m'importe!*

Aussi mis-je en préface ces vers ; — ils ne sont pas bons, je pourrais les rendre meilleurs : je n'en ferai rien ; ils perdraient leur caractère. Tels qu'ils sont, ils peignent assez bien deux choses : l'époque fiévreuse pendant laquelle ils furent faits, l'état désordonné de mon cœur au moment où je les fis.

Les voici :

    Que de fois tu m'as dit, aux heures du délire,
    Quand mon front tout à coup devenait soucieux :
    « Sur ta bouche pourquoi cet effrayant sourire?
        Pourquoi ces larmes dans tes yeux? »

    Pourquoi? C'est que mon cœur, au milieu des délices,
    D'un souvenir jaloux constamment oppressé,
    Froid au bonheur présent, va chercher ses supplices
        Dans l'avenir et le passé.

    Jusque dans tes baisers je retrouve des peines.
    Tu m'accables d'amour!... L'amour, je m'en souviens,
    Pour la première fois s'est glissé dans tes veines
        Sous d'autres baisers que les miens!

    Du feu des voluptés vainement tu m'enivres!
    Combien, pour un beau jour, de tristes lendemains!
    Ces charmes qu'à mes mains, en palpitant, tu livres,
        Palpiteront sous d'autres mains!

    Et je ne pourrai pas, dans ma fureur jalouse,
    De l'infidélité te réserver le prix;
    Quelques mots à l'autel t'ont faite son épouse,
        Et te sauvent de mon mépris.

    Car ces mots pour toujours ont vendu tes caresses;
    L'amour ne les doit plus donner ni recevoir :
    L'usage des époux a réglé les tendresses,
        Et leurs baisers sont un devoir.

> Malheur, malheur à moi, que le ciel, en ce monde,
> A jeté comme un hôte à ses lois étranger !
> A moi qui ne sais pas, dans ma douleur profonde,
>   Souffrir longtemps sans me venger !
>
> Malheur ! car une voix qui n'a rien de la terre,
> M'a dit : « Pour ton bonheur, c'est sa mort qu'il te faut ! »
> Et cette voix m'a fait comprendre le mystère
>   Et du meurtre et de l'échafaud !...
>
> Viens donc, ange du mal, dont la voix me convie,
> Car il est des instants où, si je te voyais,
> Je pourrais, pour son sang, t'abandonner ma vie,
>   Et mon âme... si j'y croyais !

Que dites-vous de ces vers ? Ils sont impies, blasphémateurs, athées, et — en vérité, je le proclame en les transcrivant près d'un quart de siècle après les avoir faits, — trop médiocres pour être excusables s'ils avaient été écrits à froid. Mais ils ont été écrits dans un moment de passion, dans un de ces moments où l'on éprouve le besoin de crier sa douleur, de dire ce que l'on souffre dans une autre langue que la langue vulgaire. C'est ce qui leur vaudra, j'espère, le double pardon des poëtes et des philosophes.

Maintenant, *Antony* était-il, en réalité, une œuvre aussi immorale qu'affectèrent de le dire certains journaux ?

Non ; car, en toutes choses, dit un vieux proverbe français, — et, depuis Sancho Pança, on sait que les proverbes sont la sagesse des nations, — car, en toutes choses, il faut considérer la fin.

Or, la fin d'*Antony*, la voici :

Antony, engagé dans une intrigue coupable, emporté par une passion adultère, tue sa maîtresse pour sauver l'honneur de la femme et s'en va mourir sur un échafaud, ou tout au moins traîner le boulet au bagne.

Eh bien, je vous le demande, y a-t-il beaucoup de femmes de la société, y a-t-il beaucoup de jeunes gens du monde qui soient disposés à se jeter dans une intrigue coupable, à entamer une passion adultère, à devenir, enfin, des Adèle et des Antony, avec cette perspective d'avoir pour dénoûment à leur passion, pour conclusion à leur roman, la femme, la mort! le jeune homme, les galères?

On me répondra que ce qu'il y a de dangereux dans l'ouvrage, c'est la forme; qu'Antony fait aimer le meurtre, et Adèle excuser l'adultère.

Que voulez-vous! je ne pouvais pas faire mes deux amants hideux de caractère, difformes de visage, révoltants de manières. Des amours entre Quasimodo et Locuste n'iraient pas à la troisième scène!

D'ailleurs, prenons Molière.

Est-ce qu'Angélique ne trahit pas Georges Dandin le plus gracieusement du monde? Est-ce que Valère ne vole pas son père de la plus charmante façon? Est-ce que don Juan ne trompe pas doña Elvire avec le plus séduisant langage?

Eh! mon Dieu, Molière savait aussi bien que les modernes ce que c'était que l'adultère! Il en est mort.

Qui brisa ce cœur, ce cœur qui a cessé de battre à l'âge de cinquante-trois ans? Les sourires de la Béjart au jeune Baron, les œillades de la Béjart à M. de Lauzun, une lettre adressée par la Béjart à un troisième amant, et trouvée le matin de cette fatale représentation du *Malade imaginaire*, que Molière put à peine achever!

Il est vrai que, du temps de Molière, cela s'appelait le cocuage, et qu'on en riait; que, de nos jours, cela s'appelle l'adultère, et qu'on en pleure.

Pourquoi donc ce qui s'appelait cocuage, au XVIIe siècle, s'appelle-t-il adultère au XIXe?

Je vais vous le dire.

C'est qu'au XVIIe siècle, le code civil n'était point inventé.

Le code civil? Bon! que vient faire ici le code civil?

Ce qu'il vient y faire, vous allez le voir.

Au XVIIe siècle, on avait le droit d'ainesse, les majorats, les fidéicommis, les substitutions; au XVIIe siècle, l'aîné des fils héritant du nom, du titre et de la fortune, les autres fils étaient M. le chevalier, M. le mousquetaire, M. l'abbé.

On attachait au premier une croix de Malte à la boutonnière, on affublait le second de la casaque de buffle, on dotait le troisième d'un petit collet.

Quant aux filles, on ne s'en occupait même pas; elles épousaient qui elles voulaient lorsqu'elles étaient jolies, qui elles pouvaient lorsqu'elles étaient laides. Pour celles qui n'épousaient ni qui elles voulaient ni qui elles pouvaient, restait le couvent, ce grand cimetière des cœurs.

Or, quoique les trois quarts des mariages fussent des mariages de convenance, et se contractassent entre gens qui se connaissaient à peine, le mari était presque toujours sûr que son premier enfant mâle était de lui.

Ce premier enfant mâle, c'est-à-dire ce fils héritier de son nom, de son titre et de sa fortune, une fois fait par lui, que lui importait qui faisait M. le chevalier, M. le mousquetaire ou M. l'abbé? La chose, par ma foi! lui était bien égale; souvent même il ne s'en enquérait pas. Voyez plutôt l'anecdote de Saint-Simon et de M. de Mortemart.

De nos jours, c'est bien différent, peste!

La loi a aboli le droit d'aînesse; le code proscrit les majorats, les substitutions, les fidéicommis.

Le partage de la fortune est égal entre les enfants; il n'y a même plus d'exception pour les filles : les filles, comme les garçons, ont droit à l'héritage paternel.

Or, du moment où le *quem nuptiæ demonstrant* sait que les enfants nés pendant le mariage partageront sa fortune en portions égales, il tient à ce que ces enfants soient de lui; car l'enfant qui, n'étant point de lui, partage comme ceux qui sont de lui, est tout simplement un voleur.

Voilà pourquoi l'adultère est un crime au XIXe siècle, et pourquoi le cocuage était une plaisanterie au XVIIe.

Maintenant, d'où vient que l'on ne crie pas à l'immoralité devant Angélique qui trahit Georges Dandin, devant Valère qui vole son papa, devant don Juan qui trompe à la fois Charlotte, Mathurine et doña Elvire?

C'est que tous ces gens-là, Georges Dandin, Harpagon, don Carlos, don Alonzo et Pierrot vivent deux ou trois siècles avant nous, ne parlent pas comme nous, ne sont pas vêtus comme nous; qu'ils portent des hauts-de-chausses, des justaucorps, des manteaux, des chapeaux à plumes; qu'on ne se reconnaît pas en eux.

Mais, le jour où il arrive qu'un auteur moderne, plus hardi que les autres, va prendre les mœurs où elles sont, la passion où elle se trouve, le crime où il se cache, et, mœurs, passion, crime, force tout cela de se produire sur la scène en cravate blanche, en habit noir, en pantalon à sous-pieds et en bottes vernies, ouais! chacun se reconnaît comme dans un miroir, et grimace alors; au lieu de rire, attaque au lieu d'approuver, gronde au lieu d'applaudir..

Si j'avais mis à Adèle une robe du temps de Louis d'Orléans, eussé-je fait de l'adultère entre beau-frère et belle-sœur, personne n'eût rien dit.

Quel critique s'avise de trouver immoral Œdipe, qui tue son père, qui épouse sa mère, qui lui fait des enfants, — lesquels sont à la fois ses fils, ses petits-fils et ses frères, — et qui finit par se crever les yeux pour se punir; chose fort inutile, puisque tout cela est l'œuvre de la fatalité?

Aucun!

Mais qui diable aussi serait assez niais pour se reconnaître sous le manteau grec et la tunique thébaine?

Je voudrais bien avoir là le jugement de quelques-uns des moralistes de la presse sur *Antony*; celui de M. ***, par exemple, qui, à cette époque, vivait publiquement avec madame... — bon! qu'allais-je dire? — je le mettrais sous les yeux de mes lecteurs, et cette exhibition ne manquerait pas d'intérêt.

Je ne trouve qu'un article à ma portée; il est vrai que je suis à Bruxelles, et que j'écris ces lignes à plus de deux heures du matin.

Cet article, je l'exhume d'un livre bien honnête et bien innocent : de l'*Annuaire historique et universel* de M. Charles-Louis Lesur.

Voici ledit article; c'est un des moins acharnés :

THÉATRE DE LA PORTE-SAINT-MARTIN. Première représentation d'*Antony*, drame en cinq actes, de M. Alexandre Dumas.

« *Dans un siècle et dans un pays où la bâtardise serait une flétrissure imprimée par la loi, sanctionnée par les mœurs, une véritable damnation sociale contre laquelle un homme, d'ailleurs riche de talent, d'honneur et de fortune, lutterait vainement, on s'expliquerait sans peine le but moral du drame d'*ANTONY*; mais, à présent qu'en France tous les préjugés de naissance sont vaincus,* aussi bien ceux de la naissance roturière que ceux de la naissance naturelle, pourquoi ce fougueux plaidoyer, auquel manquent nécessairement la contradiction et la réplique? Le but moral n'existant pas dans *Antony*, que reste-t-il à cet ouvrage? La peinture frénétique d'une passion adultère, qui risque tout pour s'assouvir, qui joue avec les dangers, qui joue avec le poignard, qui joue avec la mort? »

Suit l'analyse peu bienveillante de la pièce, puis le critique reprend :

« Un telle conception ne supporte pas plus l'examen du bon sens qu'un crime déféré à la cour d'assises ne soutient le coup d'œil du jury. L'auteur, en se plaçant dans la sphère exceptionnelle des passions délirantes, des passions cruelles qui ne marchandent ni les larmes ni le sang, s'est soustrait à toute juridiction littéraire; sa pièce est un monstre dont, il faut le dire avec justice, quelques parties sont empreintes à un degré peu commun de vigueur, de grâce et de beauté. Bocage et madame Dorval se distinguèrent par le talent et l'énergie avec lesquels ils remplirent les deux rôles principaux d'Antony et d'Adèle. »

Je pourrais suivre votre critique d'un bout à l'autre, cher monsieur Lesur; mais je veux répondre seulement aux quelques lignes que j'ai soulignées, qui ont rapport à la bâtardise, et par lesquelles débute votre article.

Eh bien, cher monsieur Lesur, vous vous trompez, et les préjugés sur la naissance ne sont point vaincus, comme vous le dites.

Je connais, moi, et vous connaissiez aussi, vous, — je dis *vous connaissiez*, parce que je crois que vous êtes mort, — vous connaissiez, vous, un homme de talent, mieux que cela, un homme de génie, qui a fait sa fortune de haute lutte, et qui, malgré son talent, son génie, sa fortune, s'est constamment vu reprocher le hasard fatal de sa naissance. On l'a chicané sur son âge, sur son nom, sur son état social... Où cela? Parbleu! dans cette enceinte où l'on fait les lois, et où, par conséquent, l'on n'aurait pas dû oublier que la loi proclame l'égalité des Français en face les uns des autres.

Eh bien, cet homme, avec la merveilleuse persistance qui le caractérise, arrivera à son but : il sera un jour ministre; eh bien, ce jour-là, qu'attaquera-t-on en lui? Son opinion, son système, ses utopies?... Non pas, mais sa naissance! Et qui attaquera cette naissance? Quelque plat coquin qui a le bonheur d'avoir un père et une mère, lesquels ont le malheur de rougir de lui!

Assez sur *Antony*, que nous allons laisser suivre son cours d'une centaine de représentations au milieu des émeutes, et revenons aux événements qui causaient ces émeutes.

CCI

Un mot sur la critique. — Molière jugé par Bossuet, par Jean-Jacques Rousseau et par Bourdaloue. — Un anonyme. — Les critiques du xvii° siècle et ceux du xix°. — M. François de Salignac de la Motte de Fénelon. — D'où vient le mot *Tartufe*. — M. Taschereau et M. Étienne.

L'homme propose et Dieu dispose.

Nous avons terminé le chapitre précédent avec l'intention d'en revenir aux événements politiques; mais voilà — puisque nous avons parlé de la critique — que l'envie nous prend de consacrer à l'honnête déesse un tout petit chapitre.

Il n'y aura, du reste, dans ce chapitre, ni haine ni récriminations. Nous ne sommes poussé que par le désir de divaguer quelques instants, et de mettre sous les yeux de nos lecteurs des jugements qui leur sont inconnus ou qu'ils ont oubliés.

Ceci, par exemple, est écrit, à propos des comédies de Molière en général :

« Il faudra donc que nous passions pour honnêtes les impiétés et les infamies dont sont pleines les comédies de Molière, ou qu'on ne veuille pas ranger parmi les pièces d'aujourd'hui celles d'un auteur qui a expiré, pour ainsi dire, à nos yeux, et qui remplit encore à présent tous les théâtres des équivoques les plus grossières dont on ait jamais infecté les oreilles de chrétiens... Songez seulement si vous oseriez soutenir à la face du ciel des pièces où la vertu et la piété sont toujours ridicules, la corruption toujours excusée et toujours plaisante !...

» La postérité saura peut-être la fin de ce poëte comédien, qui, en jouant son *Malade imaginaire*, reçut la dernière atteinte de la maladie dont il mourut peu d'heures après, et passa des plaisanteries du théâtre, parmi lesquelles il rendit presque le dernier soupir, au tribunal de celui qui dit : *Malheur à vous qui riez, car vous pleurerez !* »

De qui croyez-vous que soit cette diatribe contre celui que la critique moderne appelle *le grand moraliste?* De quelque Geoffroy ou de quelque Charles Maurice du temps ?

Eh bien, vous vous trompez : c'est de l'aigle de Meaux, de M. de Bossuet (1) !

Voici, maintenant, à propos de *Georges Dandin :*

« Voyez comment, pour multiplier ses plaisanteries, cet homme trouble tout l'ordre de la société ! Avec quel scandale il renverse les rapports les plus sacrés sur lesquels elle est

---

(1) *Maximes et Réflexions sur la comédie.*

fondée ! Comme il tourne en dérision les respectables droits des pères sur leurs enfants, des maris sur leur femme, des maîtres sur leurs serviteurs ! Il fait rire, il est vrai, et il n'en devient que plus coupable en forçant, par un charme invincible, les sages mêmes à se prêter à des railleries qui devraient attirer leur indignation. J'entends dire qu'il attaque les vices; mais je voudrais bien que l'on comparât ceux qu'il attaque avec ceux qu'il favorise. Quel est le criminel, d'un paysan assez fou pour épouser une demoiselle, ou d'une femme qui cherche à déshonorer son époux ? Que penser d'une pièce où le parterre applaudit à l'infidélité, au mensonge, à l'impudence de celle-ci, et rit de la bêtise du manant puni ? »

De qui cette critique ? Sans doute de quelque prêtre intolérant, de quelque prélat fanatique ?

Point. Elle est de l'auteur des *Confessions* et de *la Nouvelle Héloïse*, de Jean-Jacques Rousseau (1) !

Peut-être, au moins, *le Misanthrope* va-t-il trouver grâce devant la critique. — Il est bien convenu, n'est-ce pas, que la pièce est un chef-d'œuvre ?

Voyons ce qu'en dit l'onctueux Bourdaloue, dans sa *Lettre à l'Académie française*. C'est court mais précis.

« Un autre défaut de Molière que beaucoup de gens d'esprit lui pardonnent, et que je n'ai garde de lui pardonner, moi, c'est qu'il a donné un tour gracieux au vice, avec une austérité ridicule et odieuse à la vertu ! »

Passons à *l'Avare*, et revenons à Jean-Jacques Rousseau.

« C'est un grand vice d'être avare et de prêter à usure, dit le philosophe de Genève ; mais n'en est-ce pas un plus grand encore à un fils de voler son père, de lui manquer de respect, de lui faire mille insultants reproches, et, quand un père irrité lui donne sa malédiction, de répondre d'un air goguenard

(1) *Lettre à d'Alembert sur les spectacles.*

qu'il n'a que faire de ses dons? Si la plaisanterie est excellente, en est-elle moins punissable? Et la pièce où l'on fait aimer le fils insolent qui se la permet en est-elle moins une école de mauvaises mœurs (1)?

Tâtons un peu de l'anonyme : — c'est sur *Don Juan* et sur *Tartufe*, cette fois ; — puis, de là, nous retournerons à un nom connu, à un poëte tout de lait, à un orateur tout de miel.

Commençons par l'anonyme.

Voyez comme déjà le précepte d'Horace était en usage à cette époque : *Sucrez les bords de la coupe, pour que la liqueur soit moins amère !*

« J'espère, dit le critique, que Molière recevra ces observations d'autant plus volontiers, que la passion et l'intérêt n'y ont point de part : je n'ai point dessein de lui nuire ; je veux le servir, au contraire. »

Bon! voilà les bords de la coupe sucrés ; l'absinthe va venir, et, après l'absinthe, la lie.

Reprenons :

« On n'en veut point à sa personne, mais à celle de son athée ; l'on ne porte point envie à son gain ni à sa réputation ; ce n'est point un sentiment particulier, c'est celui de tous les gens de bien, et il ne doit pas trouver mauvais que l'on défende ouvertement les intérêts de Dieu ; qu'il attaque ouvertement, et qu'un chrétien témoigne de la douleur en voyant le théâtre révolté contre l'autel, la farce aux prises avec l'Évangile, un comédien qui se joue des mystères et qui fait raillerie de tout ce qu'il y a de plus saint et de plus sacré dans la religion !

Il est vrai qu'il y a quelque chose de galant dans les ouvrages de Molière, et je serais bien fâché de lui ravir l'estime qu'il s'est acquise. Il faut tomber d'accord que, s'il réussit

---

(1) *Lettre à d'Alembert sur les spectacles.*

mal à la comédie, il a quelque talent pour la farce ; et, quoiqu'il n'ait ni les rencontres de Gauthier-Garguille, ni les impromptus de Turlupin, ni la bravoure du Capitan, ni la naïveté de Jodelet, ni la panse de Gros-Guillaume, ni la science du Docteur, il ne laisse pas de plaire quelquefois et de divertir en son genre. Il parle passablement français ; il traduit assez bien l'italien, et copie pas mal les auteurs; mais il ne se pique pas d'avoir le don de l'invention ni le génie de la poésie. Ce qui fait rire en sa bouche fait souvent pitié sur le papier, et l'on peut dire que ses comédies ressemblent à ces femmes qui font peur en déshabillé, et qui ne laissent pas de plaire quand elles sont ajustées, ou à ces petites tailles qui, ayant quitté leurs patins, ne sont plus qu'une partie d'elles-mêmes. Toutefois, on ne peut dénier que Molière ait bien du bonheur ou bien de l'adresse de débiter avec tant de succès sa fausse monnaie, et de duper tout Paris avec de mauvaises pièces. Voilà, en peu de mots, ce que l'on peut dire de plus obligeant et de plus avantageux pour Molière.

» Si cet auteur n'eût joué que les précieuses, et s'il n'en eût voulu qu'aux pourpoints et aux grands canons, il ne mériterait pas une censure publique et ne se serait pas attiré l'indignation de toutes les personnes de piété. Mais qui peut supporter la hardiesse d'un farceur qui fait plaisanterie de la religion, qui tient une école de libertinage, et qui rend la majesté de Dieu le jouet d'un maître et d'un valet de théâtre? Ce serait trahir visiblement la cause du ciel dans une occasion où sa gloire est ouvertement attaquée, où la foi est exposée aux insultes d'un bouffon qui fait commerce de ses mystères, et en profane la sainteté; qui foudroie et renverse tous les fondements de la religion à la face du Louvre, dans la maison d'un prince chrétien, à la vue de tant de sages magistrats si zélés pour la cause de Dieu, en dérision de tant de bons pasteurs que l'on fait passer pour des Tartufes! Et c'est sous le règne du plus grand, du plus religieux monarque du monde, pendant que ce généreux prince occupe tous ses soins à maintenir la religion, que Molière travaille à la détruire ! Le roi abat le temple de l'hérésie, et Molière élève des autels à l'impiété, et autant que la vertu du prince s'efforce d'établir dans le cœur des sujets le culte du vrai Dieu par l'exemple de ses actions, autant l'humeur libertine de Molière tâche d'en ruiner la créance dans les esprits par la licence de ses ouvrages.

» Certes, il faut avouer que Molière lui-même est un Tartufe achevé, un véritable hypocrite ! Si le véritable but de la comédie est de corriger les hommes en les divertissant, le dessein de Molière est de les perdre en les faisant rire. De même que ces serpents dont les piqûres mortelles répandent une fausse joie sur la figure de ceux qui en sont atteints, organe du démon, il corrompt les mœurs; il tourne en ridicule le paradis et l'enfer; il décrie la religion, sous le nom d'hypocrisie; il prend Dieu à partie, et se fait gloire de son impiété à la face de tout un peuple ! Après avoir répandu dans les âmes ces poisons funestes qui étouffent la pudeur et la honte, après avoir pris soin de former des coquettes, et de donner aux filles des instructions dangereuses, après des écoles fameuses d'impureté, il en a tenu d'autres pour le libertinage; et, voyant qu'il choquait toute la religion, et que tous les gens de bien lui seraient contraires, il a composé son *Tartufe*, et a voulu rendre les dévots des ridicules et des hypocrites. Certes, c'est bien à Molière de parler de la religion, avec laquelle il a si peu de commerce, et qu'il n'a jamais connue ni par pratique ni par théorie !

» Son avarice ne contribue pas peu à échauffer sa verve contre la religion; il sait que les choses défendues irritent le désir, et il sacrifie hautement à ses intérêts tous les devoirs de la piété; c'est ce qui lui fait porter avec audace la main au sanctuaire, et il n'est point honteux de lasser tous les jours la patience d'une grande reine qui est continuellement en peine de faire réformer ou supprimer ses ouvrages.

» Auguste fit mourir un bouffon qui avait fait raillerie de Jupiter, et défendit aux femmes d'assister à ses comédies, plus modestes que celles de Molière. Théodose condamna aux bêtes des farceurs qui tournaient en dérision les cérémonies religieuses, et néanmoins cela n'approche pas de l'emportement de Molière. Il devrait, enfin, rentrer en lui-même, et considérer qu'il est très-dangereux de se jouer de Dieu ; que l'impiété ne demeure jamais impunie, et que, si elle échappe parfois aux feux de la terre, elle ne peut éviter ceux du ciel. Il ne doit point abuser de la bonté d'un grand prince, ni de la piété d'une reine si religieuse, à qui il est à charge, et dont il se fait gloire de choquer les sentiments. On sait qu'il se vante hautement qu'il fera paraître son *Tartufe* d'une façon ou d'autre, et que le déplaisir que cette grande reine en a témoigné n'a pu faire impression sur son esprit, ni mettre des bornes à son insolence. Mais, s'il lui restait encore quelque ombre de pudeur, ne lui serait-il pas fâcheux d'être en butte à tous les gens de bien, de passer pour un libertin dans l'esprit des prédicateurs, et d'entendre toutes les langues que le Saint-Esprit anime condamner publiquement son blasphème? Et, enfin, je ne crois pas faire un jugement téméraire d'annoncer qu'il n'y a point d'homme, si peu éclairé des lumières de la foi, qui, sachant ce que contient cette pièce, puisse soutenir que Molière, *dans le dessein de la jouer*, soit digne de la participation des sacrements, qu'il puisse être reçu à pénitence sans une réparation publique, ni même qu'il soit digne de l'entrée des églises, après les anathèmes que les conciles ont fulminés contre les auteurs de spectacles impudiques et sacriléges ! »

Ne trouvez-vous pas, cher lecteur, que ce libelle anonyme, adressé au roi Louis XIV pour empêcher *Tartufe*, ne ressemble pas mal au placet adressé au roi Charles X pour empêcher de jouer *Henri III?*

Seulement, l'auteur ou les auteurs de ce libelle du XVIIe siècle avaient eu la pudeur de garder l'anonyme, tandis que les illustres académiciens du XIXe avaient hardiment signé : Viennet, Lemercier, Arnault, Étienne, Jay, Jouy et Onésime Leroy. — M. Onésime Leroy n'était pas de l'Académie, mais il espérait bien en être ! Pourquoi n'en est-il pas? Je défie qu'on réponde à cette question.

Ces injures étaient contemporaines du moins, et cela se comprend; mais Bossuet, qui écrivait dix ans après la mort de Molière; mais Jean-Jacques Rousseau, qui écrivait quatre-vingts ans après la représentation de *Tartufe*; mais Bourdaloue, mais Fénelon... Ah! au fait, j'ai oublié de vous dire ce que pensait Fénelon de l'auteur des *Précieuses ridicules*.

Après l'aigle de Meaux, le cygne de Cambrai! Il n'y a rien de pis que les animaux à douce toison ou à blanc plumage quand ils deviennent enragés!

« En pensant bien, Molière parle souvent mal; il se sert des phrases les plus forcées et les moins naturelles. Térence dit en quatre mots, et avec la plus élégante simplicité, ce que celui-ci ne dit qu'avec une multitude de métaphores qui approchent du galimatias. *J'aime encore mieux sa prose que ses vers.* Par exemple, l'*Avare* est moins mal écrit que les pièces qui sont en vers; mais, en général, il me paraît, jusque dans sa prose, ne parler point assez simplement pour exprimer toutes les passions. »

Notez bien que cela s'écrivait vingt ans environ après la mort de Molière, et que Fénelon, l'auteur du *Télémaque*, parlant à l'Académie, — laquelle applaudissait de ce hochement de tête qui n'empêche pas de dormir, — disait hardiment que l'auteur du *Misanthrope*, de *Tartufe* et des *Femmes savantes* ne savait point écrire en vers.

O cher monsieur François de Salignac de la Motte de Fénelon, si j'avais là une critique que Charles Fourier a faite de votre *Télémaque*, comme j'en régalerais le lecteur!

En attendant, l'homme que la critique du XVII° et du XVIII° siècle, que les hommes d'Église et les philosophes, que Bossuet et Jean-Jacques Rousseau traitaient d'hérétique, de corrupteur, d'homme abominable; qui, selon l'anonyme de la ettre au roi, *parlait passablement le français*, qui, selon Fénelon, *ne savait pas écrire en vers;* cet homme est, au XIX° siècle, un grand moraliste, un sévère châtieur de mœurs, un inimitable écrivain!

Il y a plus: des hommes qui écrivent à leur tour des lettres au descendant de Louis XIV, pour qu'il empêche les hérétiques, les corrupteurs, les hommes abominables du XIXe siècle d'être joués, s'agenouillent devant l'illustre mort; ils vont chercher dans ses œuvres les moindres intentions qu'il a eues, ou qu'il n'a pas eues; ils s'enquièrent de ce qui a pu, par un de ces hasards que le génie rencontre seul, lui donner telle ou telle idée; ils font même de profondes recherches et sur l'homme qui a fourni le type de Tartufe, et sur la circonstance qui lui a donné ce nom de Tartufe, si bien approprié au personnage, qu'il est devenu non-seulement un nom d'*homme*, mais encore un nom d'HOMMES.

« Nous avons indiqué où Molière a pris son modèle; il nous reste, maintenant, à indiquer le titre de sa pièce. Cette généalogie d'un mot pourrait paraître minutieuse en toute autre occasion; *mais rien de ce qui concerne le chef-d'œuvre de notre scène ne saurait manquer d'intérêt.* Quelques commentateurs, entre autres Bret, ont prétendu que Molière, plein de l'ouvrage qu'il méditait, se trouvait un jour chez le nonce du pape avec plusieurs saintes personnes. Un marchand de truffes s'y présenta, et le parfum de sa marchandise vint animer la physionomie béate et contrite des courtisans de l'envoyé de Rome. « TARTUFOLI, *signor nunzio!* TARTUFOLI! » s'écriaient-ils en lui présentant les plus belles. Suivant cette version, c'est ce mot *tartufoli*, prononcé avec une sensualité toute mondaine par ces bouches mystiques, qui aurait fourni à Molière le nom de son imposteur. Le premier, nous avons combattu cette fable, et l'honneur que nous a fait un de nos littérateurs les plus distingués en adoptant notre opinion nous engage à la reproduire ici.

» On disait généralement encore, du temps de Molière, *truffer* pour tromper, dont on avait fait le mot *truffe*, qui convient très-bien à l'espèce de fruit qui sert à désigner, à cause de la difficulté qu'on a de le découvrir. Or, il est bien certain que l'on employait différemment autrefois, *truffe* et *tartuffe*, ainsi qu'on le voit dans une ancienne traduction française du traité de Platina intitulé: *De honestâ voluptate*, imprimé à Paris en 1505, et cité par Leduchat, dans son édition du *Dictionnaire étymologique* de Ménage. L'un des chapitres du livre IX de ce traité est intitulé : *Des truffes ou tartuffes*, et, comme Leduchat et les autres étymologistes regardent le mot *truffe* comme dérivé de *truffer*, il est probable que l'on n'a dit, au xve et xvie siècle, *tartuffe* pour *truffe*, que parce que l'on pouvait dire également *tartuffer* pour *truffer*. »

Cela est de M. Taschereau, qui ne fut pour rien, hâtons-nous de le dire, dans la lettre à Charles X, mais qui est pour beaucoup dans la belle étude qu'il a publiée sur Molière.

Mais voici qui est de M. Étienne, l'auteur des *Deux Gendres*, comédie faite en collaboration avec Shakspeare et le jésuite Conaxa :

« Les truffes, dit M. Étienne, de l'Académie française, viendraient donc de la tartufferie, et peut-être n'est-ce point parce qu'elles sont difficiles à découvrir qu'on leur a donné ce nom, mais parce qu'elles sont un puissant moyen de séduction, et que la séduction n'a d'autre but que la tromperie. Ainsi, d'après une antique tradition, les grands diners qui ont aujourd'hui une si grande influence dans les affaires de l'État, seraient des diners de tartuffes. Il y a des étymologies beaucoup moins raisonnables que celle-là. »

En vérité, critique, ma mie, — ou plutôt mon ennemie, — ne vaudrait-il pas mieux que vous fussiez un peu moins caressante aux morts, et un peu plus indulgente aux vivants ?

Vous n'auriez pas sur la conscience l'asphyxie d'Escousse et de Lebras, la noyade de Gros et la suspension d'*Antony*.

CCII.

Thermomètre des crises sociales. — Entrevue avec M. Thiers. — Ce qu'il veut faire pour le Théâtre-Français. — Nos conventions. — *Antony* revient à la rue de Richelieu. — *Le Constitutionnel*. — Son premier-Paris contre le romantisme en général, et contre mon drame en particulier. — La moralité du théâtre antique. — Parallèle entre le Théâtre-Français et celui de la Porte-Saint-Martin. — Première suspension d'*Antony*.

Le chapitre précédent finit par ces mots : « Et la suspension d'*Antony*. »

Laquelle suspension ? demandera peut-être le lecteur : est-ce celle que décréta M. Thiers ? est-ce celle que confirma M. Duchâtel ? est-ce celle que vient d'ordonner M. de Persigny ?

Antony, comme l'a très-bien dit M. Lesur, est un monstre ; ce monstre s'est produit dans un de ces moments de dévergondage de la société qui suivent les révolutions, et où cette morale institution qu'on appelle la censure n'a pas encore eu le temps de s'établir et de fonctionner ; de sorte que, toutes les fois que la société ébranlée chancelle sur sa base, on joue *Antony* ; mais, toutes les fois que la société est sauvée, que la bourse monte, que la morale triomphe, on supprime *Antony*.

J'avais profité du moment où la société avait la tête en bas et les jambes en l'air pour faire jouer *Antony*, et j'avais bien fait ; sans quoi, le gouvernement moral qui fût crucifié entre le procès Cubières et l'assassinat Praslin n'en eût certes pas permis la représentation.

Mais, enfin, *Antony* avait été joué cent trente fois ; *Antony* avait droit de bourgeoisie ; il avait fait son effet, produit le mal qu'il devait produire, et l'on n'avait pas de raison de s'en inquiéter, lorsque M. Thiers me fit venir un matin au ministère de l'intérieur.

C'est un homme charmant que M. Thiers ; je connais peu de conteurs plus agréables, et peu d'écouteurs aussi intelligents.

Nous nous étions vus plusieurs fois, et, d'ailleurs, nous nous connaissions, lui et moi : lui, parce qu'il s'appelait Thiers, moi parce que je m'appelais Dumas.

— Mon cher poëte, avez-vous remarqué une chose? me demanda-t-il.

— Laquelle, mon cher historien?

— C'est que le Théâtre-Français va à tous les diables!

— Vous me donnez cela comme une nouvelle?

— Non, je vous donne cela comme un malheur.

— Peuh!...

— A votre avis, qu'y a-t-il à faire du Théâtre-Français?

— Ce qu'on fait d'un vieux bâtiment, un ponton.

— Bon! croyez-vous donc qu'il ne puisse plus tenir la mer?

— Oh! si fait! avec une carène nouvelle, des voiles neuves et un autre équipage.

— Eh bien, c'est mon avis... Il me fait l'effet du cheval que, dans sa folie, Roland traîne par la bride : il a toutes les qualités du cheval; seulement, toutes ces qualités sont paralysées par un petit malheur : il est mort!

— C'est justement cela.

— Eh bien, Hugo et vous avez eu de grands succès à la Porte-Saint-Martin; j'ai envie de faire du Théâtre-Français ce qu'on fait du Musée : l'ouvrir le dimanche pour qu'on puisse venir y étudier les auteurs morts, et réserver tout le reste de la semaine aux auteurs vivants, et particulièrement à Hugo et à vous.

— Eh bien, mon cher historien, voilà la première fois que j'entends un ministre de l'intérieur dire quelque chose de sensé sur une question d'art. Permettez que je voie l'heure de la journée et la date du mois; je porterai cela en note... Bon! 15 mars 1834, à sept heures du matin.

— Maintenant, que voulez-vous, pour nous faire une comédie, une tragédie ou un drame en cinq actes, au Théâtre-Français?

— Mais je voudrais d'abord des acteurs qui jouassent le drame : madame Dorval, Bocage, Frédérick.

— Tout ne peut pas se faire à la fois. Je vous donne madame Dorval : les autres viendront après.

— Bon ! c'est déjà quelque chose... Puis on me doit une réparation à propos d'*Antony :* je désire que madame Dorval rentre par le rôle d'Adèle.

— Accordé... Ensuite?

— C'est tout.

— Oh ! vous nous donnerez une pièce nouvelle.

— Dans trois mois.

— A quelles conditions?

— Mais aux conditions de tout le monde.

— Voilà ce que je refuse : on vous donnera cinq mille francs de prime.

— Va pour cinq mille francs !

— Eh bien, je vais prévenir Jouslin de la Salle... Vous allez prévenir madame Dorval; seulement, dites-lui d'être raisonnable.

— Oh ! soyez tranquille, pour entrer aux Français, et pour y jouer *Antony*, elle fera tous les sacrifices du monde... Ainsi, c'est convenu?

— Oui.

— Récapitulons.

— Soit.

— Nous rentrons, Hugo et moi, au Théâtre-Français, par une brèche, comme la litière de M. de Richelieu?...

— Accordé.

— Nous faisons chacun deux pièces par an?...

— Convenu.

— Dorval est engagée ? Bocage et Frédérick le seront?...

— C'est dit.

— Et Dorval débute par *Antony?*

— Elle établira cela dans son engagement.

— A merveille!... A la première de la reprise de la pièce immorale !

— Dès aujourd'hui, je retiens ma loge, pour être sûr d'avoir de la place.

Nous nous quittâmes. Je courus chez Dorval lui annoncer

cette bonne nouvelle. Elle n'était pas réengagée à la Porte-Saint-Martin ; elle se trouvait donc libre, et pouvait entrer sans retard au Théâtre-Français.

Le lendemain, elle reçut la visite de Jouslin de la Salle. Les conditions ne furent pas longues à discuter ; ainsi que je l'avais dit, pour entrer au Théâtre-Français, et pour y jouer *Antony*, Dorval se fût engagée pour rien.

Les répétitions commencèrent aussitôt. J'avais fait mon traité avec le directeur, et il était spécifié, dans ce traité, que, par ordre du ministre, *Antony* était repris à la Comédie-Française, et que Dorval débutait dans ce drame.

Antony reparut sur l'affiche de la rue de Richelieu ; cette fois, il y avait cent contre un à parier qu'il serait joué, attendu qu'il paraissait par ordre ministériel.

L'affiche annonça la pièce et les débuts de Dorval pour le 28 avril 1834.

Nous comptions sans *le Constitutionnel*.

Le Constitutionnel avait une vieille dent contre moi ; je m'en inquiétais peu : je croyais qu'il ne pouvait plus mordre.

J'étais le premier qui, dans ce même *Antony,* avait osé attaquer son omnipotence.

On se rappelle, dans la mise en scène d'*Antony*, un gros monsieur qui, à tout ce que l'on disait, répondait invariablement : « Cependant *le Constitutionnel...* » sans jamais donner d'autre raison. C'était Moëssard qui jouait le gros monsieur.

Ce n'était pas tout : on avait représenté aux Variétés une pièce intitulée *la Tour de Babel*. La scène de scandale de cette pièce était une scène de désabonnement au *Constitutionnel* que l'on m'avait naturellement mise sur le dos, à cause de mon inimitié bien connue pour ce journal. Je n'avais pas réclamé, et j'étais, sinon le vrai père, du moins le père putatif.

Le matin du 28 avril 1834, comme je venais de distribuer mes billets pour la représentation du soir, mon fils, qui commençait à prendre dix ans, m'arriva, un numéro du *Constitutionnel* à la main.

Il m'était envoyé par Goubaux, chez lequel il était en pension, et qui me criait comme d'Assas : « A vous ! c'est l'ennemi ! »

Je dépliai l'estimable journal, et je lus — en premier-Paris, s'il vous plaît ! — l'article suivant.

Un fait littéraire prenait ainsi l'importance d'un fait politique.

« Paris, 28 avril 1834.

» La subvention du Théâtre-Français est portée au budget de l'État pour deux cent mille francs. Cette somme est considérable ; mais, si l'on réfléchit à l'influence que ce théâtre peut exercer, dans l'intérêt de la société, sur le goût, sur les mœurs, sur la bonne direction de la littérature dramatique, l'allocation ne paraîtra pas exagérée. Le Théâtre-Français, enrichi de tant de chefs-d'œuvre qui ont contribué aux progrès de notre civilisation, est, comme le Musée, un monument national qui ne doit être ni abandonné ni dégradé. De la hauteur où l'a élevé le génie de nos grands écrivains, il ne doit pas descendre à ces exhibitions grotesques et immorales qui font la honte de l'époque, alarment la pudeur publique, et portent une atteinte mortelle à la société ! Il n'y a plus de frein à la dépravation de la scène, à l'oubli de toute morale et de toute bienséance ; le viol, l'adultère, l'inceste, le crime, enfin, dans ses formes les plus dégoûtantes, voilà les éléments de la poétique de cette misérable époque dramatique qui, digne de tous les mépris, s'avise de mépriser les maîtres de l'art, prend un infernal plaisir à flétrir tous les sentiments généreux, à répandre la corruption dans le peuple, et nous expose aux dédains de l'étranger !... »

C'est bien écrit, n'est-ce pas ? Il est vrai que c'est écrit par un académicien.

Je continue :

« Ce n'est point pour encourager un système pernicieux

que le trésor public est mis à contribution. La somme de deux cent mille francs n'est accordée au Théâtre-Français qu'à condition qu'il restera pur de toute souillure, que les artistes recommandables de ce théâtre, qui sont encore les meilleurs de l'Europe, ne s'aviliront pas en donnant l'appui de leur talent à ces ouvrages indignes de la scène nationale, ouvrages dont la funeste tendance devrait exciter la sollicitude du gouvernement, car il est responsable de la morale publique comme de l'exécution des lois. Eh bien, qui le croirait? dans ce moment même, on s'occupe à faire passer les principaux acteurs de la Porte-Saint-Martin au Théâtre-Français, et d'y naturaliser les absurdes et fangeux mélodrames destinés à remplacer les chefs-d'œuvre dramatiques qui sont une partie si importante de notre littérature. Un esprit de vertige semble planer sur ce malheureux théâtre. La représentation d'*Antony* est officiellement annoncée par *le Moniteur* pour demain lundi; *Antony*, l'ouvrage le plus hardiment obscène qui ait paru dans ces temps d'obscénité! *Antony*, dont la première représentation fit dire à un honnête père de famille : « Depuis » longtemps, nous ne pouvions plus mener nos filles au théâ» tre; à présent, nous n'y pouvons plus mener nos femmes! » Nous allons donc voir, sur le théâtre de Corneille, de Racine, de Molière et de Voltaire, nous allons voir une femme jetée dans une alcôve, un mouchoir sur la bouche; nous allons voir, sur la scène nationale, le viol en action : le jour de cette représentation est fixé. Voilà une école de morale ouverte au public; voilà le genre de spectacle auquel vous appelez cette jeunesse dont vous redoutez l'exaltation, et qui bientôt ne reconnaîtra plus ni règle ni frein! Ce n'est pas sa faute; c'est la faute du pouvoir, qui ne sollicite aucune mesure pour arrêter ce débordement d'immoralité. Il n'y a pas de pays au monde, quelque libre qu'il soit, où il soit permis d'empoisonner les sources de la morale publique. Dans les républiques anciennes, la représentation d'un ouvrage dramatique était une affaire d'État : on proscrivait tout ce qui pouvait altérer le caractère national, blesser la majesté des lois, et outrager la pudeur publique... »

Témoin la *Lisistrata* d'Aristophane, dont nous allons dire deux mots à nos lecteurs, en ayant le soin, toutefois, de traduire en latin ce qui ne saurait s'écrire en français.

> Le latin dans les mots brave l'honnêteté!

On voit que je cite Boileau, quand Boileau peut m'être utile. — Pauvre Boileau! quelle honte pour lui d'être forcé de venir en aide à l'auteur d'*Henri III* et d'*Antony!*

Nous sommes à Athènes. — Les Athéniens sont en guerre avec les Lacédémoniens; les femmes se plaignent de cette guerre interminable du Péloponèse, qui empêche les maris de rester près d'elles, et de remplir leurs devoirs conjugaux.

La plus ardente dans ses plaintes est Lisistrata, femme d'un des principaux citoyens d'Athènes; aussi a-t-elle convoqué toutes les matrones non-seulement d'Athènes, mais encore de Lacédémone, d'Anagyre, de Corinthe. Elle vient leur proposer un pacte.

Laissons-la parler. Elle s'adresse à l'une des femmes convoquées par elle, et qui se rend au lieu de la réunion (1).

LISISTRATA. — Salut, Lampito! Lacédémonienne chérie, que tu es belle! Ma douce amie, quel teint frais! quel air de santé! Tu étranglerais un taureau!

LAMPITO. — Par Castor et Pollux, je le crois bien : je m'exerce au gymnase, et je me frappe du talon dans le derrière.

Cette danse à laquelle Lampito fait allusion avec une naïveté tout à l'honneur du dialecte dorien, dont elle se sert, s'appelle *cibasis*.

Continuons :

LISISTRATA, *lui prenant la gorge.* — Que tu as une belle gorge!
LAMPITO. — Vous me tâtez comme une victime.

---

(1) Nous empruntons les citations suivantes à l'excellente traduction de M. Artaud. Si nous traduisions nous-même, d'abord la traduction serait mauvaise, puis on pourrait nous accuser d'avoir forcé le grec à dire ce qu'il ne dit pas.

Lisistrata. — Et cette autre jeune fille, de quel pays est-elle ?
Lampito. — C'est une Béotienne des plus nobles qui nous arrive.
Lisistrata. — Ah ! oui, c'est une Béotienne ?... Elle a un joli jardin !

A propos, j'oubliais de dire — et c'est le mot *jardin* qui me rappelle cet oubli — que Lampito et Calonice, la Béotienne, jouent leur rôle dans le costume qu'avant son péché, Ève portait dans le paradis terrestre.

Calonice. — Et parfaitement soigné ! on en a arraché le pouliot.

Ici, le savant traducteur nous apprend que le *pouliot* était une plante qui venait en abondance dans la Béotie.
Puis il ajoute : *Sed intelligit hortum muliebrem, undè pilos educere aut evellere solebant.*
Lisistrata continue, exposant le motif de la convocation :

Lisistrata. — Ne regrettez-vous pas que les pères de vos enfants soient retenus loin de vous par la guerre ? Car je sais que nous avons toutes nos maris absents.
Calonice. — Le mien est en Thrace depuis cinq mois.
Lisistrata. — Le mien est depuis sept mois à Pylos.
Lampito. — Le mien revient à peine de l'armée, qu'il reprend son bouclier, et repart.
Lisistrata. — *Sed nec mœchi relicta est scintilla ! ex quo enim nos prodiderunt Milesi ne olisbum quidem vidi octo digitos longum, qui nobis esset conâceum auxilium.*

Pauvre Lisistra ! on comprend bien qu'une femme, dans une pareille peine, se mette à la tête d'une conjuration.
Or, la conjuration que Lisistrata propose à ses compagnes, la voici :

Lisistrata. — Il faut nous abstenir des hommes !... Pourquoi détournez-vous les yeux ? où allez-vous ?... Pourquoi vous mordre les lèvres, et secouer la tête ? Le ferez-vous ou ne le ferez-vous pas ?... Que décidez-vous ?
Mirrhine. — Je ne le ferai pas ! Que la guerre continue.
Lampito. — Ni moi non plus ! Que la guerre continue.
Lisistrata. — O sexe dissolu ! Je ne m'étonne plus que nous four-

nissions des sujets de tragédie : nous ne sommes bonnes qu'à une seule chose !... O ma chère Lacédémonienne, — car tu peux encore tout sauver en t'unissant à moi, — je t'en prie, seconde mes projets !

LAMPITO. — C'est qu'il est bien difficile pour des femmes de dormir *sine mentulâ!* Il faut cependant s'y résoudre, car la paix doit passer avant tout.

LISISTRATA. — La paix, assurément ! Si nous nous tenions chez nous bien fardées, et sans autre vêtement qu'une tunique fine et transparente, *incenderemus glabro cunno, arrigerent viri, et coïre cuperent!*

Les femmes consentent. Il s'agit de se lier par un serment. Voici le serment :

LISISTRATA. — Mettez toutes la main sur la coupe, et qu'une seule répète, en votre nom à toutes, ce que je vais vous dire : Aucun amant ni aucun époux...

MIRRHINE. — Aucun amant ni aucun époux...

LISISTRATA. — Ne pourra m'approcher *rigente nervo!* — Répète.

Mirrhine répète.

LISISTRITA. — Et, s'il emploie la violence...
MIRRHINE. — Oui, s'il emploie la violence...
LISISTRATA. — *Motus non addam!*

On comprend le résultat d'un pareil serment, qui est scrupuleusement tenu. Aussi vous vous rappelez la course de M. de Pourceaugnac poursuivi par les seringues? Eh bien, cela peut vous donner une idée de la mise en scène du reste de la pièce. Les femmes jouent le rôle de M. de Pourceaugnac, et les maris celui des apothicaires.

Voilà les pièces qui, selon le rédacteur du *Constitutionnel*, *moralisaient* les sociétés antiques!

« Dans les républiques anciennes, reprend avec aplomb notre censeur, les jeux scéniques étaient destinés à exciter les passions nobles, non à provoquer les penchants vicieux de la nature humaine ; ils avaient pour but de corriger les vices par le ridicule, et, en rappelant de glorieux souvenirs, de réveiller au fond des âmes l'émulation de la vertu, l'enthousiasme de la liberté, l'amour de la patrie! Eh bien, nous, si fiers de notre équivoque civilisation, nous n'avons pas de si hautes pensées; tout ce que nous demandons, c'est qu'on nous laisse au moins un théâtre, un seul théâtre où nous puissions conduire nos enfants et nos femmes sans que leur imagination soit souillée; un théâtre qui soit véritablement une école de bon goût et de bonnes mœurs.

» Nous n'en appelons point à la direction actuelle des beaux-arts; une coterie romantique, ennemie jurée de notre grande littérature, y domine souverainement; coterie qui ne reconnaît que ses adeptes et ses courtisans, et n'a de faveurs que pour eux; l'artiste sans intrigue y est oublié. Elle veut réaliser ses absurdes théories : elle est allée chercher au boulevard le directeur, les acteurs, les pièces qui doivent déshonorer la scène française : c'est là son but; ce sont là ses moyens. C'est à M. Thiers, ministre de l'intérieur, que nous nous adressons. Homme de lettres distingué, admirateur des sublimes génies dont la gloire est celle de la patrie, c'est à lui, dépositaire d'un pouvoir qui doit veiller à la conservation de ce noble héritage, que nous demandons de ne pas le laisser tomber en des mains hostiles, de s'opposer à ce débordement de mauvaises mœurs qui envahit le théâtre, pervertit la jeunesse de nos écoles, et la jette dans le monde, avide de jouissances précoces, impatiente de toute espèce de joug, et bientôt fatiguée de la vie. Ce dégoût de la vie presque au sortir de l'enfance, ce phénomène effrayant, jusqu'ici sans exemple, tient en grande partie à la funeste influence de ces spectacles dangereux où se montrent les passions les plus effrénées dans toute leur nudité, et à cette nouvelle littérature où tout ce qui est digne de respect est livré au mépris. Laisser corrompre la jeunesse, ou plutôt favoriser sa corruption, c'est préparer un avenir de troubles et d'orages; c'est compromettre la cause de la liberté, c'est vicier dans le germe nos naissantes institutions; c'est aussi le plus juste et le plus sanglant reproche qu'on puisse faire à un gouvernement... »

Pauvre *Antony !* il ne lui manque plus que d'être accusé de violer la charte de 1830 !

« Et nous dirons ici toute la vérité : ce ne sont point les feuilles républicaines qui ont prêté leur appui à ce système odieux de démoralisation ; quelque reproche qu'on puisse leur faire d'ailleurs, on est forcé d'avouer qu'elles ont repoussé avec indignation la littérature satanique et le drame immoral, qu'elles sont restées fidèles au culte de la gloire nationale. Ce sont les journaux de la Restauration, c'est cette misérable direction des beaux-arts, qui, sous les yeux du ministère, donnent au monde civilisé le plus grand scandale : celui de contribuer à la publicité et au succès de ces productions monstrueuses qui nous ramènent à la barbarie, et qui finiront, si rien ne les arrête, par nous faire rougir d'être Français... »

Voyez-vous le collaborateur de M. de Jouy rougissant d'être Français, parce que M. Hugo a fait *Marion Delorme*, et M. Dumas *Antony*, et obligé de regarder la Colonne pour redevenir fier de sa nationalité !

« Mais pourquoi donner une prime à la dépravation ? pourquoi grever le budget de l'État d'une somme de deux cent mille francs au profit du mauvais goût et de l'immoralité ? pourquoi ne pas, du moins, les partager entre le Théâtre-Français et la Porte-Saint-Martin ? Il y aurait justice, car les droits sont égaux ; bientôt même le premier de ces théâtres ne sera que la succursale de l'autre, et celui-ci mérite bien toutes les sympathies de MM. les directeurs des beaux-arts. Il y aurait donc une inconséquence choquante, de leur part, à le laisser dans l'oubli. »

Pour cette fois, vous avez raison, monsieur l'académicien. La subvention doit être accordée, n'est-ce pas ? au théâtre qui donne des œuvres littéraires dont les années suivantes se souviendront, et qui resteront au répertoire. Or, voyons ce que donnait, concurremment avec la Porte-Saint-Martin, le Théâtre-Français, et dites-moi, pendant cette période de quatre ans, quelles sont les pièces dont on se souvient et qui sont restées au répertoire?

Théâtre-Français : — *Charlotte Corday,* — *Camille Desmoulins,* — *le Clerc et le Théologien,* — *Pierre III,* — *le Prince et la Grisette,* — *le Sophiste,* — *Guido Reni,* — *le Presbytère,* — *Caïus Gracchus, ou le Sénat et le Peuple,* — *la Conspiration de Cellamare,* — *la Mort de Figaro,* — *le Marquis de Rieux,* — *les Dernières Scènes de la Fronde,* — *Mademoiselle de Montmorency.*

Théâtre de la Porte-Saint-Martin : — *Antony,* — *Marion Delorme,* — *Richard Darlington,* — *la Tour de Nesle,* — *Perrinet Leclerc,* — *Lucrèce Borgia,* — *Angèle,* — *Marie Tudor,* — *Catherine Howard.*

Il est vrai que nous trouvons, — sans compter *les Enfants d'Édouard* et *Louis XI,* de Casimir Delavigne, *Bertrand et Raton* et *la Passion secrète,* de Scribe, qui viennent protester contre cette moisson d'ouvrages inconnus, oubliés, enterrés, jetés dans la fosse commune sans épitaphe sur leur tombe, — il est vrai, dis-je, que nous trouvons quatre ou cinq pièces de plus qu'à la Porte-Saint-Martin; mais cela ne prouve pas que l'on jouait les pièces du Théâtre-Français plus longtemps que celles de la Porte-Saint-Martin, surtout si l'on veut bien réfléchir que le Théâtre-Français ne joue ses pièces nouvelles que de deux jours l'un, et donne, par an, cent cinquante représentations de l'ancien répertoire !

Vous aviez donc parfaitement raison, monsieur l'académicien : c'était à la Porte-Saint-Martin, et non au Théâtre-Français, que devait être accordée la subvention, attendu que, à part deux ou trois ouvrages, c'était à la Porte-Saint-Martin que se produisait la véritable littérature.

Nous reprenons, ou plutôt l'illustre publiciste reprend :

« Si la chambre des députés ne paraissait pas si pressée de voter les lois de finances, nous pourrions espérer que, dans une matière aussi grave, qui se lie si intimement au bon ordre et à l'existence de la civilisation, il s'élèverait une voix généreuse pour protester contre un emploi si abusif de la fortune publique, pour rappeler au ministre les devoirs que lui imposent les fonctions dont il est chargé. Le député qui parlerait ainsi serait sûr d'être écouté favorablement d'une assemblée dont les membres sont, tous les jours, témoins de cette licence inouïe des théâtres, destructive de toute morale, et en connaissent parfaitement tous les dangers.

» Quant à nous, nous reviendrons sur ce sujet, qui nous semble de la plus haute importance pour le repos des familles et, en général, pour la société. Nous avons pour nous tous les hommes de goût, tous les amis véritables de nos institutions, enfin, les honnêtes gens de tous les partis!... »

Eh bien, voilà qui est poli pour les spectateurs qui ont suivi les cent trente représentations d'*Antony*, les quatre-vingts représentations de *Marion Delorme*, les quatre-vingt-dix représentations de *Richard Darlington*, les six cent représentations de *la Tour de Nesle*, les quatre-vingt-dix représentations de *Perrinet Leclerc*, les cent vingt représentations de *Lucrèce Borgia*, les cent représentations d'*Angèle*, les soixante et dix représentations de *Marie Tudor*, et les cinquante représentations de *Catherine Howard!*

Qu'est-ce que c'était donc que ces gens-là, si vos gens, à vous, sont les « hommes de goût, » les « amis véritables des institutions, » les « honnêtes gens? » Ce sont donc des goujats, des renverseurs de gouvernement, des gens de sac et de corde? Diable! prenez garde! car ces gens-là, je vous en préviens, sont en grande majorité, non-seulement à Paris, mais encore dans la province !

Le moraliste du *Constitutionnel* termine ainsi :

« Nous sommes convaincu que les artistes mêmes du Théâtre-Français, qui voyaient avec satisfaction revenir à eux la partie éclairée du public, feront des vœux pour le succès de nos réclamations. Cela dépend de la Chambre et du ministre de l'intérieur. Des préoccupations politiques trop connues ont pu détourner son attention de la fausse et ignoble direction donnée au Théâtre-Français : il n'y aurait plus pour lui d'excuse, maintenant qu'il sait la vérité.

» A. JAY. »

Peut-être aviez-vous cru, en commençant de lire cette dénonciation, qu'elle était anonyme ou signée d'une initiale, ou d'un signe maçonnique, ou de trois étoiles, plus ou moins? Non pas! elle est signée d'un nom d'homme, d'un nom de député, d'un nom d'académicien, du nom de M. Jay.

Aussi, le même jour où l'article avait paru, M. Jouslin de la Salle, directeur du Théâtre-Français, reçut-il ce petit billet, court mais clair :

« Défense est faite au Théâtre-Français de jouer *Antony* ce soir.

» THIERS. »

Je pris un cabriolet, et j'ordonnai au cocher de me conduire au ministère de l'intérieur.

CCIII

Mon explication avec M. Thiers. — Ce qui l'avait forcé de suspendre *Antony*. — Lettre de madame Dorval au *Constitutionnel*. — M. Jay couronné rosière. — Mon procès avec M. Jouslin de la Salle. — Il y a encore des juges à Berlin!

A quatre heures, je descendis à la porte du ministère. J'entrai tout droit, et je parvins au cabinet du ministre sans obstacle; les garçons de bureau et les huissiers, qui m'avaient vu venir trois ou quatre fois depuis quinze jours, c'est-à-dire depuis l'époque où M. Thiers était ministre de l'intérieur, n'eurent pas même l'idée de me demander où j'allais.

M. Thiers travaillait avec son secrétaire.

M. Thiers avait fort à faire en ce moment-là : on sortait des troubles de Paris des 13 et 14 avril; on en finissait à peine avec l'insurrection des mutuellistes de Lyon; on discutait le budget du commerce et des travaux publics, qui était resté, faute de ministre spécial, une annexe du ministère de l'intérieur; enfin, on allait justement passer à la discussion générale des beaux-arts, et, par conséquent, passer à la discussion particulière de la subvention du Théâtre-Français.

Au bruit que je fis en ouvrant la porte de son cabinet, M. Thiers leva la tête.

— Bon! dit-il, je vous attendais.

— Je ne crois pas, répondis-je.

— Pourquoi cela?

— Parce que, si vous m'aviez attendu, vous eussiez compris dans quelles intentions je venais, et vous m'eussiez consigné à la porte.

— Et dans quelles intentions venez-vous?

— Mais je viens tout simplement demander compte à l'homme du manque de parole du ministre.

— Vous ne savez donc pas ce qui s'est passé à la Chambre?

— Non; je sais seulement ce qui s'est passé au Théâtre-Français.

— J'ai été forcé de suspendre *Antony*.

— Non pas de suspendre, mais d'arrêter.

— Arrêter ou suspendre...

— Ce n'est pas la même chose.

— Eh bien, j'ai été forcé d'arrêter *Antony*.

— Forcé! un ministre? On peut forcer un ministre d'arrêter une pièce qu'il a envoyé prendre lui-même entre les mains du souffleur d'un autre théâtre, quand ce ministre a loué sa loge pour voir la première représentation de cette pièce?

— Oui... forcé, j'ai été forcé!

— Par l'article du *Constitutionnel?*

— Bah! s'il n'y avait eu que l'article, je m'en serais encore moqué, quoiqu'il soit de bonne encre.

— Vous appelez cela de bonne encre, vous? Je vous défie

de sucer la plume de M. Jay, et de ne pas avoir la colique.

— Eh bien, de mauvaise encre, si vous voulez... Mais c'est la Chambre!

— Comment, la Chambre?

— Eh! oui, j'ai eu toute la Chambre contre moi! Si *Antony* avait été joué ce soir, le budget ne passait pas.

— Le budget ne passait pas?

— Non... Imaginez-vous que ces gens-là... Jay, Étienne, Viennet, que sais-je, moi?... disposent d'une centaine de voix à la Chambre, cent voix qui votent comme un seul homme. J'ai été mis au pied du mur : « *Antony*, et pas de buget! » ou bien : « Un budget, et pas d'*Antony*!... » Ah! mon cher, restez auteur dramatique, allez, et gardez-vous de devenir jamais ministre!

— Ah çà! mais vous croyez donc que cela va en rester là?

— Non, je sais bien que je vous dois une indemnité; fixez-la vous-même, et j'ordonnance la somme que vous exigerez!

— Allons donc, une indemnité! Est-ce que je travaille pour toucher des indemnités, moi?

— Non; mais vous travaillez pour toucher des droits d'auteur.

— Quand on joue mes pièces, pas quand on les défend.

— Cependant, vous avez droit à un dédommagement.

— Le tribunal le fixera.

— Croyez-moi, ne recourez pas aux tribunaux.

— Pourquoi?

— Mais parce qu'il vous arrivera ce qui est arrivé à Hugo, à propos du *Roi s'amuse :* le tribunal se déclarera incompétent.

— Le ministre n'était pas intervenu au traité du *Roi s'amuse;* mais vous êtes intervenu au traité d'*Antony*.

— Indirectement.

— C'est ce que le tribunal appréciera.

— Cela ne vous empêchera pas de nous faire une pièce nouvelle.

— Bon! pour qu'on vous refuse le budget de 1835? Merci.

— Vous reviendrez sur votre détermination.

— Moi? Je ne reviendrai même plus dans votre ministère!

Et je sortis tout boudant et tout grondant; ce que je n'eusse certes pas fait, si j'avais su qu'avant deux ans, le même Thiers manquerait de parole à la Pologne, en laissant occuper Cracovie par les Autrichiens, les Prussiens et les Russes; à l'Espagne, en refusant d'intervenir, et à la Suisse, en menaçant de la bloquer. Près de ces trois grands événements, qu'était-ce qu'un pauvre petit manque de parole à un auteur dramatique?

Je courus chez Dorval, que le revirement ministériel frappait plus cruellement que moi. En effet, la défense de jouer *Antony* était faite au seul Théâtre-Français; d'ailleurs, la réputation d'*Antony* était bien établie, et sa reprise ne pouvait en rien ajouter à la mienne. Il n'en était pas de même de Dorval: dans aucun rôle elle n'avait encore eu le succès qu'elle venait d'obtenir dans celui d'Adèle; aucun de ses anciens rôles ne pouvait suppléer celui-là, et il n'y avait aucune probabilité qu'un rôle nouveau lui rendît la chance de succès que la suppression d'*Antony* venait de lui ôter.

Elle commença par écrire au *Constitutionnel* la lettre suivante:

« Monsieur,

» Lorsque je suis entrée aux Français, ce fut à la condition expresse que je débuterais par *Antony*. Cette condition fut portée sur mon engagement comme base du traité que je contractais avec l'administration du théâtre Richelieu.

» Aujourd'hui, le ministère juge que la pièce, reçue au Théâtre-Français en 1830, censurée sous les Bourbons, jouée cent fois à la Porte-Saint-Martin, trente fois à l'Odéon, une fois aux Italiens, ne peut être représentée par les comédiens du roi. Un procès entre l'auteur et M. Thiers jugera cette question de droit.

» Mais, jusqu'à l'issue de ce procès, je me vois forcée de cesser de paraître dans toute autre pièce.

» Je m'empresse, en même temps, de déclarer qu'il n'y a

dans mon refus rien qui puisse blesser les auteurs d'*une Liaison*, auxquels je dois personellement des remercîments pour leurs bonnes relations avec moi.

» Agréez, etc.

» MARIE DORVAL. »

C'était là le côté sérieux et triste de la situation ; puis, lorsqu'elle eut accompli ce devoir envers elle-même, — et surtout envers sa famille, dont elle était l'unique soutien, — Dorval voulut remercier M. Jay à sa façon, ne doutant point que je ne susse, de mon côté, un jour ou l'autre, le remercier à la mienne.

Je retrouve le fait que je vais raconter consigné dans un album que la pauvre femme me remit en mourant, et que j'ai précieusement conservé :

« Le 28 avril 1834, *Antony*, pour mes débuts, a été défendu au Théâtre-Français, à la sollicitation ou plutôt sur la dénonciation de M. Antoine Jay, rédacteur du *Constitutionnel*.

» J'ai eu l'idée de lui envoyer une couronne de rosière. J'ai mis cette couronne dans un carton, avec une petite lettre ; le tout attaché par une faveur blanche.

» La lettre contenait ces mots :

« Monsieur,

» Voici une couronne jetée à mes pieds dans *Antony* ; per-
» mettez-moi de la déposer sur votre tête. Je vous devais cet
» hommage.

Personne ne sait davantage
Combien vous l'avez mérité !

» MARIE DORVAL. »

Au-dessous de la signature de cette bonne et chère amie, je retrouve encore les deux lignes et la lettre suivantes :

« M. Jay m'a renvoyé le carton, la couronne et la faveur blanche, avec ce billet :

« Madame,

» L'épigramme est jolie, et, quoiqu'elle porte à faux, elle
» est de trop bon goût pour que je ne tienne pas à la garder.
» Quant à la couronne, elle appartient à la grâce et au ta-
» lent, et je m'empresse de la remettre à vos pieds.

» A. JAY.

» 30 avril 1834. »

Comme j'en avais prévenu M. Thiers, j'en appelai de sa décision au tribunal de commerce.

L'affaire vint le 2 juin suivant.

Mon ami maître Mermilliod réclama en mon nom la représentation d'*Antony*, ou douze mille francs de dommages-intérêts. Maître Nouguier, avocat de M. Jouslin de la Salle, offrit, au nom de son client, de jouer *Antony*, mais à la condition que j'apporterais la mainlevée du ministère de l'intérieur. Maître Legendre, agréé du ministère de l'intérieur, déclina la compétence du tribunal, attendu, dit-il, que les actes de l'autorité administrative ne pouvaient être soumis à l'appréciation de l'autorité judiciaire.

C'était bien simple, comme on voit : le ministère me volait ma bourse ; et, quand je réclamais ma bourse volée, le ministère me disait : « Halte là, faquin ! je suis trop grand seigneur pour être poursuivi ! »

Heureusement, le tribunal ne se laissa point intimider par les grands airs de maître Legendre, et il ordonna que M. Jouslin de la Salle comparaîtrait en personne à la barre.

L'affaire était remise à quinzaine.

Maintenant, j'ouvre la *Gazette des Tribunaux*, et je copie.

TRIBUNAL DE COMMERCE DE LA SEINE.

PRÉSIDENCE DE M. VASSAL. — *Audience du 30 juin 1834.*

Alexandre Dumas contre Jouslin de la Salle.

» Maître HENRY NOUGUIER, agréé de la Comédie-Française :

— Le tribunal a voulu que les parties vinssent s'expliquer elles-mêmes devant lui. Je demande acte de ce que M. Jouslin de la Salle ne se présente que par déférence pour la justice, mais en protestant contre cette comparution, en tant qu'elle établirait un précédent qui amènerait M. Jouslin de la Salle à comparaître personnellement dans tous les débats qui pourront concerner la Comédie-Française, et à révéler ses communications avec l'autorité administrative, et de ce que, sous le mérite de cette protestation, le comparant s'en réfère à ses précédentes conclusions.

» M. ALEXANDRE DUMAS. — Comme demandeur, je donnerai les premières explications. Lorsque le ministre de l'intérieur eut formé le dessein de régénérer ou de réorganiser le Théâtre-Français, il songea d'abord à lui donner un bon directeur, et à appeler, je ne dirai pas des auteurs de talent, mais des auteurs à argent.

» L'intention du ministre était, d'abord, de commencer par rétablir l'ancienne prospérité matérielle du théâtre. Il lui fallait, pour atteindre ce but, avoir des pièces en possession d'attirer le public, et de faire recette, outre la subvention qu'on se proposait de fournir. — M. Thiers se procura un directeur fort intelligent dans la personne de M. Jouslin de la Salle. Il crut aussi devoir recourir à moi, comme jouissant, jusqu'à un certain degré, de la faveur publique. Le ministre me manda donc dans son cabinet, et me proposa de travailler pour le Théâtre-Français, et alla même jusqu'à m'offrir une prime. Je demandai à être traité comme les autres auteurs pour les pièces à venir.

» Je ne demandai d'autre condition à mon consentement que l'obligation de jouer trois de mes anciens ouvrages, *Antony*, *Henri III* et *Christine*. M. Thiers dit qu'il ne connaissait pas *Antony*, quoique ce drame eût obtenu quatre-vingts représentations; qu'il avait vu *Christine*, que cette pièce lui avait fait beaucoup de plaisir, et que même il en avait fait, dans le temps, l'objet d'un feuilleton. Ma condition fut acceptée sans aucune restriction. Ainsi j'étais en relation avec le ministre avant que le directeur du Théâtre-Français se fût abouché avec moi. M. Jouslin de la Salle me trouva même dans le cabinet de M. Thiers. Ce dernier indiqua les clauses du traité, et chargea M. Jouslin de les mettre par écrit. Conformément aux conventions ainsi arrêtées, *Antony* fut mis en répétition, et annoncé sur l'affiche.

» Mais, dans cet ouvrage, usant de mon droit d'auteur, j'avais raillé *le Constitutionnel* et ses doctrines surannées. Le *Constitutionnel*, qui, avant 1830, était une sorte de puissance, s'offensa des plaisanteries d'un jeune auteur dramatique, et, dans son courroux, il fulmina un article où il prétendait démontrer qu'*Antony* était une production immorale, et qu'il était scandaleux d'en permettre la représentation sur le premier théâtre national. La colère du journal n'eût peut-être pas exercé une grande influence sur le ministre de l'intérieur; mais, à cette époque, MM. Jay et Étienne se trouvaient être les rapporteurs du budget des théâtres. Ces honorables députés, dont la collaboration au *Constitutionnel* est parfaitement connue, s'imaginèrent que les épigrammes d'*Antony* les atteignaient personnellement; dans cette persuasion, ils déclarèrent au ministre qu'ils feraient rejeter le budget théâtral si la pièce satirique n'était pas interdite au Théâtre-Français.

» *Antony* devait être joué le jour même où ces menaces étaient adressées à M. Thiers. Le ministre envoya à quatre heures du soir, à M. Jouslin de la Salle, l'ordre d'arrêter la représentation. Je fus informé de cette défense quelques heures plus tard. Je reconnais que M. Jouslin de la Salle a agi en bon camarade, et qu'il a fait tout ce qui dépendait de lui pour jouer ma pièce. Le tort ne vient que du ministre, qui a mis *Antony* à l'index, sans le connaître, ainsi qu'il l'a dit lui-même à la tribune. Cette interdiction ministérielle a été fatale à mes intérêts, car les préfets des départements s'évertuent, à l'instar de leur maître, à frapper ma pièce de prohibition.

» Il n'est plus permis de me jouer même à Valenciennes. M. Jouslin de la Salle m'a offert de me faire représenter telle autre pièce que je voudrais choisir à la place d'*Antony*; mais ce ne serait pas là exécuter ce qui a été convenu : d'ailleurs, je tiens à la représentation d'*Antony*, qui est mon **ouvrage** de prédilection, et celui d'une jeunesse nombreuse qui veut bien me regarder comme son représentant. Sur la foi des promesses du ministre et du traité fait avec M. Jouslin de la Salle, j'ai retiré violemment *Antony* du répertoire de la Porte-Saint-Martin, où il faisait d'abondantes recettes. Je me suis donc privé des droits d'auteur qui me revenaient journellement. Il est, par conséquent, juste que M. Jouslin me dédommage du préjudice qu'il m'a causé par l'inexécution du contrat. Le ministre ne manquera pas de lui fournir les fonds nécessaires. La pique que j'ai eue avec *le Constitutionnel* ne doit pas autoriser le directeur du Théâtre-Français, non plus que le ministre, à arrêter la représentation d'une pièce qui est une partie de ma fortune ; ce serait une véritable spoliation. Si M. Thiers n'eût pas entendu traiter avec moi, il ne m'aurait pas appelé douze ou quinze fois chez lui ; il ne serait pas entré dans ces détails de théâtre qui ne peuvent qu'être ridicules pour un ministre. M. Jouslin n'a été évidemment qu'un intermédiaire.

» M. JOUSLIN DE LA SALLE. — J'ai fait le traité avec M. Alexandre Dumas dans mon cabinet. Le ministre a su que j'avais fait un traité, mais il n'en a pas connu les détails. J'ai fait tout ce qui était en mon pouvoir pour exécuter la convention. La défense du ministre, arrivée tout à coup, et sans que je l'eusse prévue, a seule empêché l'effet de ma bonne volonté. C'est une force majeure dont je ne saurais être responsable.

» M. ALEXANDRE DUMAS. — Ne m'avez-vous pas rencontré chez le ministre?

» M. JOUSLIN DE LA SALLE. — Oui, il y a quinze jours.

» MAITRE MERMILLIOD. — Le ministre savait qu'*Antony* faisait partie du répertoire de madame Dorval, et qu'elle devait débuter dans cette pièce.

» M ALEXANDRE DUMAS. — Madame Dorval en a fait l'objet d'une stipulation particulière dans son engagement.

» M. JOUSLIN DE LA SALLE. — Madame Dorval a été engagée deux ou trois mois avant le traité avec M. Alexandre Dumas. Aucune stipulation ne fut faite alors, relativement à *Antony*. Depuis le traité avec le demandeur, M. Merle, époux de madame Dorval, vint me prier d'ajouter la clause dont on vient de parler ; je ne me refusai pas à cet acte de complaisance, parce que je ne prévoyais pas qu'*Antony* serait défendu un jour. J'ajoutai la clause au bas de l'engagement dramatique.

» M. ALEXANDRE DUMAS.—La clause additionnelle a-t-elle une date particulière ?

» M. JOUSLIN DE LA SALLE.— Non.

» MAITRE MERMILLIOD.—M. Jouslin de la Salle reçoit une subvention du ministre, et se trouve dans un état de dépendance qui l'empêche de s'expliquer ouvertement.

» M. JOUSLIN DE LA SALLE.— Je n'ai pas à m'expliquer sur mes rapports avec le ministre ; il y aurait même inconvenance de ma part à le faire ici.

» M. LE PRÉSIDENT.—Êtes-vous tenu, par suite de la subvention que vous recevez, de ne jouer que les pièces qui conviennent au ministre ?

» M. JOUSLIN DE LA SALLE.—Il ne m'a été imposé aucune obligation de ce genre. Je jouis, à cet égard, de la même liberté que les autres directeurs ; mais, comme eux, je suis tenu de me soumettre aux défenses qui émanent du pouvoir. Il n'y a, entre mes confrères et moi, aucune différence.

» Après ces explications, le directeur du Théâtre-Français sort immédiatement de la salle d'audience.

» M. le président déclare que la cause est mise en délibéré, pour le jugement être rendu à quinzaine. »

Audience du 14 juillet.

« Le tribunal,

» Attendu la connexité, joint les causes ;

» Statuant sur le tout par un seul et même jugement ;

» En ce qui touche la demande principale :

Considérant que, s'il a été jugé par le tribunal que la défense légalement faite par un ministre compétent, et régulièrement notifiée à sa requête à un directeur, de représenter une pièce, comme contraire aux bonnes mœurs et à la morale publique, pouvait être considérée comme un cas de force majeure, et ôter ainsi le recours de l'auteur contre le directeur, le tribunal n'a été appelé à statuer que sur les défenses qui auraient été faites à l'égard de pièces nouvelles dont la représentation aurait paru dangereuse à l'administration;

» Considérant que, dans le procès actuel, les parties se trouvent dans des positions tout à fait différentes, puisque, à l'égard de la matière, il ne s'agit plus de la représentation d'une pièce nouvelle soumise à la double investigation du public et de l'administration, mais d'un ouvrage qui, étant au répertoire d'un autre théâtre, y aurait eu un grand nombre de représentations sans entraves ni empêchement de la part de l'administration; qu'à l'égard des personnes, la qualité de Jouslin, directeur d'un théâtre subventionné par le ministre, doit être examinée sous ce rapport particulier; qu'ainsi les dispositions des jugements précédents ne sont point applicables dans l'espèce;

» Considérant qu'il résulte des pièces produites, des plaidoiries et explications données à l'audience par les parties elles-mêmes, que le ministre de l'intérieur, dans l'intérêt de la prospérité du Théâtre-Français, avait cru nécessaire de rattacher à ce théâtre le talent d'Alexandre Dumas; qu'à cet effet, un traité verbal était intervenu entre Jouslin de la Salle et Alexandre Dumas; que la condition première dudit traité était que la pièce d'*Antony* serait représentée sur le Théâtre-Français;

» Considérant que la pièce d'*Antony* appartenait au répertoire de la Porte-Saint-Martin; qu'elle y avait été représentée un grand nombre de fois sans entraves ni empêchement de l'autorité; qu'il est, dès lors, exact de dire que Jouslin de la Salle connaissait toute la portée de l'engagement qu'il prenait avec Alexandre Dumas, et que c'est à ses risques et périls qu'il s'est engagé;

» Considérant que, si Jouslin de la Salle a cru devoir, sans opposition ni protestation de sa part, se soumettre au simple avis qui lui était donné par le ministre, de la décision prise par lui pour empêcher, à la date du 28 avril, la représentation d'*Antony* au Théâtre-Français, il ne faut voir dans cette soumission de Jouslin de la Salle qu'un acte de condescendance qui a pu lui être commandé par ses intérêts personnels, et à cause de sa qualité de directeur subventionné, puisqu'il n'a pas cru devoir se pourvoir contre la défense du ministre ; qu'on ne peut reconnaître là un cas de force majeure ; que cet acte de condescendance de Jouslin de la Salle n'a pu ni dû porter préjudice aux droits d'Alexandre Dumas ; que son traité avec Jouslin de la Salle doit, dès lors, recevoir son exécution, ou se résoudre par des dommages-intérêts ;

» Considérant qu'il appartient au tribunal de déterminer la somme à laquelle Alexandre Dumas peut avoir droit en réparation du tort que lui a causé, jusqu'à ce jour, Jouslin de la Salle par la non-exécution du traité d'entre eux ;

» La fixe à dix mille francs. En conséquence, jugeant en premier ressort, condamne Jouslin de la Salle à payer à Alexandre Dumas ladite somme de dix mille francs pour lui tenir lieu de tous dommages-intérêts.

» Statuant sur le surplus des demandes d'Alexandre Dumas :

» Considérant que ce n'est point à ce dernier à se pourvoir pour faire lever les défenses relatives à la représentation de la pièce d'*Antony*, mais bien au directeur subventionné, puisqu'il s'est engagé à ses risques et périls ;

» Ordonne que, dans le délai de quinzaine, Jouslin de la Salle sera tenu de se pourvoir devant l'autorité compétente pour faire statuer sur l'empêchement mis par le ministre ; sinon et faute de ce faire dans ledit délai, et ce délai passé, dès à présent comme pour lors, par ce présent jugement, et sans qu'il en soit besoin d'autre, condamne Jouslin de la Salle à payer à Alexandre Dumas la somme de cinquante francs par chaque jour de retard ; condamne, en outre, Jouslin de la Salle aux dépens.

» En ce qui touche la demande en garantie de Jouslin de la Salle contre le ministre de l'intérieur :

» Attendu qu'il s'agit de l'appréciation d'un acte administratif, se déclare incompétent, renvoie la cause et les parties devant les juges qui doivent en connaître, et condamne Jouslin de la Salle aux dépens de cette demande... »

Nous croyons inutile de faire suivre ce jugement d'aucun commentaire.

CCIV

Banquet républicain aux *Vendanges de Bourgogne*. — Les toasts. — A *Louis-Philippe !* — Réunion des décorés de juillet. — Formation du bureau. — Protestation. — Cinquante mètres de ruban. — Un dissident. — Démenti au *Moniteur*. — Procès d'Évariste Gallois. — Son interrogatoire. — Son acquittement.

Enjambons par-dessus la réception de M. Viennet à l'Académie française, lequel M. Viennet apprit, sans doute, par son portier qu'il était nommé académicien, comme il apprit plus tard par le même portier qu'il était nommé pair de France, et revenons à nos amis, acquittés avec tant d'éclat et ramenés chez eux avec tant d'enthousiasme dans la soirée du 16 avril.

Il avait été décidé que nous leur donnerions un banquet par souscription. Ce banquet fut fixé au 9 mai et eut lieu aux *Vendanges de Bourgogne*. Nous étions deux cents souscripteurs.

Il eût été difficile de trouver dans tout Paris deux cents convives plus hostiles au gouvernement que ne l'étaient ceux qui se trouvèrent réunis, à cinq heures de l'après-midi, dans une longue salle du rez-de chaussée sur le jardin.

J'étais placé entre Raspail, qui venait de refuser la croix, et un artiste du Théâtre-Français, qui était venu là avec moi, mais bien moins par conviction politique que par curiosité.

Marrast était dépositaire des toasts officiels qui devaient être portés, et il était bien convenu qu'on n'en porterait point d'autres que ceux qui avaient été approuvés par le président.

Les choses marchèrent assez convenablement pendant les deux tiers du dîner; mais, aux détonations des bouteilles de vin de Champagne qui commençaient à simuler une fusillade assez bien nourrie, les esprits s'exaltèrent, la conversation, naturellement toute politique, s'éleva jusqu'à un dialogue des plus hasardés, et, au milieu des toasts officiels, se glissèrent peu à peu les toasts particuliers.

Le premier toast illicite fut porté à Raspail, comme ayant refusé la croix de la Légion d'honneur. Fontan, qui venait de l'obtenir, prit la chose pour lui, et commença à s'enferrer dans un discours dont la majeure partie n'arriva pas à l'oreille des auditeurs. Le pauvre Fontan n'avait point le don de la parole, et, par bonheur, les applaudissements de ses amis couvrirent les hésitations de sa langue.

Je n'avais l'intention de porter aucun toast: je n'aime pas, à moins qu'une passion quelconque ne m'emporte, à parler en public. Cependant, les cris « Dumas! Dumas! Dumas! » me forcèrent d'élever mon verre.

Je portai un toast qui eût parut bien tiède, si, au lieu de venir avant les autres, il fût venu après. Ce toast, je l'avais complétement oublié: il y a huit jours que cet artiste dont je parlais tout à l'heure, et qui était venu au dîner sous mon patronage, me l'a rappelé. Le voici:

« *A l'art!* Puissent la plume et le pinceau concourir aussi efficacement que le fusil et l'épée à cette régénération sociale à laquelle nous avons voué notre vie, et pour laquelle nous sommes prêts à mourir! »

Il y a des moments où l'on applaudit tout: on applaudit mon toast. Pourquoi pas? On venait bien d'applaudir le discours de Fontan.

C'était le tour d'Étienne Arago. Il se leva.

« *Au soleil de* 1831! dit-il; puisse-t-il être aussi chaud que celui de 1830, et ne pas nous éblouir comme lui! »

Celui-là méritait et obtint une triple salve d'applaudissements.

Puis vinrent ceux de Godefroy et d'Eugène Cavaignac. J'ai le tort de ne pas me les rappeler; je regrette surtout d'avoir oublié celui d'Eugène, qui était des plus caractéristiques

Tout à coup, au milieu d'une conversation particulière avec mon voisin de gauche, le nom de Louis-Philippe, suivi de cinq ou six coups de sifflet, vint frapper mon oreille. Je me retournai.

Une scène des plus animées se passait à quinze ou vingt couverts de moi.

Un jeune homme, tenant de la même main son verre levé et un couteau-poignard ouvert, s'efforçait de se faire entendre. C'était Évariste Gallois, lequel fut, depuis, tué en duel par Pescheux d'Herbinville, ce charmant jeune homme qui faisait des cartouches en papier de soie, nouées avec des faveurs roses.

Évariste Gallois avait vingt-trois ou vingt-quatre ans à peine à cette époque; c'était un des plus ardents républicains.

Le bruit était tel, que la cause de ce bruit était devenue incompréhensible.

Ce que j'entrevoyais dans tout cela, c'est qu'il y avait menace; que le nom de Louis-Philippe avait été prononcé, — et ce couteau ouvert disait clairement à quelle intention.

Cela dépassait de beaucoup la limite de mes opinions républicaines: je cédai à la pression de mon voisin de gauche, qui, en sa qualité de comédien du roi, ne se souciait pas d'être compromis, et nous sautâmes, de l'appui de la fenêtre, dans le jardin.

Je rentrai chez moi assez inquiet: il était évident que cette affaire aurait des suites. En effet, deux ou trois jours après, Évariste Gallois fut arrêté.

A la fin de ce chapitre, nous le retrouverons devant la cour d'assises.

Cet événement tombait au milieu d'un autre événement qui, pour nous, avait une certaine gravité.

J'ai dit l'ordonnance rendue sur la croix de juillet, l'imposition de la légende *Donnée par le roi des Français*, et la substitution du ruban bleu liseré de rouge au ruban rouge liseré de noir. Cette ordonnance avait été signée par le roi dans un moment de mauvaise humeur

A une des séances auxquelles j'assistais dans le comité dont j'étais membre, un aide de camp du roi — M. de Rumigny, autant que je puis me le rappeler, mais je ne l'affirme point, — se présenta, demandant, au nom du roi et pour le roi, la décoration des trois jours, qui avait été votée d'enthousiasme à la Fayette, à Laffitte, à Dupont (de l'Eure) et à Béranger.

Cette démarche nous avait surpris, mais non pas intimidés; nous étions entrés en délibération, et nous avions décidé, à l'unanimité, que la décoration étant spécialement réservée aux combattants de nos trois jours, ou aux citoyens qui, sans combattre, avaient, pendant ces trois jours, pris une part active à la révolution, le roi, qui n'était entré dans Paris que le 30 au soir, n'avait aucun droit ni à la décoration ni à la médaille.

Cette décision avait été immédiatement transmise au messager, qui l'avait transmise toute chaude à son auguste commettant. Or, nous ne doutions pas que notre refus n'eût été la cause de l'ordonnance du 30 avril.

Je crois avoir dit encore qu'une protestation avait été rédigée par nous contre la couleur du ruban, la légende et le serment.

La surveille de notre repas aux *Vendanges de Bourgogne*, une assemblée générale avait eu lieu dans la salle de la Grande-Chaumière, située au passage du Saumon.

Le nombre total des décorés montait à quinze cent vingt-huit. Quatre cents appartenaient aux départements, le reste à Paris.

Convoqués à domicile, tous les décorés furent exacts à l'appel; nous nous trouvâmes réunis au nombre de mille, à peu près.

On procéda à la formation d'un bureau.

Le président fut élu par acclamation. C'était un ancien vainqueur de la Bastille, âgé de soixante et dix à soixante et quinze ans, et qui portait, auprès de la décoration du 14 juillet 1789, la croix du 29 juillet 1830.

M. de Talleyrand avait bien raison de dire que rien n'est plus dangereux que l'enthousiasme; nous sûmes, depuis, que notre président par acclamation était un vieux gueux qui avait passé en cour d'assises pour avoir violé une jeune fille.

Puis on procéda au scrutin.

Le bureau devait se composer de quatorze membres, un par arrondissement; le treizième et le quatorzième arrondissement représentaient la banlieue.

Par le plus grand des hasards, je retrouve sous ma main la liste des membres de ce bureau; la voici :

Premier arrondissement: Lamoure; deuxième: Étienne Arago; troisième: Trélat; quatrième: Moussette; cinquième: Higonnet; sixième: Bastide; septième: Garnier-Pagès; Huitième: Villeret; neuvième: Gréau; dixième: Godefroy Cavaignac; onzième; Raspail; douzième: Bavoux; treizième: Geibel: quatorzième: Alexandre Dumas.

Les noms des quatorze membres furent proclamés au milieu des applaudissements, puis on procéda à la discussion.

D'abord, l'assemblée fut mise au courant de la situation. Ensuite, on posa les différentes questions sur lesquelles on était appelé à délibérer. Toutes ces questions furent résolues à la majorité, par épreuvre et contre-épreuve.

Voici le résultat de la séance, qui fut envoyé immédiatement aux trois journaux *le Temps*, *le Courrier*, *le National*.

« Pas de serment, attendu que la loi sur les récompenses nationales n'en prescrit pas.

» Pas de *Donnée par le roi*; la croix de juillet est une récompense nationale, et non royale.

» Tout décoré de juillet s'engage sur l'honneur à porter sa croix, se trouvant autorisé à cet acte par l'insertion de son nom sur la liste émanée du comité des récompenses nationales.

» Le roi ne peut être chef d'un ordre dont il n'est point chevalier.

» Le roi, fût-il chevalier de juillet, et il ne l'est pas, son fils, en héritant du trône, n'hériterait point de la décoration. Donc, il n'y a aucune identité entre sa position à l'égard de la décoration de juillet et sa position à l'égard de la Légion d'honneur et autres ordres qui se transmettent avec la royauté.

» Le droit acquis à la place de Grève, au Louvre et à la caserne de Babylone, est antérieur à tous autres droits : on ne peut, sans tomber dans l'absurde, supposer la décoration donnée par un roi qui n'existait point à cette époque, et pour la personne duquel, nous l'avouons hautement, nous ne nous battions point alors.

» Quant au ruban, comme son changement de couleur ne change rien au principe, le ruban proposé par le gouvernement est adopté. »

Ce dernier article souleva une longue et chaude discussion. A mon avis, la couleur du ruban était chose indifférente ; d'ailleurs, céder sur un point, c'était prouver qu'il n'y avait pas chez nous parti pris de tout refuser. J'obtins la parole, et j'amenai la majorité de l'assemblée à mon opinion.

Aussitôt ce point voté, je tirai de ma poche trois ou quatre mètres de ruban bleu liséré de rouge dont je m'étais muni à l'avance, et j'en décorai le bureau et ceux des membres de l'ordre qui se trouvaient les plus proches de moi. Au nombre de ceux-là était Charras. Je ne le revis que vingt-deux ans plus tard, — en exil.

A peine se fut-on aperçu qu'une vingtaine de membres étaient décorés, que chacun voulut l'être ; on envoya chercher une cinquantaine de mètres de ruban, et les mille spectateurs sortirent du passage du Saumon avec le ruban de juillet à leur boutonnière.

Cette séance du 7 mai fit grand bruit dans Paris. *Le Moniteur* s'en occupa pour mentir, selon son habitude. Il annonça que les décisions n'avaient point été prises à l'unanimité, et que beaucoup de décorés avaient protesté, séance tenante.

Aucune protestation, au contraire, n'avait été faite. Cette seule note était parvenue au bureau :

« Je demande que toute protestation contre tout ou partie de l'ordonnance relative à la distribution de la croix de juillet soit abandonnée à chacun des intéressés, et qu'aucune mesure générale ne puisse être opposée à aucun d'eux, chacun de nous devant rester parfaitement libre de protester ou de ne pas protester.

» HUET. »

Cette note fut lue à haute voix, et couverte de huées.

Nous envoyâmes au *Moniteur* ce démenti signé de nos quatorze noms :

A M. le rédacteur du MONITEUR UNIVERSEL.

« Monsieur le rédacteur,

» Vous accusez de mensonge le procès-verbal de la séance des décorés de juillet, vous qui n'y assistiez pas, et qui ne faites point partie des combattants des trois jours.

» Nous affirmons, nous, qu'il ne contient que l'exacte vérité.

» Nous ne discuterons point l'illégalité de l'ordonnance du 30 avril ; elle a été suffisamment établie par les journaux.

» Nous dirons seulement qu'il est faux qu'un combattant de 1789 et de 1830 ait été amené à la séance par suite d'une surprise préparée. Le citoyen Decombis est venu spontanément raconter comment avait été distribuée la décoration de 1789, et la volonté, également spontanée, de l'assemblée l'a appelé au bureau. Ce n'est point, comme vous le dites, un petit nombre d'hommes qui a protesté contre l'ordonnance : la réunion se composait de plus de mille décorés. L'illégalité du serment et de la légende *Donnée par le roi*, a été reconnue *à l'unanimité*.

Aucun des membres présents n'a levé la main à la contre-épreuve ; tous l'avaient levée avec enthousiasme pour refuser de souscrire à cette double illégalité, et, cela, nous pouvons l'affirmer en toute sécurité ; car, de peur que toutes les questions n'eussent pas été bien comprises, chaque épreuve et chaque contre-épreuve ont été renouvelées.

» Il y a plus : tous les décorés sont restés dans la salle plus d'une heure après la séance, attendant les rubans, et, pendant ce temps-là, aucune réclamation ne s'est élevée contre le résultat de la délibération.

» Voilà ce que nous affirmons, nous qui n'avons jamais trafiqué de notre plume ni de notre serment.

» *Signé :* Lamoure, Ét. Arago, Trélat, Moussette, Higonnet, Bastide, Garnier-Pagès, Villeret, Gréau, G. Cavaignac, Raspail, Bavoux, Geibel, Alex. Dumas. »

L'affaire, comme je l'ai dit, eut du retentissement ; elle avait en effet quelque importance : un ordre de chevalerie républicaine venait d'être institué en dehors de la protection et de la surveillance du gouvernement. Mille chevaliers de cet ordre, ne relevant que d'eux seuls, n'ayant fait de serment qu'à leur conscience, pouvant se faire reconnaître à un signe, veillaient debout le fusil de juillet à la main.

Le gouvernement recula.

Le 13 mai, le roi rendit une ordonnance décidant que la croix de juillet serait remise par les maires, aux citoyens de Paris et de la banlieue compris dans l'état nominatif et dans la liste supplémentaire qu'avait dressés la commission des récompenses nationales.

A cet effet, un registre devait être ouvert dans toutes les mairies pour recevoir le serment des décorés.

Les maires n'eurent pas grande besogne, et les registres restèrent à peu près immaculés. Chacun de nous se paya sa décoration, et l'on se cotisa pour acheter des croix à ceux qui n'avaient pas le moyen de faire cette dépense : le gouvernement nous laissa tous parfaitement tranquilles.

J'ai dit que Gallois avait été arrêté. Son procès s'instruisait rapidement : le 15 juin, il comparut devant la cour d'assises.

Je n'ai rien vu de plus simple et de plus carré que ce procès, dans lequel l'accusé semblait prendre à tâche de fournir aux juges les preuves qui pouvaient leur manquer.

Voici l'acte d'accusation. — Il m'apprit, au reste, des faits que j'ignorais encore ; emporté d'un autre côté par la rapidité des événements, je ne m'étais plus occupé de cette soirée si orageuse. On vivait vite, et d'une façon fort mouvementée, à cette époque.

Écoutons M. le procureur du roi :

« Le 9 mai dernier, une réunion de deux cents personnes s'assembla au restaurant des *Vendanges de Bourgogne*, faubourg du Temple pour célébrer l'acquittement de MM. Trélat, Cavaignac et Guinard. Le repas eut lieu dans une salle du rez-de-chaussée donnant sur le jardin. Divers toasts furent portés où se trouvaient exprimées les opinions les plus hostiles contre le gouvernement actuel.

» C'est au milieu de cette réunion qu'Évariste Gallois se leva et dit à haute voix, de son propre aveu : *A Louis-Philippe!* en tenant un poignard à la main. Il répéta deux fois ce cri. Plusieurs personnes l'imitèrent en levant le bras, et en criant à leur tour : *A Louis-Philippe!* Alors, des sifflets se firent entendre, soit que les convives voulussent désavouer cet affreux attentat, soit, *comme le déclare Gallois*, qu'on supposât qu'il portait la santé du roi des Français; il est, cependant, bien établi que plusieurs convives blâmèrent hautement ce qui s'était passé.

» Le couteau-poignard avait été commandé par Gallois, le 6 mai, au coutelier Henry. Il avait paru très-pressé de l'avoir, en alléguant faussement un voyage. »

Nous allons maintenant reproduire l'interrogatoire du prévenu dans toute sa simplicité.

LE PRÉSIDENT. — Accusé Gallois, faisiez-vous partie de la réunion qui eut lieu, le 9 mai dernier, aux *Vendanges de Bourgogne*?

L'ACCUSÉ. — Oui, monsieur le président; et même, si vous voulez me permettre de vous renseigner sur les faits qui s'y sont passés, je vous épargnerai la peine de m'interroger.

LE PRÉSIDENT. — Nous écoutons.

L'ACCUSÉ. — Voici l'exacte vérité sur l'événement auquel je dois *l'honneur* de comparaître devant vous. J'avais un couteau qui avait servi à découper pendant tout le temps du repas; au dessert, je levai ce couteau en disant : *A Louis-Philippe... s'il trahit!* Ces derniers mots n'ont été entendus que de mes voisins, attendu les sifflets féroces qu'avait soulevés la première partie de ma phrase, et l'idée que je pouvais porter un toast à cet homme.

D. — Dans votre opinion, un toast porté à la santé du roi était donc proscrit dans cette réunion?

R. — Pardieu!

D. — Un toast porté purement et simplement à Louis-Philippe, roi des Français, eût alors excité l'animadversion de l'assemblée?

R. — Assurément.

D. — Votre intention était donc de dévouer le roi Louis-Philippe au poignard?

R. — Dans le cas où il trahirait, oui, monsieur.

D. — Était-ce, de votre part, la manifestation d'un sentiment qui vous fût personnel, de présenter le roi des Français comme digne de recevoir un coup de poignard, ou bien était-ce votre intention de provoquer les autres à une pareille action?

R. — Je voulais provoquer à une pareille action dans le cas où Louis-Philippe trahirait, c'est-à-dire dans le cas où il oserait sortir de la légalité.

D. — Comment supposez-vous cet abandon de la légalité de la part du roi?

R. — Tout engage à croire qu'il ne tardera pas à se rendre coupable de ce crime, si ce n'est déjà fait.

D. — Expliquez votre pensée.

R. — Je la croyais claire.

D. — N'importe! expliquez-la.

R. — Eh bien, je dirai que la marche du gouvernement peut faire supposer que Louis-Philippe trahira un jour, s'il n'a déjà trahi.

On comprend qu'avec une pareille lucidité dans les demandes et dans les réponses, les débats devaient être courts.

Les jurés se retirèrent dans la salle des délibérations, et

rapportèrent un verdict d'acquittement. — Tenaient-ils Gallois pour fou, ou étaient-ils de son avis ?

Gallois fut mis en liberté à l'instant même.

Il alla droit au bureau sur lequel son couteau était déposé tout ouvert comme pièce de conviction, le prit, le ferma, le mit dans sa poche, salua le tribunal et sortit.

Je le répète, c'était une rude génération que celle-là ! un peu folle peut-être ; mais vous vous rappelez la chanson de Béranger sur *les Fous*.

CCV

Incompatibilité de la littérature et des émeutes. — *La Maréchale d'Ancre*. — Mon opinion sur cette pièce. — *Farruck le Maure*. — Débuts d'Henry Monnier au Vaudeville. — Je quitte Paris. — Rouen. — Le Havre. — Je médite d'aller explorer Trouville. — Qu'est-ce que Trouville ? — L'Anglaise poitrinaire. — Honfleur. — Par terre ou par mer.

C'était une vie fatigante que celle que nous menions : chaque jour amenait son émotion, soit politique, soit littéraire.

Antony poursuivait le cours de son succès au milieu des émeutes.

Tous les soirs, sans que l'on pût lui assigner de motif quelconque, un rassemblement se formait sur le boulevard. Le lieu du rassemblement variait du théâtre du Gymnase au théâtre de l'Ambigu. D'abord composé de cinq ou six personnes, il s'augmentait progressivement ; les sergents de ville, alors, apparaissaient, se promenaient d'un air provocateur sur le boulevard ; les gamins leur jetaient des trognons de chou ou des tronçons de carotte, et cela suffisait pour constituer, au bout d'une demi-heure ou d'une heure, une bonne petite émeute qui commençait à cinq heures du soir, et finissait à minuit.

Cette irritation populaire et quotidienne attirait beaucoup de monde sur le boulevard, et très-peu au spectacle. *Antony* était la seule pièce qui bravât l'émeute et la chaleur par une moyenne de douze à quinze cents francs de recette.

Mais il y avait une telle stagnation dans les affaires, une telle crainte répandue dans le commerce de librairie, que ces mêmes éditeurs qui m'avaient offert six mille francs d'*Henri III* et douze mille francs de *Christine*, osaient à peine m'offrir d'imprimer *Antony* à moitié frais et de compte à demi. Je fis imprimer la pièce, non pas à moitié frais avec un libraire, mais bien à mes frais tout entiers.

Il n'y avait pas moyen pour moi de rester plus longtemps à Paris : les émeutes me mangeaient beaucoup trop de temps et d'argent. *Antony* ne rapportait pas assez pour entretenir un homme sur le pied de guerre ; et puis j'étais aiguillonné du démon poétique, qui me poussait à faire quelque chose de nouveau.

Mais le moyen de travailler à Paris, au milieu des réunions de la Grande-Chaumière, des dîners aux *Vendanges de Bourgogne*, et des procès en cour d'assises?

Je m'abouchai avec Cavaignac et Bastide ; j'appris qu'il n'y aurait rien de sérieux à Paris pendant six mois ou un an, et j'obtins un congé d'un trimestre.

Seulement, deux motifs me retenaient encore à Paris : la première représentation de *la Maréchale d'Ancre* et les débuts d'Henry Monnier.

De Vigny, qui n'avait encore hasardé au théâtre que sa traduction d'*Othello*, dont j'ai parlé en son temps, allait y faire sa véritable entrée par *la Maréchale d'Ancre*.

C'était un beau sujet ; j'avais été sur le point de le traiter. J'y avais renoncé parce que mon bon et savant ami Paul Lacroix, plus connu alors sous le nom de bibliophile Jacob, avait commencé un drame sur le même sujet.

Louis XIII, cet enragé chasseur à la pie-grièche, échappant à la tutelle de sa mère par un crime, proclamant sa majorité au bruit de la pistolade qui tue le favori de Marie de Médicis, décidant cette infâme action tout en jouant aux échecs avec son favori de Luynes, plus vieux que lui de deux ans à peine; ce monarque, timide au conseil et brave à l'armée, véritable

Valois égaré parmi les Bourbons, maigre, douloureuse et maladive figure, placée de profil entre Henri IV et Louis XIV, qui l'étouffent, l'un de sa bonté, l'autre de sa grandeur ; — ce Louis XIII me promettait une curieuse figure royale à modeler, à moi qui avais déjà jeté Henri III à la fonte, et qui devais plus tard y jeter Charles IX.

Mais, comme je l'ai dit, j'y avais renoncé. De Vigny, qui ne connaissait point Paul-Lacroix, ou qui le connaissait à peine, n'avait pas le même motif d'abstention, et il avait, sur ce sujet, fait recevoir à l'Odéon un drame en cinq actes en prose. C'était encore une bataille à livrer.

De Vigny, à cette époque, comme aujourd'hui même encore, je crois, appartenait au parti royaliste. Il y avait donc à combattre pour lui deux choses : les ennemis que lui faisait son opinion, et ceux que lui faisait son talent, — talent froid, sobre, charmant, plus rêveur qu'actif, plus spirituel qu'ardent, plus nerveux que fort.

La pièce était admirablement montée. Mademoiselle Georges jouait la maréchale d'Ancre ; Frédérick, Concini ; Ligier, Borgia ; Noblet, Isabelle.

Notre différence d'envisager le drame, entre de Vigny et moi, éclate dans cette seule nomenclature d'acteurs. On y cherche vainement Louis XIII. — J'en eusse fait mon personnage principal.

Au reste, l'absence de Louis XIII dans le drame de de Vigny tient peut-être plus à une opinion politique qu'à une combinaison littéraire. L'auteur, royaliste, comme je l'ai dit, aura mieux aimé laisser la royauté dans la coulisse que de montrer au public sa face pâle et tachée de sang.

La Maréchale d'Ancre est plutôt un roman qu'une pièce de théâtre ; l'intrigue est trop compliquée dans les coins, si l'on peut dire cela, et trop simple dans le milieu. La maréchale tombe sans lutte, sans péripétie, sans se retenir à rien : elle glisse, et elle est à terre ; du moment où elle est arrêtée, elle est morte.

Quant à Concini, comme l'auteur en était fort embarrassé durant tout cela, il lui a fait passer dix heures chez un juif, à attendre une jeune fille qu'il a vue une fois; et, au moment où il apprend que Borgia est près de sa femme, au moment où la jalousie devrait lui donner des ailes pour courir au Louvre, il se perd dans un escalier.

Pendant tout le quatrième acte, c'est-à-dire pendant qu'on a conduit sa femme à la Bastille, pendant qu'on l'a jugée, pendant qu'on l'a condamnée, il a tâtonné, cherché la rampe, cherché la porte; sorti de la chambre d'Isabelle à la fin du troisième acte, il ne reparaît dans la rue qu'au commencement du cinquième, et, cela, pour venir mourir au coin de la rue de la Ferronnerie.

C'est là l'idée principale du drame. Selon l'auteur, Concini est le véritable assassin d'Henri IV; Ravaillac n'est que le couteau. Voilà pourquoi, au lieu d'être tué sur la borne de la cour du Louvre, le maréchal d'Ancre est tué sur la borne de la rue de la Ferronnerie, à l'endroit même où s'appuya l'assassin pour donner le terrible coup de couteau du vendredi 14 mai 1610.

Au reste, je suis de l'avis de l'auteur; je ne crois pas qu'il soit bien nécessaire qu'une œuvre d'art ait toujours, pour autorité, « un parchemin par crime, et un in-folio par passion. » Il y a longtemps que j'ai dit qu'en matière de théâtre surtout, il me paraissait permis de violer l'histoire, pourvu qu'on lui fît un enfant; mais faire tuer Henri IV par Concini, sans autre but pour Concini que de régner, après la mort du Béarnais, par la reine et sur la reine, c'est donner une bien petite raison à un si grand crime. Soit, mettez Concini derrière Ravaillac; mais, derrière Concini, mettez la reine et d'Épernon, et, derrière la reine et d'Épernon, mettez cette éternelle ennemie de la France, l'Autriche! l'Autriche, qui n'a jamais touché à la France qu'avec la pointe du couteau de Jacques Clément, du poignard de Ravaillac ou du canif de Damiens, sachant bien qu'il était trop dangereux de la toucher avec la pointe d'une épée.

Le succès fut un peu froid, malgré les beautés de premier ordre que renferme l'ouvrage, beautés de style surtout. Un accident y contribua : après les deux premiers actes, les meilleurs à mon avis, je ne sais quel caprice prit à Georges; elle simula une indisposition, et le régisseur, en habit noir et en cravate blanche, vint annoncer aux spectateurs que le reste de la représentation était remis à un autre jour.

En effet, *la Maréchale d'Ancre* ne fut reprise que huit ou dix jours après. Il fallait une rude constitution pour résister à un pareil échec! *La Maréchale d'Ancre* y résista, et poursuivit un cours honorable de représentations.

Entre *la Maréchale d'Ancre* et les débuts d'Henry Monnier, passa, à la Porte-Saint-Martin, un drame en trois actes, patronné par Hugo et par moi : c'était *Farruck le Maure*, du pauvre Escousse. La pièce n'était pas bonne, et eut, grâce à Bocage, un succès supérieur à celui que l'on en pouvait attendre. Depuis, elle prit une certaine importance lors du suicide de l'auteur, lequel, à son tour, fut plus connu par la chanson ou plutôt par l'élégie de Béranger qu'il ne l'avait été par les deux pièces qu'il avait fait jouer.

Nous reviendrons sur ce malheureux enfant et sur Lebras, son compagnon de suicide.

Ce fut le 5 juillet que débuta Henry Monnier. Je doute que jamais début ait produit une telle émotion littéraire. Henry Monnier avait alors vingt-six ou vingt-huit ans; il était connu dans le monde artistique sous une triple face.

Comme peintre, élève de Girodet et de Gros, il avait, à son retour d'un voyage en Angleterre, fait faire les premières gravures sur bois qui aient été exécutées à Paris, et publié les *Mœurs administratives*, les *Grisettes* et les *Illustrations de Béranger*.

Comme auteur, à l'instigation de Latouche, son ami, il avait fait imprimer ses *Scènes populaires*, grâce auxquelles la renommée du gendarme français et du titi parisien s'est étendue jusqu'au bout du monde.

Enfin, comme comédien de société, il avait fait la joie de nos soupers en nous jouant, derrière une tapisserie ou un paravent, sa *Halte d'une diligence*, son *Étudiant* et sa *Grisette*, sa *Femme qui a trop chaud* et son *Ambassade de M. de Cobentzel*.

A force d'être applaudi dans les salons, il avait eu l'idée de se hasarder au théâtre, et il s'était fait à lui-même, et pour ses propres débuts, une pièce intitulée *la Famille improvisée*, et qu'il avait tirée de ses *Scènes populaires*.

Deux types créés par Henry Monnier sont restés et resteront : c'est Joseph Prudhomme, professeur d'écriture, élève de Brard et Saint-Omer, et Coquerel, amant de la Duthé et de la Briand.

J'ai parlé de la salle du Théâtre-Français le jour de la première représentation d'*Henri III* ; la salle du Vaudeville n'était pas moins remarquable dans la soirée du 5 juillet : toutes les illustrations littéraires et artistiques semblaient s'être donné rendez-vous rue de Chartres.

En peintres et en sculpteurs, Picot, Gérard, Horace Vernet Carle Vernet, Delacroix, Boulanger, Pradier, Desbœufs, les Isabey, Thiolier, que sais-je, moi? En poëtes, Chateaubriand, Lamartine, Hugo, nous tous, enfin. En artistes dramatiques, mademoiselle Mars, mademoiselle Duchesnois, mademoiselle Leverd, Dorval, Perlet, Nourrit, tous les acteurs qui n'étaient pas forcés d'être en scène ce soir-là. En gens du monde, Vaublanc, Mornay, Blancménil, madame de la Bourdonnaie, la spirituelle madame O'Donnell, l'éternelle madame de Pontécoulant, Châteauvillars, qui a le privilége de ne vieillir ni de visage ni d'esprit, madame de Castries, le faubourg Saint-Germain, la Chaussée-d'Antin et le faubourg Saint-Honoré. En journalistes, la presse toute entière.

Le succès fut immense. Henry Monnier reparut deux fois, rappelé d'abord comme acteur, ensuite comme auteur.

On était, je l'ai dit, au 5 juillet; à partir de ce jour jusqu'à la fin de décembre, la pièce ne quitta point l'affiche.

Le lendemain, je partis.

Où allais-je? Je n'en savais rien. J'avais jeté une plume au vent; le vent, ce jour-là, venait du midi : il avait poussé ma plume vers le nord. J'allais donc vers le nord, au Havre probablement.

Il y a un invincible attrait qui vous ramène, d'ailleurs, vers les lieux qu'on a déjà visités.

On se le rappelle, j'avais déjà été au Havre en 1828, et j'avais refait *Christine*, comme plan du moins, dans la voiture de Paris à Rouen.

Puis c'est une si belle ville à voir que Rouen avec sa cathédrale, son église Saint-Ouen, ses vieilles maisons de bois sculpté, son hôtel de ville, son hôtel Bourgtheroude, qu'on meurt d'envie de la revoir!

Je m'arrêtai un jour à Rouen.

Le lendemain, le bateau partait à six heures du matin.

A cette époque, on mettait encore quatorze heures à aller de Paris à Rouen en diligence, et dix heures à aller de Rouen au Havre en bateau.

Aujourd'hui, par l'*express-train*, on met trois heures et demie!

Il est vrai que l'on part, que l'on arrive,—quand on arrive,— mais que l'on ne voyage pas; vous ne voyez ni Jumièges, ni la Meilleraie, ni Tancarville, ni toute cette charmante côte de Villequier où, un jour,—dix ans après celui où j'y passai, — la fille de notre grand poëte trouva la mort au milieu d'une partie de plaisir.

Pauvre Léopoldine! elle serait à Jersey aujourd'hui, complétant la pieuse colonie qui rend, sinon la patrie, du moins la famille à notre Dante exilé, et rêvant un autre *Enfer!*

Oh! que ne suis-je le mystérieux inconnu dont le bras élastique s'étendait d'un côté à l'autre du Guadalquivir, pour offrir du feu au cigare de don Juan! comme j'étendrais, chaque matin et chaque soir, mon bras de Bruxelles à Jersey pour toucher la main amie qui a écrit les plus beaux vers et la plus vigoureuse prose qui aient été écrits dans ce siècle!

On ne voit pas non plus Harfleur avec son ravissant clocher, bâti par les Anglais; ce qui faisait dire à je ne sais plus quel évêque voyageant pour s'instruire : « Je me doutais bien que cela n'avait pas été fait ici! »

Mais, enfin, on va au Havre, on revient le même jour, et l'on peut encore être à Aix-la-Chapelle le lendemain matin.

Supprimer la distance, c'est augmenter la durée du temps.

Désormais, on ne vivra pas plus longtemps; seulement, on vivra plus vite.

Arrivé au Havre, je me mis en quête d'un endroit où passer un mois ou six semaines; je demandai un village, un coin, un trou, pourvu qu'il fût au bord de la mer : on me nomma Sainte-Adresse et Trouville.

Un instant, je flottai entre les deux pays, qui m'étaient aussi inconnus l'un que l'autre; mais, ayant poussé plus loin mes informations, et ayant appris que Trouville était encore plus isolé, plus perdu, plus solitaire que Sainte-Adresse, j'optai pour Trouville.

Puis je me rappelai, comme on se rappelle un rêve, que mon bon ami Huet, le paysagiste, le peintre des marais et des grèves, m'avait parlé d'un charmant village au bord de la mer où il avait failli s'étrangler avec une arête de sole, et que ce village s'appelait Trouville. Seulement, il avait oublié de me dire comment on allait à Trouville.

Il fallut m'en enquérir. Il y avait au Havre infiniment plus d'occasions pour Rio-de-Janeiro, pour Sidney ou pour la côte de Coromandel qu'il n'y en avait pour Trouville.

Trouville, comme latitude, était alors à peu près aussi ignoré que l'île de Robinson Crusoë.

Des navigateurs, en allant de Honfleur à Cherbourg, avaient signalé de loin Trouville comme une petite colonie de pêcheurs qui, sans doute, commerçait avec la Délivrande et Pont-l'Évêque, ses voisins les plus proches; mais on n'en savait pas davantage. Quant à la langue que parlaient ces pêcheurs, on l'ignorait complètement; toutes les relations qu'on avait eues jusqu'alors avec eux, on les avait eues de loin et par signes.

J'ai toujours eu la rage des découvertes et des explorations; je résolus, sinon de découvrir, du moins d'explorer Trouville, et de faire, pour la rivière de la Touque, ce que Levaillant, ce voyageur chéri de mon enfance, avait fait pour la rivière des Éléphants.

Cette résolution prise, je sautai dans le bateau qui allait à Honfleur, où de nouveaux renseignements sur la route à suivre devaient m'être donnés.

Nous arrivâmes à Honfleur. Pendant cette traversée de deux heures faite au moment du flux, tout le monde eut le mal de mer, excepté une belle Anglaise poitrinaire, aux longs cheveux flottants, aux joues de pêche et de rose, qui combattait le fléau à grands verres d'eau-de-vie! Je n'ai jamais rien vu de plus triste que cette belle figure debout et errante sur le pont du bâtiment, tandis que tout le monde était assis ou couché; elle, dévouée à la mort avec toutes les apparences de la bonne santé, tandis que tous ces passagers, qui semblaient près de mourir devaient, comme tant d'autres Antées, reprendre leurs forces dès qu'ils toucheraient la terre. Si les spectres existent, ils doivent marcher, regarder et sourire comme marchait, regardait et souriait cette belle Anglaise.

En abordant à Honfleur, au moment où le bâtiment s'arrêta, sa mère et un jeune frère blond et rose comme elle semblèrent se lever comme d'un champ de bataille, et la rejoignirent d'un pas traînant. Elle, au contraire, pendant que nous reconnaissions nos malles et nos portemanteaux, franchit légèrement le pont-levis qui venait d'amarrer au rivage le paquebot en miniature, et disparut à l'angle d'une rue de Honfleur.

Je ne l'ai jamais revue, et je ne la reverrai probablement jamais que dans la vallée de Josaphat; mais, si je la revois, là ou ailleurs, — en ce monde, ce qui me paraît peu possible, ou dans l'autre, ce qui me paraît peu probable, — je réponds que, du premier coup d'œil, je la reconnaîtrai.

A peine à Honfleur, nous nous occupâmes de savoir par quels moyens nous pourrions nous transporter à Trouville.

Il y avait deux moyens d'y arriver : la voie de terre et la voie de mer.

Par la voie de terre, on nous offrait une mauvaise charrette et deux mauvais chevaux; cette mauvaise charrette et ces deux mauvais chevaux, moyennant vingt francs, nous voitureraient par un mauvais chemin, et, au bout de cinq heures, nous arriverions à Trouville.

Par la voie de mer, on nous offrait, à la marée descendante, c'est-à-dire dans deux heures, une jolie barque avec quatre vigoureux rameurs; un voyage pittoresque le long des côtes, où je trouverais force oiseaux, tels que mouettes, goëlands, plongeons; à droite, l'Océan infini; à gauche, des falaises gigantesques. Puis, si le vent était bon, — et il ne pouvait manquer d'être bon, les matelots ne doutent jamais de cela! — puis, si le vent était bon, deux heures de traversée seulement.

Il est vrai que, si le vent était mauvais, il fallait aller à la rame, et qu'on ne savait pas quand on arriverait.

Enfin, on nous demandait douze francs au lieu de vingt.

Par bonheur, ma compagne de voyage — car j'ai oublié de dire que j'avais une compagne de voyage — était une des personnes les plus économes que j'aie connues; quoiqu'elle eût été assez malade pendant la traversée du Havre à Honfleur, cette économie de huit francs la toucha, et, comme je lui avais galamment laissé le choix entre les deux moyens de transport, elle se décida pour le bateau.

Deux heures après, nous quittions Honfleur avec les premiers mouvements du reflux.

CCVI

Aspect de Trouville. — La mère Oseraie. — Comment on se couche à Trouville quand on est marié! — Le prix des peintres, et celui du commun des martyrs. — Les connaissances de la mère Oseraie. — De quelle manière elle avait sauvé la vie au paysagiste Huet. — Ma chambre et celle de ma voisine. — Un dîner de vingt francs pour cinquante sous. — Promenade sur la plage. — Résolution héroïque.

Le temps fit honneur à la parole de nos matelots: la mer était calme, le vent bon; et, après une charmante traversée de trois heures, en suivant cette côte pittoresque du haut de laquelle, seize ans plus tard, le roi Louis-Philippe, à qui nous venions de faire une si rude guerre, devait, avec tant d'angoisse, interroger la mer, et lui demander un bâtiment, ne fût-ce qu'une simple barque pareille à celle que trouva Xerxès pour traverser l'Hellespont, — nos matelots signalèrent Trouville.

Trouville se composait, alors, de quelques maisons de pêcheurs groupées sur la rive droite de la Touque, à l'embouchure de cette rivière, entre deux petites chaînes de collines qui enferment cette charmante vallée comme un écrin renferme une parure. Le long de la rive gauche s'étendaient d'immenses pâturages qui me promettaient une magnifique chasse aux bécassines.

La mer était retirée, et la plage, unie et resplendissante comme un miroir, était à sec.

Nos matelots nous firent monter à califourchon sur leurs épaules, et nous descendirent sur le sable.

Il y a pour moi, dans la vue de la mer, dans l'aspiration de ses âcres senteurs, dans son murmure éternel, une fascination immense. Quand il y a longtemps que je n'ai vu la mer, je m'ennuie d'elle comme d'une maîtresse bien-aimée, et, bon gré mal gré, il faut que je revienne, pour la vingtième fois, respirer son haleine et savourer ses baisers. Les trois mois, sinon les plus heureux, du moins les plus sensuels de ma vie, furent ceux que je passai, avec mes matelots siciliens, dans un *speronare*, pendant mon odyssée sur la mer Tyrrhénienne. Mais, alors, je débutais dans ma carrière maritime, et, pour un début, ce n'était point mal, on en conviendra, de découvrir un port de mer tel que Trouville.

La plage, au reste, était vivante et animée comme dans un jour de foire. A notre gauche, au milieu d'un archipel de roches, tout un monde d'enfants récoltait de pleins paniers de moules ; à notre droite, des femmes, à grands coups de bêche, fouillaient le sable, pour en tirer des espèces de petites anguilles qui ressemblent aux fils de cette salade qu'on appelle de la barbe de capucin; enfin, tout autour de notre petite barque, encore flottante, mais qui promettait d'être bientôt à sec, une foule de pêcheurs et de pêcheuses de crevettes marchaient au pas gymnastique, ayant de l'eau jusqu'à la ceinture, et poussant devant eux le filet emmanché d'une longue perche où ils font leur grouillante récolte.

Nous nous arrêtions à chaque pas ; tout était nouveau pour nous sur cette plage inconnue. Cook, abordant aux îles des

Amis, n'était pas plus préoccupé ni plus heureux que moi. Ce que voyant nos matelots, ils nous annoncèrent qu'ils allaient porter nos malles à l'auberge et y annoncer notre venue.

— A l'auberge ! mais à laquelle ? demandai-je.

— Il n'y a pas à se tromper, répondit le loustic de la troupe, il n'y en a qu'une.

— A quelle enseigne ?

— Elle n'a pas d'enseigne. Vous demanderez la mère Oseraie ; le premier venu vous indiquera sa maison.

Ce renseignements nous rassura, et nous n'hésitâmes plus à flâner en toute conscience sur la plage de Trouville.

Une heure après, des flots de sable traversés, deux ou trois indications demandées en français et répondues en trouvillois, nous arrivâmes à aborder à notre auberge.

Une femme d'une quarantaine d'années, grasse, propre, avenante, le sourire narquois du paysan normand sur les lèvres, vint au-devant de nous.

C'était la mère Oseraie, laquelle ne se doutait peut-être pas de la célébrité que devait lui donner, un jour, le Parisien qu'elle recevait d'un air presque goguenard. Pauvre mère Oseraie ! si elle s'en fût doutée, peut-être m'eût-elle traité comme Platon, dans sa *République*, conseille de traiter les poëtes : couronnés de fleurs et mis à la porte ! Tout au contraire, elle s'avança à ma rencontre, et, après m'avoir regardé avec curiosité, des pieds à la tête :

— Bon ! c'est vous ? dit-elle.

— Comment, c'est moi ? lui demandai-je.

— Oui, puisqu'on a apporté vos paquets et retenu deux chambres.

— Ah ! bien, je comprends.

— Pourquoi deux chambres ?

— Une pour moi, une pour madame.

— Ah ! c'est que, chez nous, quand on est marié, on couche ensemble.

— D'abord, qui vous dit que madame et moi soyons mariés ?... Et puis, quand nous le serions, je suis de l'avis d'un de mes amis qu'on appelle Alphonse Karr !

— Eh bien, que dit-il, votre ami qu'on appelle Alphonse Karr?

— Il dit qu'au bout d'un certain temps, quand un homme et une femme n'ont qu'une chambre, ils cessent d'être amant et maîtresse, et deviennent mâle et femelle; voilà ce qu'il dit.

— Ah!... je ne comprends pas... Enfin, n'importe! vous voulez deux chambres?

— Parfaitement.

— Eh bien, vous les aurez; mais j'aurais mieux aimé que vous n'en prissiez qu'une.

Je n'affirmerais pas qu'elle dit *prissiez*, mais le lecteur me pardonnera d'ajouter cet enjolivement à notre dialogue.

— Bon! je vous vois venir, répondis-je; vous nous l'eussiez fait payer comme deux, et vous en eussiez eu une de plus à louer aux voyageurs.

— Justement!... Tiens, vous n'êtes pas encore trop bête pour un Parisien, vous!

Je saluai la mère Oseraie.

— Je ne suis pas tout à fait de Paris, lui dis-je; mais ça ne fait rien.

— Ainsi, vous voulez les deux chambres?

— J'y tiens.

— Je vous préviens qu'elles donnent l'une dans l'autre.

— A merveille!

— On va vous y conduire.

Elle appela une belle grosse fille au nez, aux yeux et aux jupes retroussés.

— Conduisez madame à sa chambre, dis-je à la servante; moi, je reste à causer avec la mère Oseraie.

— Pourquoi ça?

— Parce que je trouve votre conversation agréable.

— Farceur!

— Et puis je désire savoir un peu ce que vous me prendrez par jour.

— Et la nuit, ça ne compte donc pas?

— Par jour et par nuit.

— Il y a deux prix : quand ce sont des peintres, c'est quarante sous.

— Comment, quarante sous?... quarante sous pour quoi?

— Pour la nourriture et le logement, donc !

— Ah ! quarante sous !... Et combien de repas ?

— Tant qu'on veut ! deux, trois, quatre... à sa faim, quoi ?

— Bien ! vous dites donc que c'est quarante sous par jour ?

— Pour les peintres... Êtes-vous peintre, vous ?

— Non.

— Eh bien, ça sera cinquante sous, et cinquante sous pour votre dame, cent sous.

Je ne pouvais pas croire au chiffre.

— Cent sous, alors... pour deux, trois ou quatre repas et deux chambres ?

— Cent sous... Est-ce que vous croyez que c'est trop cher ?

— Non, si vous ne nous augmentez pas.

— Et pourquoi donc faire vous augmenterais-je ?

— Dame ! ça s'est vu.

— Ah ! pas ici... Si vous étiez peintre, ça ne serait que quarante sous.

— D'où vient ce rabais au profit des peintres ?

— C'est que ce sont de bons enfants, et que je les aime. Ce sont eux qui ont commencé la réputation de mon auberge.

— A propos, connaissez-vous un peintre nommé Decamps ?

— Decamps ? Je crois bien !

— Et Jadin ?

— Jadin ? Je ne connais que ça.

Je crus que la mère Oseraie se vantait ; mais j'avais une pierre de touche.

— Et Huet ? lui demandai-je.

— Oh ! celui-là, certainement que je le connais aussi.

— Vous ne vous rappelez rien de particulier sur lui ?

— Si fait, je me rappelle que je lui ai sauvé la vie.

— Bah ! et comment cela, donc ?

— Un jour qu'il s'étranglait avec une arête de sole... Faut-il être bête de s'étrangler avec une arête de sole !

— Et de quelle façon lui avez-vous sauvé la vie ?

— Ah! ça, il était temps. Figurez-vous qu'il était déjà cramoisi.

— Que lui avez-vous fait?

— Je lui ai dit : « Prenez patience, et attendez-moi. »

— Ce n'est pas facile de prendre patience, quand on s'étrangle.

— Dame! que voulez-vous! ce n'était pas ma faute... Alors, j'ai couru le plus vite que j'ai pû au jardin; j'ai arraché un poireau, je l'ai lavé, j'en ai coupé la barbe, et je lui ai fourré le poireau jusqu'au fond du gosier... C'est souverain pour les arêtes!

— En effet, je le crois.

— Aussi, il ne parle jamais de moi que les larmes aux yeux.

— D'autant plus que le poireau est de la famille des oignons... C'est égal, ça me contrarie.

— Qu'est-ce qui vous contrarie? qu'il ne se soit pas étranglé, ce pauvre cher homme?

— Non pas! non pas! j'en suis enchanté, et je vous remercie en son nom et au mien : c'est un de mes amis et, de plus, un homme d'un grand talent... Mais je suis contrarié que Trouville ait été découvert par trois peintres avant de l'être par un poëte.

— Vous êtes donc poëte, vous?

— Dame! je n'ose pas trop dire que oui.

— Qu'est-ce que c'est que ça, un poëte? Ça a-t-il des rentes?

— Non.

— Eh bien, alors, c'est un mauvais état.

Je vis que j'avais donné à la mère Oseraie une assez pauvre idée de moi.

— Voulez-vous que je vous paye une quinzaine d'avance?

— Pour quoi faire?

— Dame! si vous avez peur qu'en ma qualité de poëte, je ne m'en aille sans vous payer!

— Si vous vous en allez sans me payer, ça sera tant pis pour vous, et non pas pour moi.

— Comment cela?

— En ce que vous aurez volé une brave femme, donc! car je suis une brave femme, moi.

— Je commence à le croire, mère Oseraie; mais, moi aussi, vous le verrez, je suis un bon garçon.

— Eh bien, franchement, ça me fait cet effet-là... Dînerez-vous?

— Je crois bien! plutôt deux fois qu'une.

— Alors, montez chez vous, et laissez-moi à mes affaires.

— Mais que nous donnerez-vous à dîner?

— Ah! ça me regarde!

— Comment, cela vous regarde?

— Oui... Si vous n'êtes pas content, vous irez ailleurs.

— Mais vous êtes toute seule!

— Ça veut dire qu'il faut que vous en passiez par où je veux, mon bel ami... Allons, à votre chambre!

Je commençais à me faire aux manières de la mère Oseraie : c'était ce que l'on appelle, dans *la Morale en action* et dans les recueils d'anecdotes, « la franchise villageoise. »

J'eusse autant aimé « l'urbanité parisienne; » mais la mère Oseraie était faite ainsi, et force m'était bien de la prendre comme elle était faite.

Je montai à ma chambre : c'était un quadrilatère passé à la chaux, avec un parquet de sapin, une table de noyer, un lit de bois peint en rouge, et une cheminée ayant un miroir à barbe au lieu de glace, et, pour garniture, deux pots de verre façonnés en corne d'abondance; plus, le bouquet d'oranger de la mère Oseraie, âgé de vingt ans, et frais comme le premier jour, grâce à la cloche qui le défendait du contact de l'air. Des rideaux de calicot à la fenêtre, des draps de toile au lit, — draps et rideaux blancs comme la neige, complétaient l'ameublement.

Je passai dans la chambre à côté; elle était meublée sur le même modèle, et possédait, en outre, une commode à ventre bombé, avec incrustations de bois de différentes couleurs, qui sentait la du Barry d'une lieue, et qui, restaurée, redorée, rabibochée, aurait tenu sa place dans l'atelier d'un des trois peintres que la mère Oseraie venait de nommer.

Au reste, de l'une et de l'autre fenêtre, la vue était magnifique. De la mienne, on voyait la vallée de la Touque, s'enfonçant vers Pont-l'Évêque, au milieu de ses deux collines boisées ; de celle de ma compagne, la mer, toute sillonnée de petits bâtiments pêcheurs dont les voiles blanchissaient à l'horizon, et qui attendaient la marée pour revenir avec elle.

Le hasard m'avait bien partagé en me donnant la chambre qui plongeait sur la vallée : si j'avais eu la mer, ses vagues, ses mouettes, ses bâtiments, son horizon confondu avec le ciel éternellement devant les yeux, il m'eût été impossible de travailler.

J'avais complétement oublié le dîner, quand j'entendis la mère Oseraie qui m'appelait.

— Eh ! monsieur le poëte !

— Eh ! la mère ! répondis-je.

— Allons ! le dîner est prêt.

J'offris le bras à ma voisine, et nous descendîmes.

O digne mère Oseraie ! comme je me repentis, à la vue de votre potage, de vos côtelettes de Présalé, de vos soles en matelotte, de votre homard en mayonnaise, de vos deux bécassines rôties et de votre salade de crevettes, d'avoir pu un instant douter de vous !

Cinquante sous un dîner qui, à Paris, eût coûté vingt francs ! Il est vrai que le vin se payait à part ; mais on était libre de boire du cidre à discrétion.

Ma compagne de voyage se proposait de faire, avec la mère Oseraie, un bail de trois, six, neuf. Pendant ces neuf ans-là, à son avis, nous pouvions économiser cent cinquante mille francs !

Peut-être avait-elle raison, pauvre Mélanie ! mais comment Paris et ses émeutes se seraient-ils passés de moi ?

Aussitôt le dîner fini, nous reprimes le chemin de la plage.

La marée était dans son plein, et les barques rentraient au port comme un troupeau de moutons au bercail.

Les femmes attendaient sur la grève, avec leurs grands paniers à transporter le poisson.

Chacune reconnaissait de loin sa barque et son équipage; la mère nommait son fils; la sœur, son frère; la femme, son mari.

Tout cela, avant de se parler de la voix, se parlait du geste, et savait si la pêche avait été bonne ou mauvaise.

Pendant ce temps, un chaud soleil de juillet descendait à l'horizon, au milieu de gros nuages qu'il frangeait de pourpre, et à travers les intervalles desquels il dardait ses rayons d'or, flèches d'Apollon qui venaient se briser dans la mer.

Je ne sais rien de plus beau, de plus grand, de plus magnifique, qu'un coucher de soleil dans l'Océan!

Nous restâmes sur la plage jusqu'à ce qu'il fît nuit complète.

Je compris parfaitement que, si je ne brisais dès le principe ce désir de contemplation qui s'emparait de moi, je passerais mes journées à tirer des oiseaux de mer, à cueillir des huîtres sur les rochers, et à pêcher des anguilles dans le sable.

Je résolus donc, pour combattre cette douce ennemie qu'on appelle l'oisiveté, de me mettre au travail dès le soir même, s'il était possible.

J'avais un traité avec Harel, et il était convenu que je lui rapporterais une pièce en cinq actes en vers, intitulée *Charles VII chez ses grands vassaux*.

M. Granier, dit de Cassagnac a publié, en 1833, un travail sur moi, continué depuis par M. Jacquot, dit de Mirecourt, travail dans lequel il indiquait les sources où j'avais puisé tous mes sujets de pièce, et pris toutes mes idées de roman. Je compte, au fur et à mesure que j'avancerai dans mes Mémoires, faire ce travail sur moi-même, et j'affirme que mon travail sera plus complet et plus consciencieux que celui de ces deux illustres critiques; seulement, j'espère que mes lecteurs n'exigeront point qu'il soit aussi malveillant.

Disons donc comment l'idée de faire *Charles VII* nous est venue, et de quels éléments hétérogènes se composa ce drame.

CCVII

Une lecture chez Nodier. — Les auditeurs et les lecteurs. — Début. — *Les Marrons du feu.* — La Camargo et l'abbé Desiderio. — Généalogie d'une idée dramatique. — Oreste et Hermione. — Chimène et don Sanche. — *Gœtz de Berlichingen.* — Fragments. — Où je rends à César ce qui appartient à César.

Vers la fin de 1830 ou le commencement de 1831, nous fûmes conviés à une soirée chez Nodier. Un jeune homme de vingt-deux à vingt-trois ans devait y lire quelques fragments d'un livre de poésie qu'il venait de faire imprimer. Ce jeune homme portait un nom alors à peu près inconnu dans les lettres, et pour la première fois ce nom allait être livré à la publicité.

On ne manquait jamais à une convocation faite par notre cher Nodier et notre belle Marie. Tout le monde fut donc exact au rendez-vous. Par tout le monde, j'entends notre cercle ordinaire de l'arsenal: Lamartine, Hugo, de Vigny, Jules de Rességuier, Sainte-Beuve, Lefebvre, Taylor, les deux Johannot, Louis Boulanger, Jal, Laverdant, Bixio, Amaury Duval, Francis Wey, etc.; puis une foule de jeunes filles, fleurs en bouton, devenues aujourd'hui de belles et bonnes mères de famille.

Vers dix heures, un jeune homme de taille ordinaire, mince, blond, avec des moustaches naissantes, de longs cheveux bouclés rejetés en touffe d'un côté de la tête, un habit vert très-serré à la taille, un pantalon de couleur claire, entra, affectant une grande désinvolture de manières qui n'était peut-être destinée qu'à cacher une timidité réelle.

C'était notre poëte.

Parmi nous, peu le connaissaient personnellement, peu de vue, peu même de nom.

On lui avait préparé une table, un verre d'eau, deux bougies.

Il s'assit, et, autant que je puis me le rappeler, il lut, non pas sur un manuscrit, mais sur un livre imprimé.

Dès le début, toute cette assemblée de poëtes frissonna ; elle sentait qu'elle avait affaire à un poëte.

En effet, le volume s'ouvrait par ces vers, que l'on nous permettra de citer, quoiqu'ils soient connus de tout le monde. Nous l'avons dit, et nous ne saurions trop le répéter, ces Mémoires ne sont pas nos Mémoires seulement : ce sont ceux de la peinture, de la poésie, de la littérature et de la politique des cinquante premières années du siècle. Quand nous avons attaqué, durement peut-être, mais franchement et loyalement, les choses basses, inférieures, honteuses ; quand nous avons poursuivi l'hypocrisie, flétri la trahison, raillé la médiocrité, il nous semble si bon et si doux de relever nos yeux vers le ciel, d'y suivre du regard et d'y adorer de l'esprit ces beaux nuages d'or qui ne sont, pour beaucoup de gens, que des vapeurs folles, mais qui, pour nous, sont les mondes errants où nous voudrions voir habiter notre âme pendant l'éternité, que, tout en nous disant que nous avons tort peut-être de faire ainsi, notre plume trace des lignes étrangères avec plus de joie et d'orgueil qu'elle n'a jamais tracé nos propres œuvres.

Et je suis bien désintéressé vis-à-vis de l'auteur de ces vers : à peine l'ai-je connu, à peine nous sommes-nous vus dix fois. Je l'admire fort, tandis que, de son côté, il n'a pas, j'en ai peur, une grande affection pour moi.

Le poëte commença ainsi :

> Je n'ai jamais aimé, pour ma part, ces bégueules
> Qui ne sauraient aller au Prado toutes seules ;
> Qu'une duégne toujours, de quartier en quartier,
> Talonne, comme fait sa mule un muletier ;
> Qui s'usent, à prier, les genoux et la lèvre,
> Se courbent sur le grès plus pâles, dans leur fièvre,
> Qu'un homme qui, pieds nus, marche sur un serpent,
> Ou qu'un faux monnayeur au moment qu'on le pend.
> Certes, ces femmes-là, pour mener cette vie,
> Portent un cœur châtré de toute noble envie ;
> Elles n'ont pas de sang et pas d'entrailles ! — Mais,
> Sur ma tête et mes os, frère, je vous promets

> Qu'elles valent encor quatre fois mieux que celles
> Dont le temps se dépense en intrigues nouvelles.
> Celles-là vont au bal, courent les rendez-vous,
> Savent dans un manchon cacher un billet doux,
> Serrer un ruban noir sur un beau flanc qui ploie,
> Jeter d'un balcon d'or une échelle de soie,
> Suivre l'imbroglio de ces amours mignons
> Poussés dans une nuit comme des champignons ;
> Si charmantes d'ailleurs ! Aimant en enragées
> Les moustaches, les chiens, la valse et les dragées.
> Mais, oh! la triste chose et l'étrange malheur,
> Lorsque dans leurs filets tombe un homme de cœur!
> Frère, mieux lui vaudrait, comme ce statuaire
> Qui pressait de ses bras son amante de pierre,
> Réchauffer de baisers un marbre! Mieux vaudrait
> Une louve enragée en quelque âpre forêt!...

Vous le voyez, il n'y avait point à s'y tromper, ces vers étaient à la fois bien faits, bien pensés ; ils marchaient d'une allure fière et hardie, le poing sur la hanche, la taille cambrée, splendidement drapés dans leur manteau espagnol.

Ce n'était ni du Lamartine, ni de l'Hugo, ni du de Vigny : c'était une fleur du même jardin, c'est vrai ; un fruit du même verger, c'est vrai encore ; mais une fleur ayant son odeur à elle, un fruit ayant son goût à lui.

Bon! voilà que je voulais dire du mal de moi, et que je dis du bien d'Alfred de Musset. Par ma foi! je ne m'en repens pas, et c'est tout bénéfice pour moi (1)!

J'ai, cependant, à expliquer comment fut fait ce pastiche dramatique qui a nom *Charles VII*, ne l'oublions pas.

La soirée se passa comme un instant. Alfred de Musset, au lieu de lire quelques pièces, lut tout le volume : *Don Paez*, *Porcia*, *l'Andalouse*, *Madrid*, la *Ballade à la lune*, *Mardoche*, etc., deux mille vers peut-être ; seulement, j'en conviens, les jeunes filles qui étaient venues pour écouter cette lecture, soit

---

(1) Voir notre étude sur Alfred de Musset, dans *les Morts vont vite*, tome II, p. 85.

avec leurs mamans, soit toutes seules, eurent fort à faire de leurs paupières et de leur éventail.

Parmi ces pièces, il y avait une espèce de comédie intitulée *les Marrons du feu.*

La Camargo, cette danseuse belge célébrée par Voltaire, et qui fit les délices de l'Opéra de 1734 à 1751, en est l'héroïne; mais, il faut le dire, la pauvre fille y est fort calomniée.

D'abord, le poëte suppose qu'elle a été amoureuse folle d'un beau seigneur italien nommé Rafaël Garuci, et que cet amour est plus fort au bout de deux ans qu'il ne l'a jamais été.— Première calomnie.

Puis il suppose encore que le seigneur Garuci, las de la danseuse, donne ses habits à l'abbé Annibal Desiderio, et lui indique de quelle façon il doit s'y prendre pour pénétrer jusqu'à la belle. — Seconde calomnie, mais moins grave que la première, le seigneur Rafaël Garuci n'ayant probablement jamais existé que dans le cerveau du poëte.

Il suppose, enfin, que, lorsqu'elle se voit face à face avec l'abbé déguisé en gentilhomme, et qu'elle apprend que c'est Rafaël, soupant à cette heure avec la Cydalise, qui lui a donné le moyen d'arriver jusqu'à elle, la Camargo entre en fureur contre son infidèle amant, et dit à l'abbé :

> Abbé, je veux du sang! j'en suis plus altérée
> Qu'une corneille au vent d'un cadavre attirée!
> Il est là-bas, dis-tu? Cours-y donc! coupe-lui
> La gorge, et tire-le par les pieds jusqu'ici!
> Tords-lui le cœur, abbé, de peur qu'il n'en réchappe;
> Coupe-le en quatre, et mets les morceaux dans la nappe!
> Tu me l'apporteras; et puisse m'écraser
> La foudre, si tu n'as par blessure un baiser!...
> Tu tressailles, Romain? C'est une faute étrange,
> Si tu te crois conduit ici par ton bon ange!
> Le sang te fait-il peur? Pour t'en faire un manteau
> De cardinal, il faut la pointe d'un couteau!
> Me jugeais-tu le cœur si large, que j'y porte
> Deux amours à la fois, et que pas un n'en sorte?
> C'est une faute encor : mon cœur n'est pas si grand,
> Et le dernier venu ronge l'autre en entrant...

L'abbé, doit se battre le lendemain avec Rafaël, et il la supplie d'attendre au moins jusque-là ; mais il finit par céder aux prières, aux caresses, aux larmes de la Camargo, comme Oreste cède aux promesses, aux emportements, aux défis d'Hermione ; poussé par la main fiévreuse de la belle courtisane, il tue Rafaël comme Oreste tue Pyrrhus ; et, comme Oreste, il revient demander à la Camargo le salaire de son amour, le prix du sang. Comme Hermione, elle lui manque de parole. — Troisième calomnie.

La Camargo est à son clavecin ; l'abbé frappe à la porte.

Entrez !
(L'abbé entre et lui présente son poignard; la Camargo le considère quelque temps, puis se lève.)
A-t-il souffert beaucoup ?

— Bon ! c'est l'affaire
D'un moment !
— Qu'a-t-il dit ?
— Il a dit que la terre
Tournait.
— Quoi ! rien de plus ?
— Ah ! qu'il donnait son bien
A son bouffon Pippo.
— Quoi ! rien de plus ?
— Non, rien.
— Il porte au petit doigt un diamant : de grâce,
Allez me le chercher !
— Je ne le puis.
— La place
Où vous l'avez laissé n'est pas si loin.
— Non, mais
Je ne le puis.
— Abbé, tout ce que je promets,
Je le tiens.
— Pas ce soir !...
— Pourquoi ?
— Mais...
— Misérable !
Tu ne l'as pas tué !
— Moi ? Que le ciel m'accable.

Si je ne l'ai pas fait, madame, en vérité!
— En ce cas, pourquoi non?
— Ma foi, je l'ai jeté
Dans la mer.
— Quoi! ce soir, dans la mer?
— Oui, madame.
— Alors, c'est un malheur pour vous, car, sur mon âme,
Je voulais cet anneau.
— Si vous me l'aviez dit,
Au moins!
— Et sur quoi donc t'en croirai-je, maudit?
Sur quel honneur vas-tu me jurer? sur laquelle
De tes deux mains de sang? où la marque en est-elle?
La chose n'est pas sûre, et tu peux te vanter!
Il fallait lui couper la main, et l'apporter.
— Madame, il faisait nuit, la mer était prochaine...
Je l'ai jeté dedans.
— Je n'en suis pas certaine.
— Mais, madame, ce fer est chaud, et saigne encor!
— Ni le feu ni le sang ne sont rares!
— Son corps
N'est pas si loin, madame; il se peut qu'on se charge...
— La nuit est trop épaisse, et l'Océan trop large!
— Mais je suis pâle, moi, tenez!
— Mon cher abbé,
L'étais-je pas, ce soir, quand j'ai joué Thisbé,
Dans l'opéra?
— Madame, au nom du ciel!
— Peut-être
Qu'en y regardant bien, vous l'aurez... Ma fenêtre
Donne sur la mer.
(*Elle sort.*)
— Mais elle est partie!... O Dieu!
J'ai tué mon ami, j'ai mérité le feu,
J'ai taché mon pourpoint, et l'on me congédie!
C'est la moralité de cette comédie.

Cette scène, si fort qu'elle s'en éloigne par la forme, est évidemment imitée, pour le fond, de cette scène de l'*Andromaque* de Racine :

HERMIONE.

Je veux qu'à mon départ toute l'Épire pleure!
Mais, si vous me vengez, vengez-moi dans une heure.
Tous vos retardements sont pour moi des refus.
Courez au temple! Il faut immoler...

ORESTE.
                    Qui?

HERMIONE.
                            Pyrrhus!
— Pyrrhus, madame?
                — Hé quoi! votre haine chancelle!
Ah! courez, et craignez que je ne vous rappelle!
. . . .
Ne vous suffit-il pas que je l'ai condamné?
Ne vous suffit-il pas que ma gloire offensée
Demande une victime à moi seule adressée;
Qu'Hermione est le prix d'un tyran opprimé;
Que je le hais! enfin, seigneur, que je l'aimai?
Malgré la juste horreur que son crime me donne,
Tant qu'il vivra, craignez que je ne lui pardonne!
Doutez jusqu'à sa mort d'un courroux incertain.
S'il ne meurt aujourd'hui, je peux l'aimer demain!
. . . .
— Mais, madame, songez...
                — Ah! c'en est trop, seigneur
Tant de raisonnements offensent ma colère.
J'ai voulu vous donner les moyens de me plaire,
Rendre Oreste content; mais, enfin, je vois bien
Qu'il veut toujours se plaindre, et ne mériter rien.
Je m'en vais seule au temple où leur hymen s'apprête,
Où vous n'osez aller mériter ma conquête;
Là, de mon ennemi je saurai m'approcher;
Je percerai le cœur que je n'ai pu toucher,
Et mes sanglantes mains, sur moi-même tournées,
Aussitôt, malgré lui, joindront nos destinées;
Et, tout ingrat qu'il est, il me sera plus doux
De mourir avec lui que de vivre avec vous!
— Non, je vous priverai de ce plaisir funeste,
Madame, il ne mourra que de la main d'Oreste!

Vos ennemis par moi vous vont être immolés,
Et vous reconnaîtrez mes soins, si vous voulez !

Et Oreste part, tue Pyrrhus, puis vient, son épée sanglante à la main, retrouver Hermione.

— Madame, c'en est fait, et vous êtes servie :
Pyrrhus rend à l'autel son infidèle vie !
— Il est mort ?...
     — Il expire, et nos Grecs, irrités,
Ont lavé dans son sang ses infidélités !
. . . .
Mais c'est moi dont l'ardeur leur a servi d'exemple ;
Je les ai pour vous seule entraînés dans le temple,
Madame, et vous pouvez justement vous flatter
D'une mort que leurs bras n'ont fait qu'exécuter :
Vous seule avez porté les coups !
      — Tais-toi, perfide !
Et n'impute qu'à toi ton lâche parricide !
Va faire chez les Grecs admirer ta fureur,
Va ! je te désavoue, et tu me fais horreur !...
Barbare ! qu'as-tu fait ? Avec quelle furie
As-tu tranché le cours d'une si belle vie ?
Avez-vous pu, cruels, l'immoler aujourd'hui,
Sans que tout votre sang se soulevât pour lui ?
Mais parle ! De son sort qui t'a rendu l'arbitre ?
Pourquoi l'assassiner ? qu'a-t-il fait ? à quel titre ?
Qui te l'a dit ?
   — O dieux ! quoi ! ne m'avez-vous pas
Vous-même, ici, tantôt, ordonné son trépas ?
— Ah ! fallait-il en croire une amante insensée ?...

On le voit, dans les deux femmes, c'est la même passion : danseuse de l'Opéra, princesse de Sparte, parlent différemment, mais agissent de la même façon.

Il est vrai que toutes deux ont pris exemple sur la Chimène du *Cid*.

Don Sanche rentre l'épée à la main, et se prosterne devant Chimène.

— Madame, à vos genoux j'apporte cette épée...
— Quoi ! du sang de Rodrigue encor toute trempée ?
Perfide ! oses-tu bien te montrer à mes yeux,
Après m'avoir ôté ce que j'aimais le mieux ?
Éclate, mon amour ! tu n'as plus rien à craindre ;
Mon père est satisfait · cesse de te contraindre !
Un même coup a mis ma gloire en sûreté,
Mon âme au désespoir, ma flamme en liberté !
— D'un esprit plus rassis...
— Tu me parles encore,
Exécrable assassin du héros que j'adore !
Va, tu l'as pris en traître ! Un guerrier si vaillant
N'eût jamais succombé sous un tel assaillant !
N'espère rien de moi ; tu ne m'as point servie :
En croyant me venger, tu m'as ôté la vie !...

Il est vrai que Corneille avait emprunté cette scène à Guilhem de Castro, qui l'avait empruntée au romancero du *Cid*.

Maintenant, le jour où j'écoutai cette lecture d'Alfred de Musset, j'avais déjà, depuis plus d'un an, une idée analogue en tête.

Cette idée m'était restée de la lecture du fameux drame de Gœthe, *Gœtz de Berlichingen*. Trois ou quatre scènes sont noyées dans ce drame gigantesque qui m'avaient paru suffire à un drame. C'est toujours cette même situation de la femme poussant l'homme qu'elle n'aime pas à tuer l'homme qu'elle aime, comme Chimène dans le *Cid*, comme Hermione dans *Andromaque*.

L'analyse de *Gœtz de Berlichingen* nous entraînerait trop loin ; contentons-nous d'emprunter ces trois ou quatre scènes à la traduction de notre ami Marmier :

ADÉLAÏDE, *femme de Weislingen* ; FRANTZ, *page de Weislingen.*

ADÉLAÏDE. — Ainsi, les deux expéditions sont en marche ?
FRANTZ. — Oui, madame, et mon maître a la joie de combattre vos ennemis...
— Comment va-t-il, ton maître ?

— A merveille! il m'a chargé de vous baiser la main.
— La voici... Tes lèvres sont brûlantes!
— C'est ici que je brûle. (*Il met la main sur son cœur.*) Madame, vos domestiques sont les plus heureux des hommes!... Adieu! il faut que je reparte. Ne m'oubliez pas!
— Mange d'abord quelque chose, et prends un peu de repos.
— A quoi bon? Je vous ai vue, je ne me sens ni faim ni fatigue.
— Je sais que tu es un garçon plein de zèle.
— Oh! madame!
— Mais tu n'y tiendrais pas... Repose-toi, te dis-je, et prends quelque nourriture.
— Que de soins pour un pauvre jeune homme!
— Il a les larmes aux yeux... Je l'aime de tout mon cœur! Jamais personne ne m'a montré tant d'attachement!

ADÉLAIDE, FRANTZ, *entrant une lettre à la main.*

FRANTZ. — Voici pour vous, madame.
ADÉLAÏDE. — Est-ce Charles lui-même qui te l'a remise?
— Oui.
— Qu'as-tu donc? Tu parais triste!
— Vous allez absolument me faire périr de langueur... Oui, je mourrai dans l'âge de l'espérance, et c'est vous qui en serez cause!
— Il me fait de la peine... Il m'en coûterait si peu pour le rendre heureux! — Prends courage, jeune homme, je connais ton amour, ta fidélité; je ne serai point ingrate.
— Si vous en étiez capable, je mourrais! Mon Dieu! moi qui n'ai pas une goutte de sang qui ne soit à vous! moi qui n'ai de sens que pour vous aimer et pour obéir à ce que vous désirez!
— Cher enfant!
— Vous me flattez! et tout cela n'aboutit qu'à s'en voir préférer d'autres... Toutes vos pensées tournées vers Charles!... Aussi, je ne le veux plus... Non, je ne veux plus servir d'entremetteur!
— Frantz, tu t'oublies!
— Me sacrifier!... sacrifier mon maître! mon cher maître!
— Sortez de ma présence!
— Madame...
— Va, dénonce-moi à ton cher maître... J'étais bien folle de te prendre pour ce que tu n'es pas.
— Chère noble dame, vous savez que je vous aime!

— Je t'aimais bien aussi; tu étais près de mon cœur... Va, trahis-moi !

— Je m'arracherais plutôt le sein !... Pardonnez-moi, madame ; mon âme est trop pleine, je ne suis plus maître de moi !

— Cher enfant ! excellent cœur !

(*Elle lui prend les mains, l'attire à elle; leurs bouches se rencontrent; il se jette à son cou en pleurant.*)

— Laisse-moi !... Les murs ont des yeux... Laisse-moi... (*Elle se dégage.*) Aime-moi toujours ainsi; sois toujours aussi fidèle; la plus belle récompense t'attend ! (*Elle sort.*)

— La plus belle récompense ! Dieu, laisse-moi vivre jusque-là !... Si mon père me disputait cette place, je le tuerais !

WEISLINGEN, FRANTZ.

WEISLINGEN. — Frantz !

FRANTZ. — Monseigneur !

— Exécute ponctuellement mes ordres : tu m'en réponds sur ta vie. Remets-lui cette lettre; il faut qu'elle quitte la cour, et se retire dans mon château à l'instant même. Tu la verras partir, et aussitôt tu reviendras m'annoncer son départ.

— Vos ordres seront suivis.

— Dis-lui bien qu'il faut qu'elle le veuille... Va !

ADÉLAÏDE, FRANTZ.

(*Adélaïde tient à la main la lettre de son mari apportée par Frantz.*)

ADÉLAÏDE. — Lui ou moi !... L'insolent ! me menacer ! Nous saurons le prévenir... Mais qui se glisse dans le salon ?

FRANTZ, *se jetant à son cou.* — Ah ! madame ! chère madame !...

— Écervelé ! si quelqu'un t'avait entendu !

— Oh ! tout dort !... tout le monde dort !

— Que veux-tu ?

— Je n'ai point de sommeil : les menaces de mon maître... votre sort... mon cœur...

— Il était bien en colère quand tu l'as quitté ?

— Comme jamais je ne l'ai vu ! « Il faut qu'elle parte pour mon château ! a-t-il dit; il faut qu'elle le veuille ! »

— Et... nous obéirons ?

— Je n'en sais rien, madame.

— Pauvre enfant, dupe de ta bonne foi, tu ne vois pas où cela mène ! Il sait qu'ici je suis en sûreté... Ce n'est pas d'aujourd'hui qu'il en veut à mon indépendance... Il me fait aller dans ses domaines parce que, là, il aura le pouvoir de me traiter au gré de son aversion.

— Il ne le fera pas !

— Je vois dans l'avenir toute ma misère ! Je ne resterai pas dans son château : il m'en arrachera pour m'enfermer dans un cloître !

— O mort ! ô enfer !

— Me sauveras-tu ?

— Tout ! tout plutôt que cela !

— Frantz ! (*En pleurs et l'embrassant.*) Oh ! Frantz ! pour nous sauver...

— Oui, il tombera... il tombera sous mes coups ! je le foulerai aux pieds !

— Point d'emportement ! Tiens, remets-lui plutôt un billet plein de respect, où je l'assure de mon entière soumission à ses ordres... Et cette fiole... cette fiole, vide-la dans son verre.

— Donnez, vous serez libre !

WEISLINGEN, puis FRANTZ.

WEISLINGEN. — Je suis si malade, si faible !... mes os sont brisés : une fièvre ardente en a consumé la moëlle ! Ni paix ni trêve, le jour comme la nuit... un mauvais sommeil agité de rêves empoisonnés... (*Il s'assied.*) Je suis faible, faible... Comme mes ongles sont bleus !... Un froid glacial circule dans mes veines, engourdit tous mes membres... Quelle sueur dévorante ! tout tourne autour de moi... Si je pouvais dormir !...

FRANTZ, *entrant dans la plus grande agitation.* — Monseigneur !

— Eh bien ?

— Du poison... du poison de votre femme... Moi, c'est moi ! (*Il s'enfuit, ne pouvant en dire davantage.*)

— Il est dans le délire... Oh ! oui, je le sens... le martyre ! la mort... (*Voulant se lever.*) Dieu ! je n'en puis plus ! je meurs !... je meurs !... et, pourtant, je ne puis cesser de vivre... Oh ! dans cet affreux combat de la vie et de la mort, il y a tous les supplices de l'enfer !...

Maintenant que le lecteur a vu passer sous ses yeux tous ces fragments divers : *Gœtz de Berlichingen*, *le Cid*, *Andromaque*, *les Marrons du feu*, que le génie de quatre poëtes, Gœthe, Corneille, Racine, Alfred de Musset a posé devant lui, il comprendra l'analogie, l'air de famille qui existe entre ces différentes scènes; elles ne sont point pareilles, mais elles sont sœurs.

Or, je l'ai dit, ces quelques scènes de *Gœtz de Berlichingen* m'étaient restées comme endormies dans la mémoire; ni *le Cid* ni *Andromaque* ne les eussent réveillées; la poésie incorrecte, mais chaude, mais vivante d'Alfred de Musset les galvanisa, et, à partir de ce moment, il leur fallut un emploi.

Vers le même temps, j'avais lu *Quentin Durward*, et la figure du Mograbin m'avait frappé; j'avais pris en note quelques-unes de ses phrases pleines de poésie orientale. Je résolus de placer mon drame au milieu du moyen âge, et de faire, de mes deux personnages principaux, une belle et sévère châtelaine et quelque esclave arabe regrettant sa terre natale, mais retenu sur la terre d'exil par une chaîne plus forte que celle de son esclavage.

Je me mis alors à feuilleter les chroniques du XVe siècle, pour trouver un clou où accrocher mon tableau.

J'ai toujours constaté l'admirable complaisance de l'histoire à cet endroit; jamais elle ne laisse le poëte dans l'embarras. Ainsi, ma manière de procéder vis-à-vis de l'histoire est étrange. Je commence par combiner une fable; je tâche de la faire romanesque, tendre, dramatique, et, lorsque la part du cœur et de l'imagination est trouvée, je cherche dans l'histoire un cadre où la mettre, et jamais il ne m'est arrivé que l'histoire ne m'ait fourni ce cadre, si exact et si bien approprié au sujet, qu'il semble que ce soit, non le cadre qui ait été fait pour le tableau, mais le tableau pour le cadre.

Cette fois encore, le hasard me fut plus que fidèle, il me fut complaisant.

Voici ce que je trouvai à la page 5 de la CHRONIQUE DU ROI CHARLES VII, *par maître Alain Chartier, homme très-honorable :*

« Et, en ce temps, un chevalier nommé messire Charles de Savoisy, par un de ses pages qui chevauchoit un cheval, en le venant de mener boire à la rivière, le cheval esclabouta un escollier, lequel, avecques les autres, alloit en procession à Sainte-Katherine, et tant que l'escollier frappa ledit page ; et, alors, les gens dudit chevalier saillirent de son hôtel embastonnés, poursuivant lesdits escolliers jusqu'à Sainte-Katherine ; et un des gens dudits chevalier tira une flèche dedans l'église jusques au grand autel, où le prêtre chantoit messe ; donc, pour ce faict, l'Université fit telle poursuite à l'encontre dudit chevalier, que la maison d'icelui chevalier fut abattue, et fut ledit chevalier banny hors du royaume de France, et excommunié. Et s'en alla devers le pape, lequel l'absolut, et arma quatre gallées, et s'en alla par mer, faisant guerre aux Sarrazins, et, là, gagna moult d'avoir. Puis retourna, et fut faite sa paix, et refit son hôtel à Paris tel comme il étoit paravant ; mais il ne fut pas parachevé, et fit faire son hôtel de Signelay (Seignelais) en Auxerrois moult bel, par les Sarrazins qu'il avait amenés d'outre-mer ; lequel châtel est à trois lieues d'Auxerre. »

On le voit, l'histoire avait tout prévu, et me fournissait un cadre qui, depuis quatre cents ans, attendait son tableau.

Cette ossature trouvée, dans les personnages de Savoisy, de Bérengère et d'Yaqoub, mon drame ayant, pour ainsi dire, sa tête, son cœur et ses jambes, il fallut trouver les bras, les muscles, les chairs et le reste de son anatomie. Ce fut, alors, la besogne de l'histoire ; l'histoire tenait en réserve Charles VII, Agnès, Dunois ; — et toute cette grande lutte de la France contre l'Angleterre vint tourner autour de l'amour d'un Arabe pour la femme de l'homme qui l'avait fait prisonnier, et transporté d'Afrique en France.

J'ai assez nettement exposé, je crois, les emprunts que j'ai faits, pour le fond, à Gœthe, à Corneille, à Racine et à Alfred de Musset ; je vais les rendre encore plus palpables par la citation ; car, puisque je suis en train de me critiquer moi-même, il faut que j'aille jusqu'au bout, quitte à rester, aux yeux de mes lecteurs, *solus, pauper et nudus,* comme Adam dans le paradis terrestre, ou comme Noé au pied de sa vigne !

BÉRENGÈRE, YAQOUB.

— Yaqoub, si vos paroles
Ne vous échappent point comme des sons frivoles,
Vous m'avez dit ces mots : « S'il était, par hasard,
Un homme dont l'aspect blessât votre regard ;
Si ses jours sur vos jours avaient cette influence
Que son trépas pût seul finir votre souffrance ;
De Mahomet lui-même eût-il reçu ce droit,
Quand il passe, il faudrait me le montrer du doigt! »
Vous avez dit cela ?
— Je l'ai dit... Je frissonne!
Mais un homme par moi fut excepté.
— Personne.
— Un homme à ma vengeance a le droit d'échapper...
— Si c'était celui-là qu'il te fallût frapper ?
S'il fallait que sur lui la vengeance fût prompte ?...
— Son nom ?
— Le comte.
— Enfer! je m'en doutais ; le comte!
— Entendez-vous ? le comte!... Eh bien ?
— Je ne le puis!
— Adieu donc pour toujours!
— Restez, ou je vous suis.
— J'avais cru jusqu'ici, quelle croyance folle!
Que les chrétiens eux seuls manquaient à leur parole.
Je me trompais, c'est tout.
— Madame...
— Laissez-moi!
Oh! mais vous mentiez donc ?
— Vous savez bien pourquoi
Ma vengeance ne peut s'allier à la vôtre :
Il m'a sauvé la vie... Oh! nommez-moi tout autre!
. . . .
Un instant, Bérengère, écoutez-moi!
— J'écoute :
Dites vite.
— J'ai cru, je me trompais sans doute,
Qu'ici vous m'aviez dit, ici même... Pardon!

— Quoi ?

— Que vous m'aimiez !

— Oui, je l'ai dit.

— Eh bien, donc,
Puisque même destin, même amour nous rassemble,
Bérengère, ce soir...

— Eh bien ?

— Fuyons ensemble !

— Sans frapper ?

— Ses remords vous vengeront-ils pas ?

— Esclave, me crois-tu le cœur placé si bas,
Que je puisse souffrir qu'en ce monde où nous sommes,
J'aie été tour à tour l'amante de deux hommes,
Dont le premier m'insulte, et que tous deux vivront,
Sans que de celui-là m'ait vengé le second ?
Crois-tu que, dans un cœur ardent comme le nôtre,
Un amour puisse entrer sans qu'il dévore l'autre ?
Si tu l'as espéré, l'espoir est insultant !

— Bérengère !

— Entre nous, tout est fini... Va-t'en !

— Grâce !...

— Je saurai bien trouver, pour cette tâche,
Quelque main moins timide et quelque âme moins lâche,
Qui fera pour de l'or ce que, toi, dans ce jour,
Tu n'auras pas osé faire pour de l'amour !
Et, s'il n'en était pas, je saurais bien moi-même,
De cet assassinat affrontant l'anathème,
Me glisser au milieu des femmes, des valets,
Qui flattent les époux de leurs nouveaux souhaits,
Et les faire avorter, ces souhaits trop précoces,
En vidant ce flacon dans la coupe des noces !

— Du poison ?

— Du poison ! Mais ne viens plus, après,
Esclave, me parler d'amour et de regrets !
Refuses-tu toujours ?... Il te reste un quart d'heure.
C'est encore plus de temps qu'il n'en faut pour qu'il meure.
Un quart d'heure !... Réponds, mourra-t-il de ta main ?
Es-tu prêt ? Réponds-moi, car j'y vais. Dis !

— Demain !

— Demain ! Et, cette nuit, dans cette chambre même,
Ainsi qu'il me l'a dit, il lui dira : « Je t'aime ! »

Demain! Et, d'ici là, que ferai-je? Ah! tu veux,
Cette nuit, qu'à deux mains j'arrache mes cheveux;
Que je brise mon front à toutes les murailles;
Que je devienne folle? Ah! demain! mais tu railles!
Et si ce jour était le dernier de nos jours?
Si cette nuit d'enfer allait durer toujours?
Dieu le peut ordonner, si c'est sa fantaisie.
Demain? Et si je suis morte de jalousie?
Tu n'es donc pas jaloux, toi? tu ne l'es donc pas?...

Je m'abstiens de citer le reste de la scène, dont les moyens, je crois, m'appartiennent en propre. Yaqoub cède : il s'élance dans la chambre du comte; Bérengère se jette derrière un prie-Dieu; le comte passe avec sa nouvelle épouse; il entre dans sa chambre; on entend un cri.

BÉRENGÈRE, puis YAQOUB et LE COMTE.

BÉRENGÈRE.

Le voilà qui tombe!
Savoisy, retiens-moi ma place dans ta tombe!
(*Elle avale le poison qu'elle avait montré à Yaqoub.*)

YAQOUB.

...Fuyons! il vient!
(*Le comte paraît, sanglant et se cramponnant à la tapisserie.*)

LE COMTE.

C'est toi,
Yaqoub, qui m'as tué!

BÉRENGÈRE.

Ce n'est pas lui : c'est moi!

LE COMTE.

Bérengère!... Au secours! Je meurs!

YAQOUB.

Maintenant, femme,
Fais-moi tout oublier, car c'est vraiment infâme!

Viens donc!... Tu m'as promis de venir... Je t'attends...
D'être à moi pour toujours!

BÉRENGÈRE.

Encor quelques instants,
Et je t'appartiendrai tout entière.

YAQOUB.

Regarde!
Ils accourent aux cris qu'il a poussés... Prends garde,
Nous ne pouvons plus fuir, il ne sera plus temps.
Ils viennent, Bérengère!

BÉRENGÈRE.

Attends encore, attends!

YAQOUB.

Oh! viens, viens! toute attente à cette heure est mortelle!
La cour est pleine, vois... Mais viens donc!... Que fait-elle?
Bérengère, est-ce ainsi que tu gardes ta foi?
Bérengère, entends-tu? viens!

BÉRENGÈRE, *rendant le dernier soupir.*

Me voici... Prends-moi!

YAQOUB.

Oh! malédiction!... son front devient livide...
Son cœur?... Il ne bat plus!... Sa main?... Le flacon vide!...

Comme on le voit, il y a une triple imitation : imitation de l'*Andromaque* de Racine, imitation de *Gœtz de Berlichingen* de Gœthe, imitation des *Marrons du feu* d'Alfred de Musset.

C'est que *Charles VII* est surtout une étude, une étude laborieusement faite, et non pas une œuvre prime-sautière; un travail d'assimilation, et non un drame original, qui m'a coûté infiniment plus de labeur qu'*Antony*; — ce qui ne veut pas dire que je l'aime autant qu'*Antony*.

Quelques mots encore pour en finir sur ce sujet.

Passons aux imitations de détail.

J'ai dit que j'avais emprunté différents passages au Mograbin de *Quentin Durward*.

Les voici :

« — Malheureux! s'écrie Quentin Durward, reviens à des sentiments meilleurs... Sur quoi peux-tu compter, mourant dans l'impénitence et avec de pareilles idées ?

» — Je me confondrai avec les éléments, répond le Mograbin. Ce que je crois, ce que j'attends, ce que j'espère, c'est que ma forme humaine se fondra mystérieusement dans la masse universelle, pour se recomposer sous les autres formes par lesquelles la nature remplace, chaque jour, celles qui, chaque jour, disparaissent. Les parcelles d'eau iront grossir les ruisseaux et les pluies; les parties terrestres enrichiront la terre; celles qui viennent de l'air s'envoleront avec les brises; celles qui sont de feu alimenteront l'éclat d'Aldébaran et des étoiles ses sœurs. C'est dans cette foi que j'ai vécu et que je meurs! »

Yaqoub est condamné à mort pour avoir tué Raymond, l'archer du comte.

LE COMTE.

Esclave, si tu meurs en de tels sentiments,
Q'espères-tu?

YAQOUB.

De rendre un corps aux éléments,
Masse commune où l'homme, en expirant, rapporte
Tout ce qu'en le créant la nature en emporte.
Si la terre, si l'eau, si l'air et si le feu
Me formèrent, aux mains du hasard ou de Dieu,
Le vent, en dispersant ma poussière en sa course,
Saura bien reporter chaque chose à sa source!

La seconde imitation de détail est empruntée à Walter Scott toujours, mais à *Richard Cœur-de-lion*, et non plus à *Quentin Durward*.

Le chevalier du Léopard et Saladin, après avoir combattu l'un contre l'autre, ont fait une trêve, et déjeunent, en causant, près de la fontaine appelée le Diamant du désert.

« — Étranger, demande Saladin, combien d'hommes as-tu emmenés dans cette expédition guerrière?

» — Par ma foi! répond sir Kenneth, avec l'aide de mes amis et de mes parents, j'ai eu bien de la peine à fournir dix lances convenablement équipées; ce qui peut former cinquante et quelques hommes, valets et écuyers compris.

» — Chrétien, j'ai ici cinq flèches dans mon carquois toutes empennées des plumes d'un aigle. Lorsque j'envoie une de ces flèches vers mes tentes, mille guerriers montent à cheval; si j'envoie la seconde, une force égale se met en route; à l'aspect de ces cinq flèches, cinq mille hommes accourent à moi, et, si j'envoie mon arc, dix mille cavaliers ébranlent le désert! »

YAQOUB.

Car mon père, au Saïd, n'est point un chef vulgaire.
Il a dans son carquois quatre flèches de guerre,
Et, lorsqu'il tend son arc, et que, vers quatre buts,
Il le lance en signal à ses quatre tribus,
Chacune à lui fournir cent cavaliers fidèles
Met le temps que met l'aigle à déployer ses ailes!

Voilà, grâce au ciel, ma confession finie! Elle a été longue; mais aussi c'est que, comme œuvre d'assimilation et d'imitation, *Charles VII* est mon plus gros péché.

CCVIII

L'esprit de Dieu, c'est la poésie. — Le Conservatoire et l'École de Rome. — Emploi de mes journées à Trouville. — Madame de la Garenne. — Le Vendéen Bonnechose. — M. Beudin. — Je suis poursuivi par un poisson. — Ce qu'il en advient.

Si je ne venais pas, dans les chapitres précédents, de saturer le lecteur de littérature, je mettrais sous ses yeux un travail qui ne manquerait peut-être pas d'intérêt.

Ce serait la tradition antique de *Phèdre*, qui est à Euripide, par exemple, ce que le romancero espagnol est à Guilhem de Castro.

Puis je montrerais ce qu'Euripide a emprunté à la tradition; puis, ce que, cinq cents ans plus tard, le *Romain* Sénèque a emprunté à Euripide; puis, enfin, ce que, seize cents ans plus tard, le *Français* Racine a emprunté à Euripide et à Sénèque.

Je ferais en même temps sentir ce que le génie de chaque nation et le sentiment de chaque époque ont apporté de changement au caractère primitif du sujet.

Un dernier mot.

Chez tous les peuples, la littérature commence toujours par la poésie; la prose ne vient que plus tard. Orphée, Homère, Hésiode; — Hérodote, Platon, Aristote.

« Au commencement, dit la Genèse, Dieu créa le ciel et la terre.

» La terre était informe et toute nue; les ténèbres couvraient la face de l'abîme, et l'*esprit de Dieu était porté sur les eaux.* »

L'esprit de Dieu, c'est la poésie, ou plutôt une première matière poétique, impersonnelle et du domaine commun; elle flotte dans l'espace comme cette essence cosmique dont parle Humboldt, espèce de vase lumineuse, mère des mondes passés, germe des mondes à venir; inépuisable parce qu'elle est renouvelée sans cesse, et que chacun lui rend fidèlement ce que chacun lui a emprunté.

Peu à peu, cependant, cette matière s'arrête aux grandes personnalités, comme les nuages s'arrêtent aux grands sommets, et, de même que les nuages se résolvent en sources d'eaux vives qui, en se répandant au milieu des plaines, abreuvent la soif du corps, de même cette matière cosmique se résout en poésie, en hymnes, en chants, en tragédies où s'abreuve la soif de l'esprit.

Il résulte de la comparaison précédente que c'est le génie humain qui crée, et le génie individuel qui applique.

Aussi Shakspeare disait-il, quand un critique l'accusait parfois d'avoir pris une scène, une phrase, une idée à un auteur contemporain : « C'est une fille que j'ai tirée de la mauvaise société pour la faire entrer dans la bonne ! »

Aussi Molière répondait-il plus naïvement encore quand on

lui faisait le même reproche : « Je prends mon bien où je le trouve! »

Et Shakspeare et Molière avaient raison : l'homme de génie, — ai-je besoin de faire observer que je dis cela pour ces grands maîtres et non pour moi? je sais que je ne serai quelque chose à mon tour que lorsque je serai mort! — l'homme de génie ne vole pas, il conquiert ; il fait, de la province qu'il prend, une annexe de son empire ; il lui impose ses lois, il la peuple de ses sujets, il étend sur elle son sceptre d'or ; et nul, en voyant son beau royaume, n'ose lui dire, — excepté, bien entendu, les envieux, qui ne sont les sujets de personne, et qui ne reconnaissent pas même le génie pour roi, — et nul n'ose lui dire : « Cette parcelle de terre ne fait point partie de ton patrimoine. »

Il y a dans l'esprit du pouvoir, et dans la protection qu'il accorde aux lettres, une idée absurde : c'est qu'il doit proscrire la littérature étrangère, et décourager la littérature contemporaine. Dans un pays comme la France, qui est le cerveau de l'Europe, et dont la langue se parle dans le monde entier, grâce à cette pondération des consonnes et des voyelles qui ne rebute ni les peuples du Nord ni les peuples du Midi, il devrait y avoir, non pas une littérature nationale, mais une littérature universelle. Tout ce qui a été fait de beau dans le monde entier, depuis Eschyle jusqu'à Alfieri, depuis *Sakountala* jusqu'à *Romeo* depuis le romancero du *Cid* jusqu'aux *Brigands* de Schiller, tout cela devrait appartenir à la France, sinon par droit d'héritage, du moins par droit de conquête. Rien de ce qu'un peuple entier a admiré ne peut être sans valeur, et tout ce qui a une valeur doit trouver sa place dans cet immense écrin qu'on appelle l'intelligence française.

C'est en raison de ce faux système qu'il y a un Conservatoire et une École de Rome.

A propos de la mise en scène de la *Juliette* de Soulié, nous avons déjà dit quelques mots de ce Conservatoire où l'on a pour but unique d'apprendre aux jeunes gens à scander Molière, et à chanter Racine et Corneille.

Complétons ici notre pensée.

De l'invariable programme adopté par le gouvernement, il résulte que tout élève du Conservatoire, après trois ans d'études, sort de la rue Bergère incapable de jouer et la littérature vivante et la littérature étrangère; sachant le songe d'Athalie, le récit de Théramène, le monologue d'Auguste, la scène de Tartufe et d'Elmire, celle du Misanthrope et d'Oronte, celle de Gros-René et de Marinette, mais ignorant complétement qu'il existât à Athènes des gens qui s'appelaient Eschyle, Euripide, Sophocle et Aristophane, à Rome, des gens qui s'appelaient Ennius, Plaute, Térence et Sénèque; en Angleterre, des gens qui s'appelaient Shakspeare, Otway, Sheridan et Byron; en Allemagne, des gens qui s'appelaient Gœthe, Schiller, Iffland, Kotzebue; en Espagne, des gens qui s'appelaient Guilhem de Gastro, Tirso de Molina, Calderon et Lope de Vega; en Italie, des gens qui s'appelaient Machiavel, Goldoni, Alfieri; que ces hommes ont laissé, à travers vingt-quatre siècles et cinq peuples différents, une traînée lumineuse dont chaque étoile s'appelle *l'Orestie, Alceste, Œdipe à Colone, les Chevaliers, l'Aulutaire, l'Eunuque, Hippolyte, Roméo et Juliette, Venise sauvée, l'École du scandale, Manfred, Gœtz de Berlichingen, Intrigue et Amour, les Pupilles, Misanthropie et Repentir, le Cid, Don Juan, le Chien du jardinier, le Médecin de son honneur, le Meilleur Alcade, c'est le Roi, la Mandragore, le Bourru bienfaisant, Philippe II!* Et remarquez que je ne cite qu'un chef-d'œuvre par chacun de ces hommes; — de sorte que les élèves du Conservatoire sont parfaitement gauches, déplacés, impossibles sur tout autre théâtre que celui qui joue Molière, Racine et Corneille; — et encore!...

Aussi aucun des grands artistes de notre époque n'est-il sorti du Conservatoire; ni Talma, ni Mars, ni Firmin, ni Potier, ni Vernet, ni Rachel, ni Frédérick Lemaître, ni Bocage, ni Dorval, ni Mélingue, ni Arnal, ni Numa, ni Bressant, ni Déjazet, ni Rose Chéri, ni Duprez, ni Masset, ni aucune sommité enfin.

Que dites-vous d'un moulin qui tourne, qui fait tic tac, et qui ne moud pas?

Eh bien, le même vice existe pour l'École de Rome que pour

le Conservatoire. S'il y a un art capricieux, c'est la peinture: chaque peintre voit d'une couleur qui n'est pas celle de son voisin, l'un vert, l'autre jaune, l'autre bleu, l'autre rouge: l'un a une tendance vers l'école flamande, l'autre vers l'école espagnole, l'autre vers l'école allemande. Vous croiriez qu'on enverra chaque prix selon son aptitude, étudier Rubens à Anvers, Murillo à Madrid, Cornélius à Munich? Point! ils iront tous à Rome étudier Raphaël ou Michel-Ange!

Aussi pas un peintre, pas un statuaire original de notre époque n'est élève de Rome: ni Delacroix, ni Rousseau, ni Diaz, ni Dupré, ni Cabat, ni Boulanger, ni Muller, ni Isabey, ni Brascassat, ni Giraud, ni Barrye, ni Clésinger, ni Gavarni, ni Rosa Bonheur, ni... Je serais, ma foi! tenté de dire: ni personne!

Mais, comme l'institution est absurde, elle persistera. Avec moitié moins d'argent dépensé, on ferait le double d'acteurs, de peintres et de statuaires; seulement, on les ferait bons au lieu de les faire mauvais.

Nous voilà bien loin de Trouville! Que voulez-vous! la fantaisie a les ailes d'Icare, les chevaux d'Hippolyte: elle va tant qu'elle ne s'approche pas trop près du soleil, tant qu'elle ne se brise pas aux rochers.

Revenons à *Charles VII*, cause première de toute cette disgression.

Quoi qu'il en soit, en rentrant chez la mère Oseraie, le 7 juillet, à neuf heures du soir, j'écrivis les premiers vers de cette scène.

Le lendemain matin, les cent premiers vers du drame étaient faits, et, dans ces cent premiers vers, étaient compris les trente-six ou trente-huit qui racontent la chasse au lion de Yaqoub.

Ils doivent prendre rang parmi les rares bons vers que j'ai écrits.

Notre vie commença, dès lors, à prendre l'uniformité et la monotonie de la vie des eaux.

J'avais cru devoir me présenter chez le maire, brave et excellent homme nommé M. Guétier, lequel joua, je crois, un rôle assez actif en 1848, dans l'embarquement du roi Louis-Philippe. Il me donna toute autorisation de chasser dans les marais communaux, et j'en profitai dès le jour même.

Le soleil levant dardait sur la fenêtre de ma chambre, et, le rideau tiré, venait m'éveiller dans mon lit. J'ouvrais les yeux, j'allongeais la main sur mon crayon et je me mettais à travailler.

A dix heures, la mère Oseraie nous prévenait que nous étions servis ; à onze, je prenais mon fusil, et j'allais tuer trois ou quatre bécassines ; à deux, je me remettais au travail jusqu'à quatre; à quatre, j'allais nager jusqu'à cinq, à cinq heures et demie, le dîner nous attendait; de sept heures à neuf heures, nous allions nous promener sur la plage ; à neuf heures, le travail recommençait jusqu'à onze heures ou minuit.

Charles VII avançait de cent vers par jour.

Si perdu que fût Trouville, il y venait, cependant, quelques baigneurs normands, vendéens ou bretons.

Du nombre fut une charmante femme accompagnée de son mari et de son fils; je ne me rappelle plus d'elle que son nom et son visage : c'était une physionnomie gracieuse et avenante, avec une légère teinte d'aristocratie ; on la nommait madame de la Garenne.

Dès le jour de son arrivée, et lorsqu'elle sut que j'habitais l'hôtel, elle aborda franchement la question de voisinage en m'envoyant son album. Je venais d'achever la grande scène du troisième acte entre le comte de Savoisy et Charles VII ; je la lui copiai toute chaude de mon acouchement.

Un excellent jeune homme était arrivé avec eux, cachant, sous l'air timide d'un gentilhomme campagnard, une certaine science et une profonde résolution. Il était chasseur ; cette similitude dans nos goûts nous fit rapidement compagnons, sinon amis.

C'était ce pauvre Bonnechose, qui fut tué pendant l'insurrection vendéenne de 1832.

Tandis que nous nous promenions, chassant dans les marais de Trouville, madame la duchesse de Berry obtenait du roi Charles X la permission de faire une tentative en France avec le titre de régente, quittait Édimbourg, traversait la Hollande, séjournait un jour ou deux à Mayence, autant à Francfort, franchissait la Suisse, entrait dans le Piémont; puis, enfin, s'arrêtait, sous le nom de comtesse de Sagena, à Sestri, petite ville située à douze lieues de Gênes, dans les États du roi Charles-Albert.

Ainsi, sans que Bonnechose s'en doutât, la mort l'ajournait à un an !

Cependant, le bruit commençait à se répandre à Paris que l'on venait de découvrir un nouveau port de mer entre Honfleur et la Délivrande.

Il en résultait que l'on voyait arriver de temps en temps un baigneur hasardeux qui demandait d'une voix timide :

— Est-ce vrai qu'il existe un village appelé Trouville, et que ce village est celui dont voici le clocher?

Et je répondais *oui*, à mon grand regret ; car je pressentais l'heure où Trouville deviendrait un autre Dieppe, un autre Boulogne, un autre Ostende.

Je ne me trompais pas. Hélas! Trouville a maintenant dix auberges; le terrain qui se vendait cent francs l'arpent se vend aujourd'hui cinq francs le pied.

Un jour, au nombre de ces baigneurs hasardeux, de ces touristes égarés, de ces navigateurs sans boussole, arriva un homme de vingt-huit à trente ans, qui déclara s'appeler Beudin, et être banquier.

Le soir de son arrivée, je me baignais assez loin en mer, quand, à dix pas de moi, sur le dos d'une vague, j'aperçus un poisson qui réalisait le rêve de Marécot dans *l'Ours et le Pacha*, c'est-à-dire un gros poisson, un énorme poisson, un poisson comme on n'en voit guère, un poisson comme on n'en voit pas.

Avec un peu plus d'amour-propre, je l'eusse reconnu pour un dauphin, et j'eusse cru qu'il me prenait pour un autre Arion ; mais je le reconnus simplement pour un poisson de taille gigantesque, et, je l'avoue, son voisinage m'inquiéta.

Je me mis à nager de toutes mes forces vers la terre.

Je nageais bien, à cette époque ; mais, en sa qualité de poisson, mon voisin nageait encore mieux que moi ; il en résulta que, sans faire aucun effort apparent, il me suivit, se tenant toujours à une égale distance de moi.

Deux ou trois fois, me sentant fatigué, — c'était l'haleine surtout qui me manquait, — j'eus l'idée de reprendre pied ; mais je craignais de m'effrayer en trouvant sous moi une trop grande profondeur.

Je continuai donc de nager jusqu'à ce que mes genoux labourassent le sable.

Les autres nageurs me regardaient avec étonnement ; mon poisson me suivait comme si je l'eusse tenu en laisse.

Arrivé à gratter, comme je l'ai dit, le sable avec mes genoux, je repris pied.

Mon poisson faisait culbutes sur culbutes, et paraissait au comble de la satisfaction.

Je me retournai et regardai avec plus d'attention, et surtout avec plus de calme. Je le reconnus pour un marsouin.

A l'instant même, je pris ma course vers la maison de la mère Oseraie. Je traversai le village tel que j'étais, c'est-à-dire avec mon caleçon de bain.

Quoique la mère Oseraie ne fût pas très-impressionnable, comme elle n'avait point l'habitude de recevoir des voyageurs dans un costume si léger, elle jeta un cri.

— Ne faites pas attention, mère Oseraie, lui dis-je, je viens chercher ma carabine.

— Jésus Dieu ! dit-elle, c'est donc pour chasser dans le paradis terrestre ?

Si j'avais été moins pressé, je me fusse arrêté pour lui faire compliment sur son mot ; mais je ne pensais qu'au marsouin.

Sur l'escalier, je rencontrai madame de la Garenne ; l'escalier était fort étroit : je me rangeai pour la laisser passer.

J'eus l'idée de lui demander des nouvelles de son fils et de son mari ; mais je réfléchis que le moment était mal choisi pour entamer une conversation.

Madame de la Garenne passée, je m'élançai dans ma chambre, et je sautai sur ma carabine.

La bonne faisait le lit.

— Tiens, dit-elle, ce monsieur qui prend son fusil! il ferait bien mieux de prendre sa redingote.

Décidément, mon costume donnait de l'esprit à tout le monde.

Je repris à fond de train le chemin de la mer.

Mon marsouin continuait de faire ses cabrioles.

J'entrai dans l'eau jusqu'à la ceinture; je me trouvais à une cinquantaine de pas de lui : je craignis, en m'avançant d'avantage, de l'effrayer; d'ailleurs, j'étais à bonne portée.

Je mis en joue, et je lâchai le coup.

J'entendis ce bruit mat de la balle entrant dans les chairs.

Le marsouin plongea et disparut.

Le lendemain, les pêcheurs le retrouvèrent mort dans les rochers aux moules. La balle lui était entrée un peu au-dessous de l'œil, et lui avait traversé la tête.

CCIX

Pourquoi M. Beudin venait à Trouville. — Comment je le connaissais sous un autre nom. — Prologue d'un drame. — Ce qu'il restait à trouver. — Part à trois. — Je termine *Charles VII*. — Départ de Trouville. — De quelle façon j'apprends la première représentation de *Marion Delorme*.

Le soir de cette aventure, le nouveau baigneur s'approcha de moi, et me fit compliment sur mon adresse. C'était une manière d'engager la conversation.

Nous allâmes nous asseoir sur la falaise, et nous causâmes.

Après quelques mots échangés :

— Pardieu! me dit-il, il y a une chose dont vous ne vous doutez pas.

— Laquelle? lui demandai-je.

— C'est que je suis venu ici à peu près pour vous.

— Comment cela, pour moi?

— Vous ne me connaissez pas sous mon nom de Beudin?

— Non, je l'avoue.

— Mais vous me connaissez peut-être sous celui de Dinaux?
— Bon! le collaborateur de Victor Ducange!
— Justement.
— Le même qui a fait avec lui *Trente Ans, ou la Vie d'un joueur?*
— C'est moi... ou plutôt c'est nous.
— Comment, c'est vous?
— Oui, nous sommes deux : Goubaux et moi.
— Ah! mais je connais Goubaux; c'est un homme d'infiniment de mérite.
— Merci!
— Pardon... on ne peut pas être fort au fusil et dans la conversation... Au fusil, je ne vous eusse pas manqué.
— Vous ne m'avez pas manqué non plus; du premier coup, vous m'avez dit que Goubaux était un homme d'esprit, et que j'étais, moi, un imbécile!
— Avouez que vous n'en avez rien cru?
— Ma foi! non.

Nous nous mîmes à rire.

— Eh bien, repris-je, comme vous ne me cherchiez sans doute pas pour recevoir le compliment que je viens de vous faire, dites-moi pour quoi c'était.
— C'était pour vous parler d'une pièce que Goubaux et moi, nous ne nous sentons pas la force de mener à bien, et qui, dans vos mains, deviendrait — plus le style — le pendant du *Joueur*.

Je m'inclinai en signe de remerciment.

— Non, parole d'honneur! continua Beudin, je suis sûr que l'idée vous plaira.
— Avez-vous quelque chose de fait, ou est-ce encore à l'état de vapeur?
— Nous avons le prologue, qui est déjà assez palpable... Mais, quant au reste, il faut que vous nous aidiez à le trouver.
— L'avez-vous là, le prologue?
— Non, rien n'est écrit encore; mais je puis vous le racont
— J'écoute.
— La scène se passe dans le Northumberland, vers

Un vieux médecin que nous appellerons, si vous voulez, le docteur Grey, et sa femme, se quittent, la femme pour aller se coucher, le mari pour travailler une partie de la nuit. A peine la femme a-t-elle refermé la porte de sa chambre, qu'une voiture s'arrête sous les fenêtres du docteur; c'est un homme qui s'enquiert d'un médecin. Le docteur Grey décline sa qualité; le voyageur lui demande l'hospitalité pour quelqu'un qui ne peut aller plus loin. Le docteur ouvre sa porte, et un homme masqué, portant une femme dans ses bras, entre en scène en recommandant au postillon de dételer, et de cacher les chevaux et la voiture.

— Bravo! l'entrée est bonne!... Voyons l'homme masqué; voyons la femme malade.

— La femme est tout près d'accoucher; son amant l'enlève; ils allaient s'embarquer à Shields, quand les douleurs de l'enfantement ont pris la fugitive; il est important de cacher ses traces; son père, qui est tout-puissant comme ambassadeur d'Espagne à Londres, s'est mis à sa poursuite. Le docteur pourvoit au plus pressé : il indique une chambre à l'homme masqué, qui y transporte la patiente; puis il fait descendre sa femme pour l'aider dans les soins qu'il va donner à la malade. En ce moment, on entend le bruit d'une chaise qui passe au galop. Des cris de la femme appellent le docteur auprès d'elle; l'homme masqué revient en scène, n'ayant pas le courage de voir souffrir sa maîtresse. Au bout d'un instant, le docteur accourt retrouver son hôte : la femme inconnue vient d'accoucher d'un garçon, la mère et l'enfant se portent bien.

Le narrateur s'interrompit.

— Croyez-vous, me demanda-t-il, que cette scène soit possible au théâtre?

— Pourquoi pas? Elle l'était bien du temps de Térence.

— Comment, du temps de Térence?

— Oui :

PAMPHILA.

Miseram me! differor doloribus!
Juno Lucina, fer opem! serva me, obsecro!

REGIO.

Hem!

Numnam illa, quœso, parturit ?...

PAMPHILA.

Oh! malheureuse! je succombe à mes douleurs!... Junon Lucine, à mon aide! sauve-moi, je t'en supplie!

REGIO.

Hein! est-ce qu'elle accoucherait? je vous le demande!

— Il y a cela dans Térence?
— Parfaitement.
— Alors, nous sommes sauvés!
— Je crois bien! c'est du pur classique, comme *Amphitryon* et *l'Avare.*
— Je continue, alors.
— Et je r'écoute?
— Au moment où l'homme masqué s'élance dans la chambre de l'accouchée, on frappe violemment à la porte du docteur Grey. « Qui va là ? — Au nom de la loi, ouvrez! » C'est le père, un constable et deux hommes de la police. Le docteur est obligé d'avouer qu'il a donné asile aux deux fugitifs; le père déclare qu'à l'instant même il va emmener sa fille. Le docteur s'y oppose au nom de l'humanité; le père insiste; le docteur lui apprend alors l'état dans lequel se trouve la malade. Fureur du père, qui ignorait complétement la situation. A cet instant, l'homme masqué sort tout joyeux de la chambre, et reconnaît avec effroi le père de celle qu'il a enlevée; celui-ci lui saute à la gorge, et réclame son arrestation. Le bruit de la lutte arrive jusqu'à l'accouchée, qui vient, à moitié évanouie, tomber aux genoux de son père; elle déclare qu'elle suivra son amant partout, même en prison; qu'il est son époux devant les hommes. Le père requiert de nouveau et plus énergiquement l'assistance du constable, et prend sa fille

dans ses bras pour l'emporter. L'homme masqué s'approche à son tour, et... et l'acte pourrait finir ainsi ; tenez, j'ai crayonné la dernière scène... Supposons que l'homme masqué ait pris le nom de Robertson, que le père s'appelle Da Sylva, et la jeune femme Caroline :

« ROBERTSTON, *appuyant la main sur l'épaule de Da Sylva.* — Laissez là cette jeune femme.

» CAROLINE. — Oh ! mon père !... mon Robertson !...

» DA SYLVA. — Ton Robertson !... Eh bien, venez tous, et que tout le monde connaisse ton Robertson !... A bas ce masque ! (*Il arrache le masque de Robertson.*) Regarde, c'est...

» ROBERTSON. — Silence ! au nom de votre fille, et pour votre fille ! »

— Vous comprenez, continua Beudin ; il remet promptement son masque, si promptement, que personne, excepté le public, auquel il fait face, n'a eu le temps de voir son visage...

— Eh bien, après ?

— Après ? « Tu as raison, dit Da Sylva, qu'elle seule te connaisse... Cet homme... — Eh bien ? demande Caroline avec anxiété. — Cet homme, dit Da Sylva en se penchant à l'oreille de sa fille, cet homme, c'est le bourreau !... » Caroline jette un cri, et tombe. Le prologue finit là.

— Attendez donc, lui dis-je, mais je connais quelque chose de pareil à cela... oui... non... si ! dans les *Chroniques de la Canongate !*

— Oui, c'est, en effet, le roman de Walter Scott qui nous a donné l'idée de notre pièce.

— Eh bien, mais après ? Il n'y a pas de drame dans la suite du roman.

— Non... Aussi, nous nous en séparerons complétement à partir de ce moment-là.

— Bon ! et, en nous en séparant, où allons-nous ?

— Nous sommes à vingt-six ans de distance. Le théâtre représente le même cabinet ; seulement, tout a vieilli de vingt-six ans, personnages, meubles, tentures. L'homme dont le public a vu le visage, et que Da Sylva a dénoncé tout bas à sa fille comme le bourreau, fait une partie d'échecs avec le docteur Grey; mistress Grey travaille; Richard, l'enfant du prologue, écrit debout; Jenny, la fille du docteur, le regarde écrire.

— Tiens, c'est joli, cette idée de tout un monde vieilli de vingt-six ans. Après?

— Ah! dame! après, dit Beudin, c'est tout!

— Comment, c'est tout?

— Oui... pardieu! vous comprenez bien que, si la pièce était faite, nous n'aurions pas besoin de vous!

— C'est juste... Mais, enfin, vous avez quelque idée sur le reste de la pièce?

— Oui... Richard a grandi sous l'œil de son père. Richard est ambitieux, Richard veut arriver à la chambre des communes. L'influence du docteur Grey peut le servir: il fait semblant d'aimer sa fille... Nous aurons le spectacle des élections en Angleterre, qui sera une chose curieuse.

— Et puis?

— Et puis ce que vous trouverez.

— Mais, dites donc, il y a à peu près tout à trouver!

— Oui, à peu près... Mais cela ne vous embarrasse pas!

— Ah! c'est que, dans ce moment-ci, je fais mon drame de *Charles VII*, et que je ne peux pas m'occuper d'autre chose.

— Oh! le feu n'est pas à la maison! D'ailleurs, Goubaux cherche de son côté, tandis que je cherche du mien... L'idée vous plaît-elle?

— Oui.

— Eh bien, à votre retour à Paris, nous nous réunissons ou chez vous, ou chez moi, ou chez Goubaux, et nous arrêtons notre plan.

— Cela va, mais à une condition.

— Laquelle?

— C'est que vous vous nommerez, et que je resterai derrière le rideau.

— Pourquoi cela?

— Mais, d'abord, parce que l'idée n'est pas de moi, et, ensuite, parce que je suis résolu à me faire nommer toujours seul (1).

— Alors, c'est nous qui ne nous nommerons pas.

— Non, par exemple! cela, c'est impossible.

— Eh bien, soit! quand nous en serons là, nous déciderons la chose... Vous prendrez moitié?

— Pourquoi moitié, puisque nous serons trois?

— Mais parce que nous vous laisserons le soin de l'exécution.

— J'exécuterai la pièce, si vous voulez; mais je ne prendrai que le tiers.

— Nous débattrons tout cela à Paris.

— Parfaitement! mais n'oubliez pas que je fais mes réserves.

— Ainsi, aujourd'hui 24 juillet, à cinq heures du soir, il est convenu que nous faisons ensemble, vous, Goubaux et moi, *Richard Darlington*.

— Aujourd'hui, 24 juillet, jour de ma naissance, il est convenu, à cinq heures du soir, que Goubaux, vous et moi, nous faisons *Richard Darlington*.

— C'est aujourd'hui le jour de votre naissance?

— Depuis quatre heures du matin, j'ai vingt-neuf ans.

— Bravo! cela nous portera bonheur!

— Je vous le souhaite!

— Et quand serez-vous à Paris?

— Vers le 15 août.

— A merveille!

— Maintenant, jetez-moi sur le papier le plan du prologue.

— Pourquoi maintenant?

---

(1) J'ai tenu effectivement cette résolution jusqu'au moment où la grande amitié que je portais à Maquet me détermina à lui faire la surprise de le nommer avec moi comme auteur du drame des *Mousquetaires*. C'était justice, d'ailleurs, puisque nous avions fait, non-seulement le drame, mais encore le roman en collaboration. — Je suis enchanté d'ajouter que, quoique nous ne travaillions plus ensemble, cette amitié est toujours la même, de mon côté du moins.

— Parce que je viendrai au rendez-vous avec le prologue fait... Ce qui est fait n'est plus à faire.

— Bon ! vous aurez votre plan demain.

— Oh ! que je l'aie au moment de mon départ, c'est tout ce qu'il faut : si je l'avais demain, je le ferais après-demain, et cela jetterait du trouble dans le drame que je fais.

— Soit; je vais le tenir prêt.

— Ah ! à présent, une grâce...

— Laquelle?

— Ne parlons plus de *Richard Darlington* : j'y penserai assez sans en parler, soyez tranquille.

— N'en parlons plus.

Et, en effet, à partir de ce moment-là, il ne fut pas plus question entre nous de *Richard Darlington*, je ne dirai pas que s'il n'eût jamais existé, mais que s'il n'eût jamais dû exister.

En revanche, *Charles VII* alla son train.

Le 10 août, j'écrivais les quatre derniers vers :

> Vous qui, nés sur la terre,
> Portez, comme des chiens, la chaîne héréditaire,
> Demeurez en hurlant près du sépulcre ouvert...
> Pour Yaqoub, il est libre, et retourne au désert!

L'ouvrage fini, je le relus. C'était, comme je l'ai dit, un pastiche plutôt qu'un véritable drame ; mais il y avait un progrès immense dans le style entre *Christine* et *Charles VII*.

Il est vrai que *Christine* était bien supérieure à *Charles VII* comme imagination et comme sentiment dramatique.

Rien ne me retenait plus à Trouville; Beudin m'avait précédé de quelques jours à Paris. Nous prîmes congé de M. et madame de la Garenne; nous réglâmes nos comptes avec la mère Oseraie, et nous partîmes pour Paris.

Bonnechose vint nous reconduire jusqu'à Honfleur. Il ne pouvait pas nous quitter, pauvre garçon ! on eût dit qu'il devinait que nous ne devions jamais nous revoir.

Le même soir, nous montâmes dans la diligence de Rouen.

Le lendemain, au point du jour, les voyageurs descendirent pour gravir une côte; je crus reconnaître, parmi nos compagnons de route, un rédacteur du *Journal des Débats*.

Je m'approchai de lui comme il s'approchait de moi. La conversation s'engagea.

— Eh bien, dit-il, vous savez?
— Quoi?
— *Marion Delorme* a été jouée.
— Ah! vraiment?... Et moi qui me pressais surtout pour assister à la première représentation!
— Vous ne la verrez pas... et vous n'y perdrez pas grand-chose.

C'était tout simple que le rédacteur d'un journal tout dévoué à Hugo, comme l'était le *Journal des Débats*, parlât ainsi du grand poëte.

— Comment, je n'y perdrai pas grand'chose? Est-ce que la pièce n'a pas réussi?
— Oh! si fait! mais froid, froid, froid... et pas d'argent.

Mon compagnon me disait cela avec la profonde satisfaction du critique se vengeant de l'auteur, de l'eunuque mettant le pied sur la gorge du sultan.

— Froid? pas d'argent? répétai-je.
— Et puis mal joué!
— Mal joué, par Bocage et par Dorval? Allons donc!
— Si l'auteur avait eu le sens commun, il eût retiré sa pièce, ou il l'eût fait jouer après la révolution de juillet, toute chaude encore du refus de MM. de Polignac et de la Bourdonnaie.
— Mais, enfin, comme poésie?...
— Faible! bien plus faible qu'*Hernani!*
— Ah! par exemple, m'écriai-je, faible de poésie, une pièce où il y a des vers comme ceux-ci...

Et je lui citai presque entièrement la scène entre Didier et Marion Delorme au premier acte.

— Comment, vous savez cela par cœur, vous?
— Je crois bien, que je sais cela par cœur!
— Et pourquoi diable le savez-vous?
— Mais je sais à peu près tout *Marion Delorme*.

— Ah ! c'est curieux ! dit-il.

— Non, ce n'est pas curieux. Je trouve tout simplement *Marion Delorme* une des plus belles choses qu'il y ait au monde. J'ai eu le manuscrit à ma disposition : je l'ai lu et relu. Ces vers que je viens de vous dire sont restés dans ma mémoire, et je vous les donne comme preuve à l'appui de mon opinion.

— Et puis, continua mon critique, l'intrigue est prise au roman de de Vigny...

— Bon ! voilà que la chose commence pour Hugo ! Cette fois-ci, au moins, j'aurai été son saint Jean précurseur.

— Vous ne direz pas que Saverny et Didier ne soient pas copiés sur Cinq-Mars et de Thou ?

— Comme l'homme est copié sur l'homme, pardieu !

— Et Didier, c'est votre Antony.

— C'est-à-dire qu'Antony serait plutôt Didier, attendu que *Marion Delorme* était faite un an avant que je songeasse à *Antony*.

— Ah bien, en voilà une bonne !

— Laquelle ?

— C'est que vous défendez Victor Hugo

— Pourquoi pas ? Je l'aime et je l'admire.

— Un confrère ! dit le critique du ton d'une profonde pitié, et en haussant les épaules.

— En voiture, messieurs ! cria le conducteur.

Nous remontâmes, mon rédacteur du *Journal des Débats* dans son intérieur, moi dans mon coupé, et la diligence reprit ce trot monotone si favorable aux méditations.

Je méditai.

D'où venait que le public n'avait pas été de mon avis sur *Marion Delorme*? sur *Marion Delorme* qui m'avait fait dire à Taylor, le soir même de la lecture chez Devéria : « S'il y a chez Hugo le progrès dramatique qu'il y a dans les organisations dramatiques ordinaires, nous sommes tous flambés ! »

Le premier acte de *Marion* est, comme argument et comme style, un des plus adroits et des plus charmants qu'il y ait au théâtre. Tous les caractères y sont posés : celui de Marion, celui de Didier, celui de Saverny. Les six derniers vers laissent pressentir toute la pièce, y compris la conversion de la courtisane.

Marion reste un instant rêveuse, puis elle appelle.

MARION.

Dame Rose
(*Montrant la fenêtre.*)
Fermez...

DAME ROSE, *à part.*

On dirait qu'elle pleure!

(*Haut.*)
Il est temps de dormir, madame.

MARION.

Oui, c'est votre heure,
A vous autres...
(*Défaisant ses cheveux.*)
Venez m'accommoder.

DAME ROSE, *la déshabillant.*)

Eh bien,
Madame, le monsieur de ce soir est-il bien?...
Riche?...

MARION.
Non.

DAME ROSE.
Galant?

MARION.

Non, Rose : il ne m'a pas même
Baisé la main!

DAME ROSE.
Alors, qu'en faites-vous?

MARION, *pensive.*

Je l'aime!...

Le second acte est étincelant d'esprit et de poésie. Le caractère si original de Langely, qui se développera au quatrième acte, s'y pose aussi carrément que possible.

Pour faire comprendre ce que vaut ce second acte, il faudrait le citer vers par vers. Toute la pièce, du reste, n'a peut-être qu'un défaut : son éblouissante poésie aveugle les acteurs; il faudrait des artistes de premier ordre pour jouer les plus petits rôles. Il y a un M. de Bouchavannes qui dit quatre vers, je crois ; les deux premiers sur Corneille :

> Famille de robins, de petits avocats,
> Qui se sont fait des sous en rognant des ducats!

et les deux autres sur Richelieu :

> Meure le Richelieu, qui déchire et qui flatte!
> L'homme à la main sanglante, à la robe écarlate!

Faites donc dire ces quatre vers-là par un figurant, vous serez un bien grand maître! ou faites-les dire par un artiste, vous serez un bien fin directeur!

Puis toute la discussion sur Corneille et sur Garnier, que j'ai imitée dans *Christine*, est d'un à-propos excellent.

Il était de bonne guerre, en effet, au moment où l'on nous accusait de détruire le bon goût, soutenu par M. Étienne, par M. Viennet et par M. Onésime-Leroy, de remettre sous les yeux du public l'opinion que l'on avait de Corneille, lorsque M. le cardinal de Richelieu faisait censurer *le Cid* par l'Académie, la même qui nous censurait à notre tour! — Quand je dis *la même*, c'est la même par succession, et non par filiation : les académiciens ne se reproduisent pas ; on sait que c'est à peine s'ils produisent.

Enfin, le deuxième acte est admirablement résumé par ce vers de Langely :

> Çà ! qui dirait qu'ici c'est moi qui suis le fou ?

Puis vient le troisième acte, si plein de fantaisie, où Laffemas, l'homme noir de Richelieu, fait le pendant de l'Éminence grise ; où Didier et Marion viennent demander l'hospitalité au marquis de Nangis, perdus au milieu d'une troupe de bateleurs; où Didier apprend de Saverny que Marie et Marion ne font qu'une même femme; et où, le cœur brisé par une des plus grandes douleurs qui puissent ensanglanter la poitrine d'un homme, il se livre de lui-même au lieutenant criminel.

Le quatrième acte est un chef-d'œuvre. On a dit que ce quatrième acte ne tenait pas plus à la pièce qu'un tiroir à une commode; soit! mais, dans ce tiroir, l'auteur a serré le véritable trésor de la pièce : le caractère de Louis XIII, le roi ennuyé, triste, maladif, faible, cruel, superstitieux, qui n'a que son bouffon pour le distraire, et qui ne parle avec son bouffon que d'échafauds, de têtes coupées, de tombeaux, n'osant se plaindre qu'à lui de la dépendance où le tient le terrible cardinal.

Dans un moment de dépit, l'entendez-vous dire à Langely :

Crois-tu, si je voulais, que je serais le maître?

Et Langely, toujours fidèle, répond par ce vers devenu proverbe :

Montaigne dit : « Que sais-je? » et Rabelais : « Peut-être! »

Enfin, il brise un instant sa chaîne, prend la plume, et, prêt à signer la grâce de Didier et de Saverny, à son fou, qui lui dit :

Toute grâce est un poids qu'un roi du cœur s'enlève!

il répond :

Tu dis vrai : j'ai toujours souffert, les jours de Grève!
Nangis avait raison, un mort jamais ne sert,
Et Montfaucon peuplé rend le Louvre désert.
C'est une trahison que de venir, en face,
Au fils du roi Henri nier son droit de grâce!
Que fais-je ainsi, déchu, détrôné, désarmé,
Comme dans un sépulcre en cet homme enfermé?

Sa robe est mon linceul, et mes peuples me pleurent...
Non ! non ! je ne veux pas que ces deux enfants meurent !
Vivre est un don du ciel trop visible et trop beau !
Dieu, qui sait où l'on va, peut ouvrir un tombeau ;
Un roi, non... Je les rends tous deux à leur famille ;
Ils vivront... Ce vieillard et cette jeune fille
Me béniront ! C'est dit.
    (Il signe.)
                    J'ai signé, moi, le roi !
Le cardinal sera furieux ; mais, ma foi !
Tant pis ! cela fera plaisir à Bellegarde.

Et Langely dit à demi-voix :

On peut bien, une fois, être roi, par mégarde !

Quel chef-d'œuvre que cet acte ! Et quand on pense que, lorsque M. Crosnier était pressé, et qu'il avait besoin de changer son spectacle, il supprimait cet acte, qui, au dire de la critique, *faisait longueur !*

Au cinquième acte, la grâce est révoquée. Les jeunes gens doivent mourir. On les amène un instant respirer l'air dans la cour du cachot. Didier s'entretient avec le spectre de la mort, visible pour lui seul ; Saverny dort son dernier sommeil. En se prostituant à Laffemas, Marion a obtenu que le juge lui laisserait sauver son amant, et elle entre en disant, toute brûlée des morsures du juge :

Sa lèvre est un fer rouge, et m'a toute marquée !

Supposez que mademoiselle Mars, qui n'a pas voulu dire :

Vous êtes, mon lion, superbe et généreux !

eût eu un pareil vers à dire, et voyez la lutte entre elle et l'auteur. Mais Dorval trouvait cela tout simple, elle, et elle disait ce vers avec une expression admirable.

Quant à Bocage, il était véritablement superbe de haine, d'orgueil et de dédain, lorsque, n'y pouvant plus tenir, et laissant échapper le secret qui, jusque-là, comme le renard du jeune Spartiate, lui rongeait les entrailles, il s'écriait :

Marie... ou Marion ?
— Didier, soyez clément !
— Madame, on n'entre pas ici facilement ;
Les bastilles d'État sont nuit et jour gardées ;
Les portes sont de fer, les murs ont vingt coudées !
Pour que devant vos pas la porte s'ouvre ainsi,
A qui vous êtes-vous prostituée ici ?
— Didier, qui vous a dit ?
— Personne... Je devine !
— Didier, j'en jure ici par la bonté divine,
C'était pour vous sauver, vous arracher d'ici,
Pour fléchir les bourreaux, pour vous sauver...
— Merci !
Ah ! qu'on soit jusque-là sans pudeur et sans âme,
C'est véritablement une honte, madame !
Où donc est le marchand d'opprobre et de mépris
Qui se fait acheter ma tête à de tels prix ?
Où donc est le geôlier, le juge ? où donc est l'homme ?
Que je le broie ici ! que je l'écrase... comme
Ceci !
(*Il brise le portrait de Marion.*)
Le juge ! Allez, messieurs, faites des lois,
Et jugez ! Que m'importe, à moi, que le faux poids
Qui fait toujours pencher votre balance infâme
Soit la tête d'un homme ou l'honneur d'une femme !

Je défie qu'on me trouve quelque chose de plus énergique et de plus douloureux dans aucune langue qui ait été écrite depuis le jour où la bouche de l'homme a proféré son premier cri, jeté sa première plainte.

Enfin, Didier pardonne à Marion d'être Marion, et un instant, la courtisane rachetée redevient amante. C'est alors qu'elle disait ces deux vers charmants, supprimés à la représentation, et même, je crois, dans la pièce imprimée :

> De l'autre Marion rien en moi n'est resté ;
> Ton amour m'a refait une virginité !

Puis le bourreau entre, puis les deux jeunes gens marchent à l'échafaud, puis la muraille tombe, puis Richelieu passe par la brèche dans sa litière, et Marion Delorme, couchée à terre, à moitié évanouie, reconnaissant le bourreau de Didier, se relève en criant avec un geste de menace et de désespoir :

> Regardez tous ! voici l'homme rouge qui passe !

Il y a vingt-deux ans que je méditais ainsi dans le coupé de ma diligence, en repassant dans ma mémoire toute la pièce de *Marion Delorme*. Après vingt-deux ans, je viens de la relire pour écrire ce chapitre : rien n'a changé dans mon appréciation, et je trouve aujourd'hui le drame plus beau peut-être que je ne le trouvais alors.

Maintenant, d'où vient que son succès fut inférieur à celui d'*Hernani* et à celui de *Lucrèce Borgia* ?

Voilà de ces mystères que n'éclairciraient ni la sibylle de Cumes, ni la pythonisse de Delphes, — ni l'*âme de la terre*, qui parle aux *spirites*.

Eh bien, je le dis hautement, il y a une chose dont je suis heureux aujourd'hui comme je l'étais alors : c'est qu'en relisant ce beau drame, dont j'achèterais chaque acte, si cela était possible, par une année de ma vie, je n'ai éprouvé pour mon cher Victor qu'une admiration plus grande, qu'une amitié plus vive, et pas un atome d'envie.

Seulement, je répète, à mon bureau de Bruxelles, ce que je disais dans ma diligence de Rouen : « Ah ! si je faisais de pareils vers, sachant faire une pièce comme je la sais faire !... »

J'arrivai à Paris sans avoir pensé à autre chose que *Marion Delorme*. J'en avais complétement oublié *Charles VII*.

Le soir même de mon arrivée, j'allai embrasser Bocage et

Dorval. Ils me promirent de jouer pour moi, et j'allai prendre ma place dans la salle.

Ce que j'avais prévu était ce qui nuisait à la pièce ; à part Bocage, qui jouait Didier, Dorval, Marion, et Chéri, Saverny, toute la pièce était abandonnée. Il en résultait que cette poésie merveilleuse s'éteignait comme, sous une haleine, s'éteint le brillant d'un miroir.

Je sortis du théâtre le cœur navré.

CCX

Une collaboration.

J'eus besoin de laisser passer quelques jours pour avoir le courage d'en revenir à mes vers, après avoir entendu et relu ceux d'Hugo.

J'étais tout disposé à faire pour *Charles VII* ce que Harel m'avait invité à faire pour *Christine* : à le remettre en prose.

Enfin, je réunis quelques amis à la maison, et je leur lus mon nouveau drame.

Mais, soit que je le lusse mal, soit qu'ils fussent venus avec des préventions, la lecture ne fit pas même sur eux l'effet que j'en attendais.

Ce non-succès me découragea. Je devais lire, le surlendemain, à Harel, qui m'avait déjà envoyé ma prime de mille francs, et à Georges, à laquelle était destiné le rôle de Bérengère. J'écrivis à Harel de ne pas compter sur la pièce, et je lui renvoyai ses mille francs. J'étais décidé à ne pas faire jouer mon drame.

Harel ne crut ni à mon abnégation ni à mon honnêteté. Il accourut tout effaré chez moi. Je lui exposai mes raisons, dépréciant mon œuvre avec autant de soin qu'un autre en eût mis à exalter la sienne. Mais, à tout ce que je lui disais, Harel prenait une prise, et répétait :

— Ce n'est pas cela !... ce n'est pas cela !... ce n'est pas cela !

— Mais qu'est-ce donc, alors ? m'écriai-je.

— C'est que le Théâtre-Français vous offre cinq mille francs de prime !

— A moi ?

— Je le sais.

— A moi, cinq mille francs de prime ?

— Je vous dis que je le sais, et la preuve...

Il tira de sa poche cinq billets de mille francs.

— La preuve, c'est que voilà les cinq mille francs que je vous apporte.

Et il me tendit les cinq billets.

J'en pris un.

— C'est bon, lui dis-je, il n'y a rien de changé au programme ; je lirai après-demain. Seulement, prévenez Lockroy de se trouver à la lecture.

— Eh bien, les quatre autres mille francs ?

— Ils ne m'appartiennent pas, mon cher ; en conséquence, reprenez-les.

Harel se gratta l'oreille et me regarda de côté.

Il était évident qu'il ne comprenait pas.

Il avait tant d'esprit, pauvre Harel !

Le surlendemain, je lisais avec un succès immense à Harel, à Georges, à Janin et à Lockroy.

La pièce fut mise immédiatement en répétition. Elle devait passer aussitôt après un drame de *Mirabeau*, qui était à l'étude.

Je voudrais bien dire de qui était ce drame de *Mirabeau* ; mais je ne m'en souviens plus. Ce que je sais, c'est que le rôle principal était pour Frédérick, et que l'on comptait beaucoup sur l'ouvrage.

Quant à *Charles VII*, il fut distribué ainsi qu'il suit : Savoisy, Ligier ; Bérengère, Georges ; Yaqoub, Lockroy ; Charles VII, Delafosse ; Agnès Sorel, Noblet.

Cette besogne de distribution faite, je me tournai immédiatement vers *Richard*, dont la couleur toute moderne, le cachet politique, l'allure vivante et même un peu brutale, rentraient mieux dans mon âge et dans ma spécialité que les études du xve et du xvie siècle.

Hâtons-nous de dire que j'étais loin d'être familiarisé avec ces époques comme je le suis aujourd'hui.

J'écrivis à Goubaux que je me mettais à sa disposition, soit qu'il lui plût de venir, le lendemain, déjeuner avec moi, soit qu'il voulût me recevoir chez lui.

Nous étions devenus voisins; j'avais quitté mon logement de la rue de l'Université, et j'avais pris un troisième étage dans le square d'Orléans, très-belle maison qu'on venait de bâtir, rue Saint-Lazare, n° 42, et où habitaient déjà quelques-uns de mes amis, Zimmermann, Étienne Arago, Robert Fleury, Gué. Je crois que Zimmermann et Robert Fleury l'habitent encore aujourd'hui. Gué est mort; Étienne Arago est en exil.

Goubaux, qui demeurait rue Blanche, n° 19, me donna rendez-vous chez lui, pour six heures du soir.

Nous devions dîner d'abord et causer ensuite de *Richard Darlington*.

Je dis *causer*, parce que, au moment de lire, il se trouva qu'il n'y avait à peu près rien d'écrit.

Cependant, Goubaux avait trouvé quelques points de repère qui devaient servir de jalons à nos trois actes.

C'étaient surtout des traits de caractère pour le personnage de l'ambitieux. Un des principaux était celui où le docteur Grey, rappelant devant Richard et Mawbray, au moment où Richard va épouser Jenny, les circonstances de la fameuse nuit qui fait le sujet du prologue, raconte qu'une voiture s'arrêta à la porte. « Cette voiture avait-elle des *armoiries?* » demande Richard.

Un autre, fort remarquable aussi, m'était donné pour en faire ce que je voudrais : la fille de Da Sylva, Caroline, la mère de Richard, a épousé un lord Wilmor; c'est la fille de ce lord Wilmor que va épouser Richard, séduit par le roi, et décidé à divorcer avec Jenny. Seulement, Caroline, qui ne voit dans Richard qu'un membre influent du Parlement, destiné un jour à être ministre, demande une entrevue à Richard pour lui révéler un grand secret; ce secret, c'est l'existence d'un garçon perdu dans le petit village de Darlington, et qui, étant son fils, adroit à sa fortune. Richard écoute avec une attention croissante; puis, à un moment donné, le récit de lady Wilmor coïncide de telle façon avec celui de Mawbray, qu'il n'y a plus de doute pour lui : mais, au lieu de se révéler, au lieu de se jeter dans les bras de cette femme qui avoue sa honte, qui pleure, qui redemande son enfant, il s'écarte doucement d'elle, pour pouvoir se dire à demi-voix : » C'est ma mère ! » et se demander, à demi-voix toujours : « Quel peut être mon père ? »

Enfin, Richard a accepté les propositions du roi ; il faut qu'il se débarrasse de sa femme à quelque prix que ce soit, fût-ce par un crime.

Voilà à peu près où en était l'ouvrage à notre première causerie avec Goubaux.

De mon côté, je tenais ma parole : j'apportais le prologue entièrement exécuté.

C'était bien comme je l'avais fait que l'avait rêvé Goubaux. Je n'avais donc qu'à prendre courage, et continuer.

Pendant que Goubaux racontait, mon esprit s'était accroché à tous les fils tendus par lui, et, comme un actif tisserand, en moins d'une heure, j'avais presque entièrement tracé mon canevas.

Je lui fis part de mon travail d'esprit, tout informe qu'il était encore. La scène de divorce entre Richard et sa femme me plaisait surtout énormément. Une scène de Schiller m'était revenue à la mémoire, scène d'une beauté et d'une vigueur merveilleuses. Cette scène entre Philippe II et Élisabeth, je voyais moyen de l'appliquer à Richard et à Jenny. Quand nous en serons là, je mettrai les deux scènes en regard.

Tout ce travail préparatoire arrêté entre nous ; — en outre, une chose convenue, à savoir, que Goubaux et Beudin écriraient ensemble la scène des élections, pour laquelle je manquais de détails, tandis que Beudin avait assisté, à Londres, à des scènes de ce genre, — Goubaux me regarda.

— Une seule chose m'inquiète maintenant, dit-il.
— Une seule ?

— Oui, je vois tout le reste de la pièce, et, en vos mains, cela ne peut venir qu'à bien.

— Et quelle est cette chose qui vous inquiète ?

— Le dénoûment.

— Comment, le dénoûment ? Mais nous l'avons trouvé, Mawbray se présente comme témoin, et dit à Richard, près de signer : « Tu es mon fils, et je suis le bourreau ! » Richard tombe à la renverse, et un coup de sang l'envoie à tous les diables, où il mérite bien d'aller.

— Non, ce n'est point cela, dit Goubaux en secouant la tête.

— Qu'est-ce donc, alors ?

— C'est la façon dont il se débarrassera de sa femme.

— Ah ! dis-je. Et vous n'avez aucune idée là-dessus ?

— J'avais bien l'idée de la lui faire empoisonner en prenant le thé.

Je secouai la tête à mon tour.

— Il faut que la mort de Jenny soit, non pas une chose réfléchie, mais une chose de situation, un acte d'emportement.

— Eh ! oui, je le sens bien... Mais un coup de poignard... Richard n'est pas un Antony; Richard ne porte pas un poignard dans la poche de son habit !

— Aussi, dis-je, il ne lui donnera pas un coup de poignard.

— Mais, s'il ne l'empoisonne pas, s'il ne lui donne pas un coup de poignard, que lui fera-t-il ?

— Il la f..... par la fenêtre !

— Hein ?

Je répétai.

— Je croyais avoir mal entendu, dit Goubaux.

— Non.

— Mais vous êtes fou, mon cher ami !

— Laissez-moi faire.

— Mais c'est impossible !

— Je vois la scène... Au moment où Richard croit Jenny enlevée par Tompson, il la retrouve cachée dans le cabinet de la chambre même où l'on va signer le contrat; au même moment, il entendra dans l'escalier les pas de Da Sylva et de sa fille. Pour ne pas être surpris avec Jenny, il n'aura plus qu'un moyen, c'est de la jeter par la fenêtre, et il l'y jettera.

— Je vous avoue que vous m'épouvantez avec vos moyens! Au second acte, il casse la tête de Jenny contre un meuble, au troisième acte, il la jette par la fenêtre... Oh! la la!

— Écoutez, laissez-moi toujours faire la chose comme je l'entends; la chose faite, si elle est absurde, nous la supprimerons.

— Vous entendrez raison?

— Moi? Soyez tranquille; une fois convaincu, je referai, s'il le faut, la pièce d'un bout à l'autre.

— A quand le premier acte?

— Nous sommes... quel jour de la semaine?

— Lundi.

— Venez dîner avec moi jeudi : il sera fait.

— Mais vos répétitions de l'Odéon?

— Bah! on a collationné les rôles aujourd'hui; pendant une quinzaine de jours, on va lire autour d'une table, ou répéter les rôles à la main. Dans quinze jours, Richard sera fait.

— *Amen!*

— Adieu.

— Vous vous en allez déjà?

— Je vais aller travailler.

— A quoi?

— Mais à *Richard* donc! croyez-vous que j'aie trop de temps? Il n'est pas commode à engrener, notre premier acte.

— N'oubliez pas le rôle de Tompson!

— Soyez tranquille, je le tiens... Quand nous serons à la scène où Mawbray le tue, nous lui ferons une mort à la Shakspeare.

— Mawbray le tue donc?

— Oui... Ne vous en avais-je pas prévenu.

— Non.

— Diable! cela vous contrarierait-il que Mawbray tuât Tompson?

— Moi? Pas le moins du monde.

— Vous me l'abandonnez?

— Tompson? Parfaitement.

— Alors, c'est un homme mort... Adieu!

Et je sortis tout courant, et revins me coucher. A cette époque, j'avais encore l'habitude de ne faire mes drames qu'au lit.

Pendant que j'écrivais le premier tableau du premier acte, Goubaux et Beudin faisaient la scène des élections, si vive, si animée, si pleine de caractère. Lorsque Goubaux vint dîner avec moi, le jeudi suivant, tout était prêt, et les deux tableaux pouvaient se souder l'un à l'autre.

Je me mis alors au second acte, c'est-à-dire à la partie vivante du drame. Richard, arrivé par son talent aux premiers rangs de l'opposition, refuse toutes les offres qui lui sont faites par les ministres; mais, adroitement poussé en face d'un inconnu, cet inconnu lui fait non-seulement de telles offres, mais encore de telles promesses, que Richard vend sa conscience pour devenir le gendre de lord Wilmor, et être ministre.

C'est dans le second tableau de cet acte, que se passe la scène de divorce entre Richard et Jenny, scène imitée de Schiller.

Le mardi suivant, nous eûmes une nouvelle réunion. Tout allait à merveille, excepté la scène entre le roi et Richard. Je l'avais complétement manquée; Goubaux s'en chargea et la refit telle qu'elle est, c'est-à-dire une des meilleures et des plus habiles de l'ouvrage.

Quant à la scène imitée de Schiller, voici le point d'imitation :

ACTE IV. — SCÈNE IX.

LE ROI. — Je ne me connais plus moi-même! je ne respecte plus aucune voix, aucune loi de la nature, aucun droit des nations!

LA REINE. — Combien je plains Votre Majesté!

LE ROI. — Me plaindre? La pitié d'une impudique!

L'INFANTE, *se jetant tout effrayée dans les bras de sa mère.* — Le roi est en colère, et ma mère chérie pleure! (*Le roi arrache l'infante des bras de sa mère.*)

LA REINE, *avec douceur et dignité, mais d'une voix tremblante.* — Je dois pourtant garantir cette enfant des mauvais traitements!... Viens avec moi, ma fille! (*Elle la prend dans ses bras.*) Si le roi ne veut pas te reconnaître, je ferai venir de l'autre côté des Pyrénées des protecteurs pour défendre notre cause!

(*Elle veut sortir.*)

LE ROI, *troublé.* — Madame!

LA REINE. — Je ne puis plus supporter... C'en est trop! (*Elle s'avance vers la porte, mais s'évanouit et tombe avec l'infante.*)

LE ROI, *courant à elle, avec effroi.* — Dieu! qu'est-ce donc?

L'INFANTE, *avec des cris de frayeur.* — Hélas! ma mère saigne! (*Elle s'enfuit en pleurant.*)

LE ROI, *avec anxiété.* — Quel terrible accident! Du sang!... Ai-je mérité que vous me punissiez si cruellement?... Levez-vous! remettez-vous!... On vient... levez-vous!... On vous surprendra... levez-vous!... Faut-il que toute ma cour se repaisse de ce spectacle? Faut-il donc vous prier de vous lever?...

A *Richard*, maintenant.

Richard veut forcer Jenny à signer le divorce. Jenny refuse.

JENNY. — Mais que voulez-vous donc, alors? Expliquez-vous clairement; car tantôt je comprends trop, et tantôt pas assez.

RICHARD. — Pour vous et pour moi, mieux vaut un consentement mutuel.

JENNY. — Vous m'avez donc crue bien lâche? Que, moi, j'aille devant un juge, sans y être traînée par les cheveux, déclarer de ma voix, signer de ma main que je ne suis pas digne d'être l'épouse de sir Richard? Vous ne me connaissez donc pas, vous qui croyez que je ne suis bonne qu'aux soins d'un ménage dédaigné; qui me croyez anéantie par l'absence; qui pensez que je ploierai parce que vous appuierez le poing sur ma tête? Dans le temps de mon bonheur, oui, cela aurait pu être; mais mes larmes ont retrempé mon cœur; mes nuits d'insomnie ont affermi mon courage; le malheur enfin m'a fait une volonté! Ce que je suis, je vous le dois, Richard; c'est votre faute; ne vous en prenez donc qu'à vous... Maintenant, voyons! à qui aura le plus de courage, du faible ou du fort. Sir Richard, je ne veux pas!

RICHARD. — Madame, jusqu'ici, je n'ai fait entendre que des paroles de conciliation.

JENNY. — Essayez d'avoir recours à d'autres!

RICHARD, *marchant à elle.* — Jenny!

JENNY, *froidement.* — Richard!

RICHARD. — Malheureuse! savez-vous ce dont je suis capable?

JENNY. — Je le devine.

RICHARD. — Et vous ne tremblez pas?

JENNY. — Voyez.

RICHARD, *lui prenant les mains.* — Femme!

JENNY, *tombant à genoux de la secousse.* — Ah!...

RICHARD. — A genoux!

JENNY, *les mains au ciel.* — Mon Dieu, ayez pitié de lui! (*Elle se relève.*)

RICHARD. — Ah! c'est de vous qu'il a pitié, car je m'en vais... Adieu, Jenny; demandez au ciel que ce soit pour toujours!

JENNY, *courant à lui, et lui jetant les bras autour du cou.* — Richard! Richard! ne t'en va pas!

RICHARD. — Laissez-moi partir.

JENNY. — Si tu savais comme je t'aime!

RICHARD. — Prouvez-le-moi.

JENNY. — Ma mère! ma mère!

RICHARD. — Voulez-vous?

JENNY. — Tu me l'avais bien dit!

RICHARD. — Un dernier mot.

JENNY. — Ne le dis pas.

RICHARD. — Consens-tu?

JENNY. — Écoute-moi.

RICHARD. — Consens-tu? (*Jenny se tait.*) C'est bien. Mais plus de messages, plus de lettres... Que rien ne vous rappelle à moi, que je ne sache même pas que vous existez! Je vous laisse une jeunesse sans époux, une vieillesse sans enfant.

JENNY. — Pas d'imprécations! pas d'imprécations!

RICHARD. — Adieu!

JENNY. — Vous ne partirez pas!

RICHARD. — Damnation!

JENNY. — Vous me tuerez plutôt!

RICHARD. — Ah! laissez-moi! (*Jenny, repoussée, va tomber la tête sur l'angle d'un meuble.*)

JENNY. — Ah!... (*Elle se relève tout ensanglantée.*) Ah! Richard!... (*Elle chancelle en étendant les bras de son côté, et retombe.*) Il faut que je vous aime bien! (*Elle s'évanouit.*)

RICHARD. — Évanouie!... blessée!... du sang!... Malédiction!... Jenny!... Jenny! (*Il la porte sur un fauteuil.*) Et ce sang qui ne s'arrête pas... (*Il l'étanche avec son mouchoir.*) Je ne peux cependant pas rester éternellement ici. (*Il se rapproche d'elle.*) Jenny, finissons... Je me retire... Tu ne veux pas répondre?... Adieu donc!...

Restait le dernier acte.

Le dernier acte se compose de trois tableaux : le premier se passe dans l'hôtel de Richard, à Londres, le second, dans une forêt; le troisième, dans la chambre de Jenny.

On sait l'engagement que j'avais pris de faire jeter Jenny par la fenêtre. Eh bien, je m'apprêtais bravement à le tenir, et j'écrivais, comme d'habitude, la scène dans mon lit.

Voici la situation :

Mawbray a tué Tompson, qui enlevait Jenny, et a ramené celle-ci dans la chambre où a eu lieu, entre elle et son mari, la scène du second acte. Cette chambre n'a que deux portes : une qui donne sur l'escalier, l'autre dans un cabinet, et une fenêtre d'où la vue plonge dans un précipice.

A peine Jenny est-elle restée seule avec ses terreurs, — car elle ne peut pas douter que ce ne soit son mari qui l'ait fait enlever, — qu'elle entend et reconnaît le pas de Richard. Ne pouvant fuir, elle se réfugie dans le cabinet. Richard entre.

RICHARD. — J'arrive à temps! A peine si je dois avoir, sur le marquis et sa famille, une demi-heure d'avance. — James, apportez des flambeaux, et tenez-vous à la porte pour conduire ici les personnes qui arriveront dans un instant... Bien... Allez! (*Tirant sa montre.*) Huit heures! Tompson doit être maintenant à Douvres, et, demain matin, il sera à Calais. Dieu le conduise!... Voyons si rien n'indique que cet appartement a été habité par une femme. (*Apercevant le chapeau et le châle que Jenny vient de déposer sur une chaise.*) La précaution n'était pas inutile... Que faire de cela? Je n'ai pas la clef des armoires... Les jeter par la fenêtre : on les retrouvera demain... Ah! des lumières sur le haut de la montagne... C'est sans doute le marquis; il est exact...

Mais où diable mettre ces chiffons? Ah! ce cabinet... j'en retirerai la clef. (*Il ouvre le cabinet.*)

JENNY. — Ah!

RICHARD, *la saisissant par le bras*. — Qui est là?

JENNY. — Moi, moi, Richard... Ne me faites point de mal!

RICHARD, *l'attirant sur le théâtre*. — Jenny! mais c'est donc un démon qui me la jette à la face toutes les fois que je crois être débarrassé d'elle?... Que faites-vous ici? qui vous y ramène? Parlez vite...

JENNY. — Mawbray!

RICHARD. — Mawbray! toujours Mawbray! Où est-il, que je me venge enfin sur un homme?

JENNY. — Il est loin... bien loin... reparti pour Londres...Grâce pour lui!

RICHARD. — Eh bien?

JENNY. — Il a arrêté la voiture.

RICHARD. — Après?... Ne voyez-vous pas que je brûle?

JENNY. — Et moi, que je...

RICHARD. — Après? vous dis-je!

JENNY. — Ils se sont battus.

RICHARD. — Et?...

JENNY. — Et Mawbray a tué Tompson.

RICHARD. — Enfer!... Alors, il vous a ramenée ici?

JENNY. — Oui... oui... pardon!

RICHARD. — Jenny, écoutez!

JENNY. — C'est le roulement d'une voiture.

RICHARD. — Cette voiture...

JENNY. — Eh bien?

RICHARD. — Elle amène ma femme et sa famille.

JENNY. — Votre femme et sa famille!... Et moi, moi, que suis-je donc?

RICHARD. — Vous, Jenny? vous?... Vous êtes mon mauvais génie! vous êtes l'abîme où vont s'engloutir toutes mes espérances! vous êtes le démon qui me pousse à l'échafaud, car je ferai un crime!

JENNY. — Oh! mon Dieu!

RICHARD. — C'est qu'il n'y a plus à reculer, voyez-vous! vous n'avez pas voulu signer le divorce, vous n'avez pas voulu quitter l'Angleterre...

JENNY. — Oh! maintenant, maintenant, je veux tout ce que vous voudrez.

RICHARD. — Eh! maintenant, il est trop tard!

JENNY. — Qu'allez-vous donc faire alors?

RICHARD. — Je ne sais... mais priez Dieu !
JENNY. — Richard !...
RICHARD, *lui mettant la main sur la bouche*. — Silence ! ne les entendez-vous pas ? ne les entendez-vous pas ? Ils montent !... ils montent !... Ils vont trouver une femme ici !

Je m'arrêtai tout court. J'avais été tant que j'avais pu aller. Il s'agissait, maintenant, de tenir ma parole à Goubaux.

Je sautai de mon lit à terre.

— C'est impossible ! m'écriai-je me parlant à moi-même, et Goubaux l'avait bien dit : Richard va être forcé de prendre sa femme, de la traîner vers la fenêtre ; elle se défendra ; le public ne supportera pas la vue de cette lutte, et il aura parfaitement raison... D'ailleurs, en l'enlevant par-dessus le balcon, Richard montrera aux spectatateurs les jambes de sa femme : les spectateurs riront, ce qui est bien pis que de siffler... Décidément, je suis une brute !... Il doit, cependant, y avoir un moyen !

Le moyen n'était pas facile à trouver ; aussi je le cherchai quinze jours inutilement.

Goubaux ne comprenait rien au temps que je mettais à exécuter le troisième acte. Il m'écrivait lettres sur lettres. Je ne voulais pas lui avouer la cause réelle de mon retard ; je prenais toute sorte de prétextes : je faisais mes répétitions, j'allais voir ma fille chez sa nourrice, j'avais une partie de chasse, que sais-je, moi ? tous prétextes aussi valables à peu près que ceux que donne Pierre Schlemill pour s'excuser de n'avoir pas d'ombre.

Enfin, une belle nuit, je me réveillai en sursaut en criant comme Archimède : Ευρηκα ! et, dans le même costume que lui, je courus, non pas les rues de Syracuse, mais les coins et les recoins de ma chambre pour trouver un briquet phosphorique.

Les bougies allumées, je me recouchai, je pris mon crayon, mon manuscrit, et, haussant les épaules, en mépris de moi-même :

— Pardieu! dis-je, c'était simple comme l'œuf de Christophe Colomb ; seulement, il fallait casser le bout !

Le bout était cassé : il n'y avait plus de lutte, Jenny ne risquait plus de montrer ses mollets, et Richard jetait toujours sa femme par la fenêtre.

Voici le mécanisme :

Après ces mots : « Ils vont trouver une femme ici ! » Richard courait à la porte, et la fermait à double tour.

Pendant ce temps, Jenny courait à la fenêtre, et, du balcon, criait : « Au secours ! au secours ! »

Richard l'y suivait précipitamment; Jenny tombait à ses genoux. On entendait du bruit dans l'escalier ; Richard tirait à lui les deux battants de la fenêtre, s'enfermant avec Jenny sur le balcon. Un cri retentissait. Richard, pâle et s'essuyant le front, repoussait d'un coup de poing les deux battants de la croisée. Il était seul sur le balcon. Jenny avait disparu !

Le tour était fait!

A huit heures du matin, j'écrivais la dernière ligne du troisième acte de *Richard*, et, à neuf heures, j'étais chez Goubaux ; — à dix, il reconnaissait que la fenêtre était, en effet, le seul chemin par lequel Jenny pût sortir.

CCXI

L'édifice féodal et l'édifice industriel. — Les ouvriers de Lyon. — M. Bouvier-Dumolard. — Le général Roguet. — Discussion et signature du tarif réglant le prix de façon des tissus. — Les fabricants refusent de s'y soumettre. — *Besoins factices* des canuts. — Insurrection de Lyon. — Dix-huit millions de liste civile. — Calculs de Timon. — Un mot malheureux de M. de Montalivet.

Pendant ce temps s'accomplissaient trois événements politiques des plus graves : Lyon se mettait en insurrection ; — on discutait la liste civile; — la Chambre votait la loi sur l'abolition de l'hérédité de la pairie.

Nous passerons aussi rapidement que possible sur ces trois événements. Cependant, nous devons au plan de ces Mémoires d'en consigner ici les principaux détails. Il faut qu'on sache que, chaque fois que le pays a jeté un cri, nous l'avons entendu.

Commençons par Lyon.

Tout le monde connaît Lyon, pauvre ville de boue avec un dais de fumée, entassement de richesses et de misères, dont on n'ose parcourir les rues en voiture, non pas de peur d'écraser le peuple, mais de peur de l'insulter; où, pour quarante mille malheureux, les vingt-quatre heures de la journée ont dix-huit heures de travail, de râle et d'agonie.

Vous rappelez-vous la belle comparaison d'Hugo dans le quatrième acte d'*Hernani*:

> Un édifice avec deux hommes au sommet,
> Deux chefs élus auxquels tout roi-né se soumet.
> . . . . Être ce qui commence,
> Seul, debout au plus haut de la spirale immense,
> D'une foule d'États l'un sur l'autre étagés
> Être la clef de voûte, et voir sous soi rangés
> Les rois, et sur leurs fronts essuyer ses sandales,
> Voir, au-dessous des rois, les maisons féodales,
> Margraves, cardinaux, doges, ducs à fleurons;
> Puis évêques, abbés, chefs de clans, hauts barons;
> Puis clercs et soldats; puis, loin du faîte où nous sommes,
> Dans l'ombre, tout au fond de l'abîme, les hommes.

Eh bien, en face de cette pyramide aristocratique, couronnée par *ces deux moitiés de Dieu, le pape et l'empereur*, et resplendissante d'or et de diamants à chacun de ses étages, mettez la spirale populaire à l'aide de laquelle nous allons essayer de vous faire comprendre ce que c'est que Lyon, et vous aurez, non pas un pendant exact, mais, au contraire, une terrible opposition.

Donc, supposez une spirale composée de trois étages : au faîte, huit cents fabricants; au centre, dix mille chefs d'atelier; à la base, supportant ce poids immense qui pèse tout entier sur eux, quarante mille compagnons. Puis, bourdonnant, glanant, grapillant autour de cette spirale comme des frelons autour d'une ruche, les commissionnaires, parasites des fabricants, et fournisseurs des matières premières.

Or, le mécanisme commercial de l'immense machine est facile à comprendre.

Ces commissionnaires vivent des fabricants; ces fabricants vivent des chefs d'atelier; ces chefs d'atelier vivent des compagnons.

Joignez à cela l'industrie lyonnaise, la seule qui fasse vivre ces cinquante ou soixante mille personnes, attaquée sur tous les points par la concurrence; — l'Angleterre produisant à son tour, et ruinant doublement Lyon, d'abord parce qu'elle cesse de s'y approvisionner, ensuite parce qu'elle produit; — Zurich, Bâle, Cologne et Berne, dressant des métiers, et se faisant rivales de la seconde ville de France.

Il y a quarante ans, quand le système continental de 1810 forçait la France entière de s'approvisionner à Lyon, l'ouvrier gagnait de quatre à six francs par jour. Alors, il nourrissait avec facilité sa femme et cette nombreuse famille qui éclôt presque toujours sur la couche imprévoyante de l'homme du peuple.

Mais, depuis la chute de l'Empire, c'est-à-dire depuis dix-sept ans, le salaire n'avait fait que descendre, de quatre francs à quarante sous, puis à trente-cinq, puis à trente, puis à vingt-cinq.

Enfin, à l'époque où nous sommes arrivés, le simple compagnon tisseur d'étoffe unie gagnait dix-huit sous par jour pour un travail de dix-huit heures. Un sou par heure!... De là, impossibilité de vivre.

Les malheureux ouvriers luttèrent longtemps en silence, essayant, à chaque trimestre, de se retirer dans des chambres plus étroites, dans des quartiers plus méphitiques; essayant, chaque jour, de retrancher quelque chose sur leurs repas et sur ceux de leurs enfants.

Mais, enfin, quand ils se virent en face de l'asphyxie faute d'air, en face de la famine faute de pain, il s'éleva de la Croix-

Rousse, — il y a des noms caractéristiques, n'est-ce pas? — il s'éleva de la Croix-Rousse, c'est-à-dire de la cité ouvrière, un immense sanglot pareil à celui que Dante entendit en traversant le premier cercle de l'enfer. C'était la plainte de cent mille souffrants.

Deux hommes commandaient à Lyon, l'un représentant le pouvoir civil, l'autre la force militaire : un préfet et un général.

Le préfet se nommait Bouvier-Dumolard; le général se nommait Roguet.

Le premier, dans ses fonctions administratives, qui le mettaient en contact avec toutes les classes de la société, avait été à même d'étudier cette sombre et profonde misère ; misère d'autant plus terrible, que non-seulement on n'y voyait pas de remède, mais encore qu'elle allait s'aggravant tous les jours.

Quant au général, qui ne connaissait que ses soldats à cinq sous par jour, et qui savait que chacun d'eux avait une ration avec laquelle un canut eût pu nourrir sa femme et ses enfants, il ne s'inquiétait pas d'autre chose.

Le cri de douleur des pauvres affamés vint donc frapper bien différemment le général et le préfet.

On s'informa de part et d'autre de ce que voulait dire ce cri de douleur.

Les ouvriers demandaient un tarif.

Le général Roguet assembla les prud'hommes et leur demanda une mesure de compression.

M. Bouvier-Dumolard, au contraire, voyant les prud'hommes assemblés, leur demanda une augmentation de salaire.

Le 11 octobre, le conseil des prud'hommes prit cet arrêté :

« Considérant qu'il est de notoriété publique que beaucoup de fabricants payent réellement des façons trop minimes, il est utile qu'un tarif *au minimum* soit fixé pour le prix des façons. »

En conséquence, il y eut, le 15 octobre suivant, réunion à l'hôtel de la préfecture.

Le tarif devait être discuté contradictoirement entre vingt-deux ouvriers délégués par leurs camarades, et vingt-deux fabricants que la chambre de commerce avait désignés.

Cette mesure, en supposant qu'elle eût besoin d'antécédents pour être légale, avait été autorisée en 1789 par l'Assemblée constituante, en 1793 par la Convention, enfin en 1811 par l'Empire.

Rien ne fut décidé dans cette première réunion.

Le 21 octobre, une nouvelle assemblée fut convoquée au même endroit, et dans le même but.

Les fabricants étaient moins pressés que les ouvriers ; cela se conçoit : ils devaient donner, et les ouvriers recevoir ; ils devaient perdre, et les ouvriers gagner.

Les fabricants dirent qu'ayant été nommés d'office, ils ne pouvaient engager leurs confrères.

Une troisième réunion fut indiquée pour que les fabricants eussent le loisir de nommer leurs fondés de pouvoir.

Pendant ce temps, les ouvriers mouraient de faim.

Cette réunion fut fixée au 25 octobre.

La vie ou la mort de quarante mille compagnons, celle de leurs pères, de leurs mères, de leurs femmes et de leurs enfants ; l'existence de plus de cent mille personnes, allait se discuter dans cette séance.

Aussi, spectacle inconnu, lamentable, effrayant, vit-on, à dix heures du matin, descendre ce peuple de malheureux, qui venait attendre son arrêt sur la place de la préfecture.

Au reste, parmi ces milliers de suppliants, pas une arme ! une arme les eût empêchés de joindre les mains, et ils ne voulaient que prier.

Le préfet, effrayé de cette multitude, effrayante même dans son silence, s'avança vers elle.

Au milieu de ces soixante ou quatre-vingt mille personnes de tout âge et de sexes différents, il y avait à peu près trente mille hommes.

— Mes enfants, leur dit le préfet, retirez-vous, je vous en prie, au nom de votre propre intérêt. Si vous restez là, le tarif aura l'air d'être imposé par votre présence. Or, pour être valable, il faut que la délibération soit deux fois libre : libre en réalité, et libre en apparence.

Toutes ces voix affamées, toutes ces poitrines sans haleine, retrouvèrent de la force pour crier :

— Vive le préfet !

Puis, humblement, sans plaintes, sans observations, ils se retirèrent.

Le tarif fut signé.

Il en résultait une augmentation de vingt-cinq pour cent — pas tout à fait cinq sous par jour. Mais cinq sous par jour, c'était la vie de deux enfants.

Aussi ce fut une grande joie dans toute cette pauvre multitude : les ouvriers illuminèrent leurs fenêtres, et, bien avant dans la nuit, ils chantèrent et dansèrent entre eux.

Cette joie était bien innocente.

Les fabricants crurent que ces chants étaient des chants de triomphe, et ces danses des carmagnoles présageant un second 93.

C'était un acheminement pour arriver à refuser le tarif.

Huit jours ne s'étaient pas écoulés, que l'on comptait déjà dix ou douze refus.

Le conseil des prud'hommes condamna ceux qui avaient refusé.

Les fabricants se réunirent et décidèrent qu'au lieu de refus partiels, on ferait une protestation en masse. Cent quatre fabricants protestèrent, en effet, déclarant qu'ils ne se croyaient pas obligés de venir en aide à des hommes qui s'étaient créé des *besoins factices*.

Des *besoins factices*, avec dix-huit sous par jour ! quels sybarites !

Devant cette protestation, le préfet, cœur bon, mais esprit irrésolu, recula.

Les prud'hommes, voyant reculer le préfet, reculèrent eux-mêmes.

Prud'hommes et préfet déclarèrent que le tarif n'était point obligatoire, et que ceux des fabricants qui voulaient se soustraire à l'augmentation imposée en avaient le droit.

Sur huit cents fabricants, six ou sept cents profitèrent de la permission.

Alors, les malheureux tisseurs résolurent de cesser tout travail pendant huit jours. Pendant ces huit jours, ils se promèneraient désarmés et suppliants dans la ville, ne faisant d'autre démonstration que de saluer avec affectation et reconnaissance ceux des fabricants qui, plus humains que les autres, avaient observé le tarif.

Cette humilité rendit les fabricants de plus en plus dédaigneux : un d'eux reçut une députation d'ouvriers avec des pistolets sur sa table ; un autre, à des malheureux qui lui disaient : « Il y a deux jours qu'il ne nous est entré un morceau de pain dans le ventre, » répondit :

— Eh bien, nous y fourrerons des baïonnettes !

De son côté, le général Roguet, malade et, par conséquent, de mauvaise humeur, fit placarder la loi sur les attroupements.

Le préfet comprit tous les malheurs qui pouvaient résulter d'une pareille mesure, et se rendit chez le général Roguet pour essayer de la faire rapporter.

Le général Roguet refusa de le recevoir.

Il y a des aveuglements étranges, et ce sont surtout les chefs militaires qui sont sujets à ces aveuglements.

Trente mille ouvriers — désarmés, c'est vrai, mais on sait avec quelle rapidité s'arment trente mille hommes — trente mille ouvriers parcouraient les rues de Lyon ; le général Roguet n'avait sous ses ordres que le 66e de ligne, trois escadrons de dragons, un bataillon du 13e et quelques compagnies du génie : en tout, trois mille soldats à peine.

Il persista dans ses mesures de provocation.

On était au 19 novembre. Le général, sous prétexte de la réception du général Ordomont, commanda, pour le lendemain, une revue sur la place Bellecour.

Il était difficile de ne pas voir qu'une menace était renfermée dans cet ordre.

Par malheur, ceux qu'on menaçait commençaient à être à bout de patience. Ce qu'avait dit l'un d'eux n'était point une métaphore poétique : beaucoup n'avaient pas mangé depuis quarante-huit heures. Encore deux ou trois jours de patience de la part de l'autorité militaire, et ceux-là n'étaient plus à craindre : ils seraient morts.

Le 21 novembre, — c'était un lundi, — quatre cents ouvriers en soie se réunirent à la Croix-Rousse. Ils se mirent en marche, leurs syndics en tête, n'ayant d'autres armes que des bâtons. Ils comprenaient qu'il fallait en finir, et ils étaient résolus à aller d'atelier en atelier, et à décider leurs camarades à faire grève avec eux jusqu'à ce que le tarif fût adopté d'une façon sérieuse et définitive.

Tout à coup, au tournant d'une rue, ils se trouvèrent en face d'une soixantaine de gardes nationaux qui faisaient patrouille.

Un officier, emporté par un mouvement belliqueux, s'écria en les apercevant :

— Mes amis, balayons toute cette canaille !

Et, tirant son sabre, il s'élança sur les ouvriers.

Les soixante gardes nationaux le suivirent en chargeant à la baïonnette.

Des soixante gardes nationaux, vingt-cinq furent désarmés en un tour de main ; le reste prit la fuite.

Puis, satisfaits de cette première victoire, sans changer la nature toute pacifique de leur manifestation, les ouvriers se reprirent par le bras, et, marchant quatre par quatre, commencèrent de descendre ce que l'on appelle la Grande-Côte.

Mais les fuyards avaient jeté l'alarme. Une colonne de gardes nationaux de la première légion, composée entièrement de fabricants, prit les armes en toute hâte, et s'avança résolûment à la rencontre des ouvriers.

C'étaient les deux nuages chargés d'électricité, et l'un contre l'autre par des courants contraires. Leur amène la foudre.

La colonne de la garde nationale fit feu. Huit ouvriers tombèrent.

C'était désormais une sorte d'extermination : le sang avait coulé.

A Paris, en 1830, on s'était battu pour une idée, et l'on s'était bien battu; à Lyon, en 1831, on allait se battre pour du pain, et l'on se battrait mieux encore.

Un cri terrible, formidable, immense, retentit dans toute la cité ouvrière.

— Aux armes! on assassine nos frères!

Alors, la colère fit bourdonnante cette immense ruche que la faim faisait muette. Chaque maison jeta dans la rue tout ce qu'elle avait d'hommes en état de combattre : l'un avec un bâton, l'autre avec une fourche, quelques-uns avec des fusils.

En un clin d'œil, construites par des femmes et par des enfants, les barricades s'élèvent; un groupe d'insurgés amène, avec de grands cris, deux pièces de canon appartenant à la garde nationale de la Croix-Rousse; cette garde nationale, non-seulement les a laissé prendre, mais encore elle les a offertes. Si l'on ne poursuit pas les ouvriers dans leurs retranchements, elle restera neutre; mais, si l'on attaque les barricades, elle a des fusils et des cartouches, elle les défendra.

Le soir, quarante mille hommes étaient armés, debout, se pressant contre des bannières sur lesquelles étaient écrits ces mots, — la plus sombre devise peut-être qu'ait jamais tracée la main sanglante de la guerre civile :

VIVRE EN TRAVAILLANT

OU

MOURIR EN COMBATTANT!

Pendant toute la soirée du 21, on se battit; pendant toute la journée du 22, on s'égorgea.

Oh! comme on se tue bien entre compatriotes, entre citoyens, entre frères! — D'ici à cinquante ans, la guerre civile sera la seule guerre possible.

A sept heures du soir, tout était fini, et la troupe battait en retraite devant le peuple, vainqueur sur tous les points.

A minuit, le général Roguet, hissé à force de bras sur un cheval où le secouait la fièvre, sortait de la ville, qu'il lui était impossible de tenir plus longtemps.

Il se retira par le faubourg Saint-Clair, sous un dais de feu, à travers une grêle de balles.

L'odeur de la poudre rendit la force au vieux soldat: il se redressa sur son cheval, et se grandit sur ses étriers.

— Ah! dit-il, voilà enfin que je respire! je me sens mieux ici que dans les salons de l'hôtel de ville.

Pendant ce temps, le peuple frappait aux portes de ce même hôtel de ville que lui abandonnaient le préfet et les membres de la municipalité.

Une fois à l'hôtel de ville, ce palais du peuple, le peuple sentit qu'il était le maître.

Mais à peine eut-il senti qu'il était le maître, qu'il s'effraya de son pouvoir.

Ce pouvoir fut divisé entre huit personnes: Lachapelle, Frédéric, Charpentier, Perenon, Rosset, Garnier, Dervieux et Filhol.

Les trois premiers étaient des ouvriers qui ne pensaient qu'au maintien du tarif; les cinq autres étaient des républicains qui voyaient la question politique au delà de la question pécuniaire.

Le lendemain du jour où les huit délégués du peuple s'étaient établis en administration provisoire, les administrateurs provisoires étaient sur le point de s'égorger.

Les uns voulaient marcher hardiment dans la voie de l'insurrection; les autres voulaient se rallier à l'autorité civile.

Les derniers l'emportèrent.

On en revint à M. Bouvier-Dumolard.

Le 3 décembre, à midi, le prince royal et le maréchal Soult reprenaient possession de la seconde capitale du royaume, et y rentraient tambour battant et mèche allumée.

Les ouvriers furent désarmés, et retombèrent, pour faire face à leurs nécessités et aux *besoins factices* qu'ils s'étaient créés, à dix-huit sous par jour. La garde nationale fut licenciée, et la ville mise en état de siége. M. Bouvier-Dumolard fut destitué.

Que faisait le roi, pendant ce temps?

Ses ministres préparaient, sous sa dictée, une note dans

laquelle il demandait à la Chambre dix-huit millions de liste civile, — quinze cent mille francs par mois, — cinquante mille francs par jour; sans compter ses cinq millions de rente comme fortune personnelle, et deux ou trois millions de dividende dans des entreprises particulières.

Déjà M. Laffitte, un an auparavant, avait glissé sous les yeux de la commission du budget une note tendante à fixer la liste civile du roi à dix-huit millions.

La commission avait lu la note, et, il faut lui rendre cette justice, elle en avait été effrayée au point de ne pas oser la produire. Cette note avait laissé même une très-fâcheuse impression; si fâcheuse, qu'il avait été convenu entre le ministre et le roi, que le roi écrirait au ministre une lettre confidentielle dans laquelle le roi dirait que ses désirs ne s'étaient jamais élevés jusqu'au chiffre de dix-huit millions, et qu'il allait mettre cette demande sur le compte de ces courtisans trop empressés qui compromettent, par leur dévouement, le pouvoir royal qu'ils croient servir.

Cette lettre confidentielle avait été confidentiellement montrée, et avait produit un excellent effet.

Mais, quand on sut à la cour que la révolte de Lyon n'avait rien de politique, et que les canuts ne s'étaient révoltés que parce qu'ils ne pouvaient pas vivre avec dix-huit sous par vingt-quatre heures, on jugea que le moment était venu de donner au roi ses cinquante mille francs par jour.

On demandait, pour un seul homme, ce qui, à cent vingt lieues de là, suffisait à la vie de cinquante-quatre mille hommes.

C'était trente-sept fois plus que n'avait demandé Bonaparte, premier consul, et cent quarante-huit fois plus que ne touche le président des États-Unis.

Le temps était d'autant plus mal choisi, que, le 1ᵉʳ janvier 1832, — nous anticipons de trois mois sur les événements, — le bureau de bienfaisance du douzième arrondissement publiait la circulaire suivante :

« Vingt-quatre mille personnes inscrites sur les contrôles

du douzième arrondissement de Paris manquent de pain et de vêtements. Beaucoup sollicitent quelques bottes de paille pour se coucher. »

Il est vrai que la demande de dix-huit millions de liste civile était motivée sur les besoins royaux. Chaque besoin avait son chiffre.

Ainsi, tandis que cinq ou six mille malheureux du douzième arrondissement sollicitaient quelques bottes de paille pour se coucher, le roi *avait besoin* de quatre-vingt mille francs, pour les médicaments nécessaires à sa santé; le roi *avait besoin*, pour son service personnel, de trois millions sept cent soixante et treize mille cinq cents francs ; le roi *avait besoin* d'un million deux cent mille francs pour chauffer les fourneaux souterrains de sa bouche.

C'était beaucoup de remèdes, on en conviendra, pour un roi dont la santé était devenue proverbiale, et qui savait assez de médecine pour se passer de médecin, dans ses indispositions ordinaires ; c'était un grand luxe pour un roi qui avait supprimé grand écuyer, grand veneur, grand maître des cérémonies, toutes les grandes charges de l'État, et qui avait lancé le programme nouveau en France d'une petite cour moitié bourgeoise et moitié militaire ; enfin, c'était beaucoup de bois et de charbon donné à un roi qui avait à lui, soit comme propriété paternelle, soit comme apanage, les plus belles forêts de l'État.

Il est vrai que l'on calcula que la vente de bois que faisait annuellement le roi, et qui suffisait à chauffer le dixième de la France, ne suffisait pas à chauffer les fourneaux souterrains du Palais-Royal.

On calcula bien autre chose.

C'était le temps des calculs. Il y avait, à cette époque-là, un grand calculateur qui est mort depuis, et qu'on appelait Timon le Misanthrope. Ah! s'il n'était pas mort!...

Il calcula que, dix-huit millions de liste civile, c'était :

La cinquantième partie du budget de la France;

Ce que produit la contribution de nos trois départements

les plus peuplés, les départements de la Seine, de la Seine-Inférieure et du Nord;

Ce que payent à l'État, pour l'impôt foncier, dix-huit autres départements ;

Quatre fois plus que ne versent dans les coffres de l'État le Calaisis, le Boulonnais, l'Artois et leur six cent quarante mille habitants, pour les contributions de toute espèce d'une année ;

Trois fois plus que ne rapporte l'impôt sur le sel ;

Deux fois plus que le gain du ministère sur la loterie ;

La moitié de ce que produit le monopole de la vente du tabac ;

La moitié de ce qu'on alloue annuellement pour l'entretien de nos ponts, de nos routes, de nos ports, de nos canaux, entretien qui donne du travail à plus de quinze mille personnes;

Neuf fois plus que tout le budget de l'instruction publique, avec les encouragements, les subventions, les bourses nationales ;

Le double de la dépense du ministère des affaires étrangères, qui paye trente ambassadeurs et ministres plénipotentiaires, cinquante secrétaires d'ambassade et de légation, cent cinquante consuls généraux, consuls, vice-consuls, drogmans et agents consulaires; quatre-vingt-dix chefs de division, chefs de bureau, sous-chefs, employés, commis, traducteurs, gens de service;

La solde d'une armée de cinquante-cinq mille homme, officiers de tous grades, sous-officiers, caporaux et soldats;

Un tiers de plus que ne coûte le personnel de toute l'administration de la justice; — notez qu'en disant que la justice est payée, nous ne disons pas qu'elle soit rendue.

Enfin, une somme suffisante à donner du travail, toute l'année, à soixante et un mille six cent quarante-trois ouvriers de la campagne!...

Ce calcul ne laissa point que de faire réfléchir la bourgeoisie, si enthousiaste qu'elle fût de son roi.

Puis, comme si tous les malheurs dussent s'acharner à cette fatale liste civile de 1832, voilà M. de Montalivet, chargé de trouver de bonnes raisons pour la faire avaler aux contribuables, qui s'avise de dire en pleine Chambre :

— Si le luxe est banni du palais du roi, il le sera bientôt des maisons de ses *sujets*.

A ces mots, l'explosion fut prompte et immense ; on eût dit qu'ils avaient mis le feu à la poudrière de Grenelle.

— Les hommes qui font les rois ne sont pas les sujets des rois qu'ils font ! s'écrie M. Marchal. Il n'y a plus de sujets en France.

— Il y a un roi, cependant, glisse M. Dupin, qui touche un traitement direct de ce roi.

— Il n'y a plus de sujets, répète M. Leclerc-Lasalle. A l'ordre, le ministre ! à l'ordre !

— Je ne comprends pas la valeur de l'interruption, répond M. de Montalivet.

— C'est une insulte à la Chambre, s'écrie M. Laboissière.

— A l'ordre ! à l'ordre ! à l'ordre !

Le président agite sa sonnette.

— A l'ordre !! à l'ordre !! à l'ordre !!

Le président se couvre.

— A l'ordre !!! à l'ordre !!! à l'ordre !!!

Le président lève la séance.

Les députés sortent en criant : « A l'ordre ! à l'ordre ! à l'ordre ! »

Tout cela était plus grave qu'on ne l'eût cru au premier abord : c'était une rude atteinte à la renommée bourgeoise qui avait fait Louis-Philippe roi de France.

Le même jour, sous la présidence d'Odilon Barrot, cent soixante-sept membres de la chambre signèrent une protestation contre le mot *sujet*.

Quant à la liste civile, elle fut réduite à quatorze millions.

Un douaire fut attribué à la reine en cas de décès du roi ; une dotation annuelle d'un million fut accordée à M. le duc d'Orléans.

C'était un triomphe, mais un triomphe humiliant ; les débats de la Chambre sur le mot *sujet*, les lettres de M. de Cor..... — Peste ! qu'allions-nous faire ? nous allions confondre Timon le Misanthrope avec M. de Cormenin! — les lettres de Timon, le blâme de Dupont (de l'Eure), les railleries des feuilles républicaines, tout cela avait grandement remplacé cette voix de l'esclave antique qui criait derrière les empereurs triomphants : « César, souviens-toi que tu es mortel ! »

En même temps, une voix criait: « Pairie, souviens-toi que tu es morte! »

C'était la voix du *Moniteur*, proclamant l'abolition de l'hérédité de la pairie.

CCXII

Mort de *Mirabeau*. — Les accessoires de *Charles VII*. — Une partie de chasse. — Montereau. — Une tentative à laquelle je ne résiste pas. — Position critique où nous nous trouvons, mes compagnons de chasse et moi. — Nous nous introduisons, la nuit, par effraction, dans une maison non habitée. — Inspection des lieux. — Souper improvisé. — Comme on fait son lit on se couche. — Je vais voir lever l'aurore. — Chasse au poulet et au canard. — Apprêts du déjeuner. — La mère Galop.

On le voit, le temps n'était point caressant à littérature. Mais il y avait, dans cette nerveuse époque, une turgescence vitale telle, qu'il restait à la jeunesse, qui venait de faire émeute politique sur le boulevard Saint-Denis ou sur la place Vendôme, assez de force pour aller faire émeute littéraire au théâtre de la Porte-Saint-Martin ou à l'Odéon.

Mirabeau, je crois l'avoir dit, avait été joué, et était passé comme une ombre, sans avoir pu même, en mourant, léguer au public le nom de son auteur: la troupe de l'Odéon s'était donc mise tout entière à *Charles VII*.

Soit que Harel en fût revenu à mon avis, que la pièce ne devait pas faire d'argent, soit qu'il fût dans un de ces moments de ladrerie, très-rares chez lui, je dois l'avouer, quand mademoiselle Georges jouait dans un ouvrage, il n'avait voulu hasarder aucune dépense, pas même celle du daim que tue Raymond au premier acte, pas même celle de la cuirasse que revêt Charles VII au quatrième.

Il en résulta que je fus obligé d'aller moi-même tuer un daim au Raincy, et de le faire empailler à mes frais, puis d'aller emprunter au musée d'artillerie une cuirasse complète, que l'on me prêta obligeamment, en souvenir du service que j'avais rendu, le 29 juillet 1830, à l'établissement en sauvant une partie de l'armure de François 1er.

Au reste, les répétitions marchaient avec une telle ardeur, que, le 5 septembre, jour de l'ouverture de la chasse, étant arrivé, je n'hésitai point à laisser *Charles VII* à la force d'impulsion que je lui avais donnée, et à aller, comme aurait dit M. Étienne, courtiser Diane aux dépens des Muses.

Il est vrai que nos Muses, à nous, s'il faut en croire l'illustre académicien, étaient de tristes Muses !

Ce qui m'avait déterminé à cette débauche cynégétique, c'était une permission illimitée que m'avait communiquée Bixio. Cette permission nous était donnée par notre ami commun Dupont-Delporte, que nous venions, en vertu de nos pouvoirs discrétionnaires, de faire sous-lieutenant dans l'armée, en même temps qu'un charmant garçon nommé Vaillant, lequel dirigeait, avec Louis Desnoyers, ce que l'on appelait le *Journal rose*, et le fils de mademoiselle Duchesnois, qui, je le crois, s'est fait bravement tuer en Algérie. — Quant à Vaillant, je ne sais ce qu'il est devenu, et s'il a suivi sa carrière militaire ; mais, s'il vit encore, partout où il se trouve, qu'il reçoive la poignée de main que je lui donne à travers un quart de siècle écoulé.

Cette permission était bien faite pour tenter un chasseur.

Dupont-Delporte nous recommandait à son père, et le priait de mettre son château et ses terres à notre disposition. Ce château était situé à trois quarts de lieue de Montigny, petit village situé lui-même à trois lieues de Montereau.

Nous partîmes par la diligence de six heures du matin, le 4 septembre ; — nous arrivâmes à Montereau vers quatre heures du soir.

Je ne connaissais pas encore Montereau, doublement historique, et par l'assassinat du duc de Bourgogne Jean Sans-Peur, et par la victoire que, dans l'agonie désespérée de 1814, Napoléon y remporta sur les Autrichiens et les Wurtembergeois.

Notre caravane se composait de Viardot, l'auteur de l'*Histoire des Arabes en Espagne*, et, depuis, le mari de cette adorable et universelle artiste qu'on appelle Pauline Garcia ; de Bessas-Lamégie, alors adjoint au maire du dixième arrondissement ; de Bixio et de Louis Boulanger.

Pendant que Bixio, qui connaissait la ville, se mettait en quête d'une voiture à l'aide de laquelle nous pussions gagner Montigny, Boulanger, Bessas-Lamégie, Viardot et moi, nous nous mîmes à feuilleter ces deux grandes pages de l'histoire d'une petite ville, écrites à quatre cents ans de distance.

La situation du pont explique parfaitement la scène de l'assassinat du duc de Bourgogne. Boulanger m'en fit, sur les lieux, un croquis qui me servit plus tard pour mon roman d'*Isabel de Bavière*, et pour ma légende du *Sire de Giac*.

Puis nous allâmes voir, à l'église, l'épée du terrible duc suspendue à la voûte. Si l'on se faisait une idée de l'homme par l'épée, on se tromperait fort : figurez-vous l'épée de bal de François II ou de Henri III !

L'église visitée, nous en avions fini avec les souvenirs de 1417 : il fallait passer à ceux de 1814.

Nous gravîmes rapidement la côte de Surville, et nous nous trouvâmes sur le plateau où Napoléon, se refaisant artilleur, foudroya, avec des pièces pointées par lui, les Wurtembergeois engagés dans la ville. C'est là qu'en descendant de cheval, et qu'en fouettant sa botte de sa cravache, il dit ce mot, remarquable, appel du doute impérial au génie républicain :

— Allons, Bonaparte, sauve Napoléon !

Napoléon fut vainqueur, mais ne fut pas sauvé : le Sisyphe moderne, pour rocher retombant incessamment sur lui, avait l'Europe entière.

Il était cinq heures. Nous avions trois grandes lieues de pays à faire ; — trois lieues de pays, dans quelque département que ce soit, fût-ce dans celui de Seine-et-Marne, équivalent toujours à cinq lieues de poste. Or, cinq lieues de poste dans une patache de province, c'est au moins quatre heures de route. Nous n'arriverions chez M. Dupont-Delporte, que personne de nous ne connaissait, qu'à neuf heures ou neuf heures et demie du soir. Serait-il père assez tendre pour nous pardonner une pareille invasion, fondant sur lui à l'improviste ?

Bixio répondait qu'avec la lettre du fils, nous étions sûrs, à quelque heure du jour ou de la nuit que nous vinssions heurter à sa porte, d'être bien reçus par le père.

Nous partîmes dans cette confiance, entassés, nous et nos chiens, dans la fameuse patache en question, laquelle nous donna immédiatement son prospectus en mettant une heure un quart à faire la première lieue.

Nous venions d'entamer la seconde, lorsqu'en longeant une pièce de luzerne, la tentation me prit d'y entrer avec le chien d'un de mes compagnons de chasse; je ne sais par quel malheur j'étais déferré du mien.

On me fit l'observation que la chasse n'était point ouverte; mais ma seule réponse fut que c'était une raison de plus pour y trouver du gibier.

Puis j'ajoutai que, si je parvenais à tuer soit une couple de perdreaux, soit un lièvre, ce serait toujours un allégement au souper qu'allait être forcé de nous donner M. Dupont-Delporte.

Ce raisonnement séduisit mes compagnons. On arrêta la patache; je pris le chien de Viardot, et j'entrai dans la pièce de luzerne.

Si un garde champêtre quelconque apparaissait, la patache reprenait son chemin, et, moi, je me chargeais de distancer le susdit garde champêtre. Ceux qui connaissaient ma façon de marcher n'avaient aucune inquiétude à cet égard.

On se rappelle ce voyage que je fis de Crépy à Paris, aller et retour, en chassant avec mon ami Paillet.

A peine avais-je fait vingt pas dans la pièce de luzerne, qu'un grand levraut de trois quarts partit sous le nez du chien. Il va sans dire que ce fut un levraut mort.

Comme, au bruit de mon coup de fusil, aucun garde champêtre n'était apparu, je pris mon levraut par les pattes de derrière, et remontai tranquillement dans la patache.

La belle chose que le succès ! Tout le monde me félicita, même les plus timorés.

A trois quarts de lieue plus loin, seconde pièce de luzerne.

Nouvelle tentation, nouveau raisonnement, nouvelle adhésion.

Dès le commencement de la pièce, le chien rencontra, puis tomba en arrêt. Un vol d'une dizaine de perdreaux partit ; je lâchai mon premier coup au beau milieu de la bande : il en tomba deux ; un troisième fut abattu de mon second coup.

Cela nous faisait un rôti, sinon complet, du moins présentable.

Je remontai dans la patache au milieu des applaudissements de la caravane.

On va voir tout à l'heure que ces détails, si frivoles qu'ils puissent paraître au premier abord, ne sont pas sans importance.

J'avais bonne envie de continuer une chasse qui me semblait devoir faire le pendant de la pêche miraculeuse ; mais la nuit vint, et me força de m'en tenir à mon levraut et à mes trois perdrix.

Nous marchâmes encore deux heures. Puis nous nous trouvâmes en face d'une masse parfaitement noire.

C'était le château de M. Dupont-Delporte.

— Là ! dit le conducteur, nous sommes arrivés.

— Comment, nous sommes arrivés ?

— Oui.

— C'est là le château d'Esgligny ?

— C'est là le château d'Esgligny.

Nous nous regardâmes.

— Mais tout le monde est couché, dit Bessas.

— Nous allons faire une révolution, ajouta Viardot.

— Messieurs, proposa Boulanger, je crois que nous ferions bien de nous coucher dans la voiture, et de ne nous présenter que demain matin.

— Bon! dit Bixio, M. Dupont-Delporte ne nous le pardonnerait pas.

Et, sautant à bas de la voiture, il s'avança résolûment vers la porte, et sonna.

Pendant ce temps, le conducteur, qui était payé d'avance, et qui avait frémi à cette proposition, faite par Boulanger, de prendre sa patache pour tente, tourna doucement la tête de son cheval vers Montigny, et partit tout à coup d'un trot qui prouvait que son cheval se sentait fort soulagé par la mise à terre de son chargement.

Un instant nous eûmes l'intention de le retenir; mais, avant que la discussion qui s'était établie à ce sujet fût terminée, conducteur, cheval et voiture avaient disparu dans les ténèbres.

Nos vaisseaux étaient brûlés!

La situation devenait d'autant plus précaire que Bixio avait beau sonner, frapper, jeter des pierres dans la porte, personne ne répondait.

Une idée pleine de terreur commençait à pénétrer dans nos esprits: le château, au lieu de renfermer des gens endormis, paraissait ne renfermer aucune sorte de gens. C'était une triste perspective pour des voyageurs dont pas un ne connaissait le pays, et qui se sentaient un appétit de naufragés.

Bixio cessa de sonner, cessa de frapper, cessa de jeter des pierres; l'assaut avait duré un quart d'heure, et n'avait rien produit: il était évident que le château était désert.

Nous nous réunîmes en conseil. Chacun mit en avant son avis.

Bixio persistait dans le sien, qu'il fallait entrer, dût-on passer par-dessus les murs; il répondait de l'approbation de M. Dupont-Delporte à tout ce que nous ferions.

— Voyons, lui dis-je, prends-tu la chose sur toi?

— Entièrement.

— Nous garantis-tu, non pas l'impunité judiciaire, mais l'absolution courtoise?

— Oui.

— Eh bien, que quelqu'un allume un bout de papier, et m'éclaire.

Un fumeur (hélas! dès cette époque, il y avait des fumeurs partout), un fumeur tira de sa poche un briquet phosphorique, tordit une moitié de journal, et m'éclaira avec ce phare improvisé.

En quatre tours de main, j'eus, à l'aide de mon tournevis, déchaussé la serrure. La serrure déchaussée, la porte s'ouvrit toute seule.

Nous nous trouvâmes dans le parc.

Avant d'aller plus loin, nous crûmes devoir remettre la serrure à sa place. Puis, à tâtons, à travers les allées tortueuses, nous atteignîmes la porte du perron.

Le hasard faisait que les émigrants, comptant probablement sur la première porte pour opposer un obstacle suffisant, n'avaient point fermé celle du château.

Nous entrâmes donc dans le château, et nous nous répandîmes dans les salons, les chambres et les cuisines.

Partout on trouvait les traces d'un déménagement précipité, et que sa précipitation même avait rendu incomplet.

Dans la cuisine restait le tournebroche tout monté, deux ou trois casseroles et une poêle. Dans la salle à manger, il y avait douze chaises et une table; dans la lingerie, dix-huit matelas; dans l'armoire d'une chambre, trente pots de confitures!

Chaque découverte amenait des cris de joie pareils à ceux que poussait Robinson Crusoe, au fur et à mesure qu'il visitait le vaisseau naufragé.

Nous avions de quoi faire la cuisine, de quoi nous asseoir, de quoi nous coucher; plus, trente pots de confitures pour notre dessert.

Il est vrai que, pour notre souper, nous n'avions rien.

C'est alors que je tirai de ma poche mon lièvre et mes perdreaux, en déclarant que j'étais prêt à dépouiller le lièvre, si l'on voulait plumer les perdreaux.

Puis, le lièvre dépouillé, les perdreaux plumés, je me chargeais de mettre le tout à la broche.

Seulement, nous manquions de pain.

Boulanger poussa un cri.

Pour dessiner la vue du pont de Montereau, ou plutôt pour effacer les lignes hasardeuses de son dessin, il avait envoyé un gamin lui chercher un peu de mie de pain. Le gamin lui avait apporté une miche de deux livres. La miche avait été fourrée dans une carnassière quelconque.

On fouilla toutes les carnassières. La miche de pain se retrouva dans la carnassière de Bessas-Lamégie.

A sa vue, le cri de joie de Boulanger eut un écho universel.

On plaça les deux livres de pain sous la sauvegarde de l'honneur public ; mais, pour plus grande sûreté, Bixio mit dans sa poche la clef du buffet où elles étaient renfermées. Après quoi, je commençai à dépouiller mon lièvre, et mes aides de cuisine commencèrent à plumer les perdreaux.

Bessas-Lamégie, qui avait déclaré n'avoir aucune disposition culinaire, fut envoyé, avec une lanterne, à la recherche d'un combustible quelconque.

Il rapporta deux fagots, en annonçant que le bûcher était amplement garni, et qu'en conséquence, nous ne devions pas craindre de faire du feu.

La cheminée flamba de joie à cette assurance.

Dans un tiroir de la table de la cuisine, nous avions trouvé quelques vieilles fourchettes de fer. Nous n'avions pas l'indélicatesse d'exiger de l'argenterie.

Tant bien que mal, le couvert se trouva mis.

Chacun de nous avait son couteau, et, de plus, sa gourde pleine, l'une de vin, l'autre d'eau-de-vie, l'autre de kirsch.

Moi qui ne bois que peu de vin, et qui n'aime ni l'eau-de-vie ni le kirsch, j'avais du sirop de groseille. Je fus donc le seul qui ne pût concourir au désaltèrement général ; mais on me pardonna en faveur des talents que je venais de déployer comme rôtisseur. On comprit même que j'étais un homme à ménager, et l'on exalta mon adresse à tuer le gibier et mon habileté à le faire rôtir.

Il était près d'une heure du matin quand nous nous couchâmes tout habillés sur les matelas. Les Spartiates en prirent un seul, les Sybarites en prirent deux.

Je me réveillai le premier ; à peine faisait-il jour.

Dans les quelques moments qui s'étaient écoulés entre l'extinction de la lumière et la venue du sommeil, j'avais songé à l'avenir, et je m'étais promis, dès que je serais éveillé, de chercher des yeux un village, un hameau quelconque où nous pussions nous approvisionner.

Je montai donc, comme lady Malbrouck, aussi haut que je pus monter, non pas à ma tour, mais au grenier.

On apercevait au loin un clocher perdu dans les arbres : c'était probablement celui du village de Montigny.

La distance à laquelle il était situé m'inspirait de fort tristes réflexions, lorsqu'en abaissant mélancoliquement mes yeux vers la terre, j'aperçus un poulet qui picorait dans une allée; puis, dans une autre allée, un autre poulet ; puis, dans une espèce de mare, un canard barbotant.

Il était évident que c'était l'arrière-garde du poulailler, qui, par une fuite intelligente, s'était soustraite à la mort.

Je descendis, je pris mon fusil dans la cuisine, je mis deux cartouches de rechange dans ma poche, et je courus au jardin.

Trois coups de fusil firent raison des poulets et du canard. Nous avions de quoi déjeuner.

En outre, on dépêcherait deux de nous au village pour avoir des œufs, du pain, du vin et du beurre.

A mes trois coups de fusil, les fenêtres s'ouvrirent, et j'y vis apparaître des têtes qui avaient l'air d'autant de points d'interrogation.

Je montrai mes deux poulets d'une main, et mon canard de l'autre.

Il y avait progrès ; aussi ce double geste, tout simple qu'il était, arracha-t-il aux spectateurs des cris d'admiration.

La veille, à souper, nous n'avions que du rôti ; à déjeuner, nous allions avoir rôti et ragoût.

Je comptais mettre aux navets le canard, qui me paraissait d'un âge mûr.

L'enthousiasme fait les grands dévouements : lorsque je proposai de tirer au sort à qui irait au village de Montigny chercher le beurre, les œufs, le pain et le vin, deux hommes de bonne volonté sortirent des rangs.

C'étaient Boulanger et Bixio, qui, n'étant ni chasseurs ni cuisiniers, désiraient se rendre utiles à la société selon leurs petits moyens.

Leurs services furent acceptés. On découvrit un vieux panier dont on assura le fond avec des ficelles.

Bixio, pour donner l'exemple de l'humilité, se chargea du panier vide. Boulanger devait se charger du panier plein.

J'occupai le reste de mon monde à plumer les poulets et le canard, et j'entrepris un voyage de découverte.

Il était impossible qu'un château si bien approvisionné, même en l'absence de ses maîtres, ne comptât point un verger et un potager parmi ses dépendances. Il s'agissait de découvrir l'un et l'autre.

J'étais sans boussole ; mais, à l'aide du soleil levant, je distinguai le midi du nord : le verger et le potager devaient naturellement être situés au midi du parc.

Au bout de cent pas, je marchais en pleins fruits et en pleins légumes. Je n'eus qu'à choisir.

Carottes, salades; voilà pour les légumes. Poires, pommes, raisins; voilà pour les fruits.

Je revins chargé d'une double récolte. Bessas-Lamégie, qui me vit arriver de loin, me prit pour Vertumne, dieu des jardins.

Dix minutes après, le dieu des jardins avait fait place au dieu de la cuisine. Un tablier trouvé par Viardot autour du corps, un bonnet de papier confectionné par Bessas sur la tête, j'avais l'air de Comus ou de Vatel. Je possédais sur le dernier un grand avantage : c'est que, n'attendant point de marée, je ne m'imposais pas la punition de me couper la carotide si la marée était en retard.

Au reste, les aides-marmitons n'avaient point perdu de temps; les poulets et le canard étaient plumés, et un brasier homérique flambait dans la cheminée.

Tout à coup, au moment où j'embrochais mes deux poulets, de grands cris retentirent d'abord dans la cour, puis dans l'antichambre, puis dans l'escalier, et une vieille femme furieuse, sans bonnet, et tout effarée, fit son entrée dans la cuisine.

C'était la mère Galop.

CCXIII

Ce que c'était que la mère Galop. — Pourquoi M. Dupont-Delporte était absent. — Comment je me brouillai avec Viardot. — Le quart d'heure de Rabelais. — Providence n° 1. — Le supplice de Tantale. — Un garçon qui n'avait pas lu Socrate. — Providence n° 2. — Un déjeuner pour quatre. — Retour à Paris.

La mère Galop était l'aide de cuisine de M. Dupont-Delporte; elle servait surtout à faire les courses du château au village, et on l'appelait la mère Galop à cause de la rapidité proverbiale avec laquelle elle accomplissait ces sortes de missions.

Je n'ai jamais su son autre nom, et n'ai jamais eu la curiosité de m'en informer.

La mère Galop avait vu sortir de la cheminée une colonne de fumée près de laquelle celle qui guidait les Hébreux dans le désert n'était qu'une vapeur, et elle était accourue, ne doutant pas que le château de son maître ne fût envahi par une bande de chauffeurs.

Son étonnement fut grand quand elle vit un cuisinier et deux ou trois marmitons embrochant et plumant des volailles.

Elle nous demanda naturellement qui nous étions et ce que nous faisions dans *sa cuisine*.

Nous lui répondîmes que M. Dupont-Delporte fils, étant sur le point de se marier, et comptant célébrer ses noces au château, nous avait envoyés d'avance, pour prendre possession des cuisines.

Elle en crut ce qu'elle voulut: mon opinion est qu'elle n'en crut pas grand'chose; mais que nous importait? elle n'était pas en force.

Nous lui eussions bien montré la lettre de Dupont-Delporte,

mais deux raisons nous en empêchèrent : la première, c'est que Bixio la tenait dans sa poche, et l'avait emportée au marché ; la seconde, c'est que la mère Galop ne savait pas lire !

A notre tour, nous interrogeâmes, avec toute l'adresse dont nous étions capables, la mère Galop sur cette absence de toute la famille, qui faisait le château désert.

M. Dupont-Delporte père avait été nommé préfet de la Seine-Inférieure, et il avait déménagé en toute diligence depuis une semaine, laissant son château et ce qu'il y restait de mobilier sous la surveillance de la mère Galop.

On voit qu'elle remplissait son mandat en conscience.

L'arrivée de la mère Galop avait son bon et son mauvais côté : c'était un censeur, mais, en même temps, c'était une femme de ménage.

Il en résulta que, moyennant une pièce de cinq francs qui lui fut généreusement octroyée par moi, nous eûmes des assiettes et des serviettes à notre déjeuner.

Bixio et Boulanger arrivèrent comme les poulets accomplissaient leur dernier tour de broche, et comme la mère Galop dressait le canard aux navets.

Une omelette de vingt-quatre œufs compléta le service.

Puis, admirablement lestés, nous nous mîmes en chasse.

Nous n'avions pas tiré quatre coups de fusil, que nous vîmes le garde champêtre accourir en toute hâte.

C'était bien ce que nous espérions ; lui savait lire : il tint pour bonne la lettre de notre sous-lieutenant, se chargea de nous conduire par tout le terroir, et de rassurer la mère Galop, à qui notre métamorphose de cuisiniers en chasseurs avait inspiré quelques craintes superposées sur les anciennes craintes, qui ne s'étaient jamais entièrement calmées.

Un chasseur sans chien — on se rappelle que c'était ma position sociale — est un être très-désagréable, attendu que, s'il veut tuer quelque chose, il doit se faire le Pollux, le Pylade ou le Pythias d'un chasseur qui a un chien.

Je commençai par donner la préférence de mon voisinage à Bessas-Lamégie, celui de mes compagnons de chasse avec lequel j'étais le plus lié. Malheureusement, Bessas avait un chien neuf qui faisait ses débuts, et qui en était à sa première ouverture.

Ordinairement, les chiens — le vulgaire du moins — chassent le nez en bas et la queue en l'air. Le chien de Bessas avait adopté le système opposé. Il en résultait qu'il avait l'air de sortir, non pas des mains d'un garde, mais des jambes d'un écuyer; si bien qu'au bout d'une heure, je conseillai à Bessas de monter son chien en selle, ou de l'atteler, mais de ne plus chasser avec lui.

Tout au contraire, Viardot avait une petite chienne charmante, chassant sous le canon du fusil, arrêtant comme un pieu, et revenant au premier coup de sifflet.

J'abandonnai Bessas, et commençai à jouer avec Viardot, que je connaissais moins, la scène de don Juan et de M. Dimanche.

Au beau milieu de la scène, une compagnie de perdrix partit. Viardot leur envoya ses deux coups, et en tua une. Je fis comme Viardot; seulement, j'en tuai deux.

Nous continuâmes de chasser et de tuer dans cette proportion.

Mais, bientôt, j'eus un tort.

Un lièvre partit devant la chienne de Viardot. J'eusse dû donner à celui-ci le temps de lui envoyer ses deux coups, et ne tirer que s'il l'avait manqué.

Je tirai le premier, et le lièvre roula avant que Viardot eût eu le temps de mettre le fusil à l'épaule.

Viardot me regarda de travers; il y avait de quoi.

Nous entrâmes dans une pièce de trèfle. Je tirai mes deux coups sur deux perdrix qui tombèrent démontées toutes les deux. Le secours d'un chien m'était absolument nécessaire. J'appelai la chienne de Viardot; mais Viardot appela sa chienne, et Diane, en bête bien dressée, suivit son maître, et ne s'inquiéta aucunement de moi et de mes deux perdrix.

Nul n'est si près de la damnation de son âme qu'un chasseur qui perd une pièce de gibier; à plus forte raison un chasseur qui perd deux pièces.

J'appelai le chien de Bessas-Lamégie. Roméo vint. — C'était

son nom, et sans doute tenait-il par tradition sa tête si droite: il cherchait sa Juliette à tous les balcons. — Roméo vint donc, piaffa, caracola, rua, ne daigna pas s'occuper un instant de mes deux perdrix.

Je jurai tous les saints du paradis: — mes deux perdrix étaient perdues, et j'étais brouillé avec Viardot!

Viardot, en effet, nous quitta le lendemain, prétextant à Paris un rendez-vous oublié.

Je n'ai pas eu l'occasion de me raccommoder avec lui depuis ce jour-là, et, de ce jour-là, il y a vingt-deux ans. Aussi, comme c'est un charmant esprit avec lequel je ne veux pas rester brouillé plus longtemps, je lui fais ici mes excuses bien humbles et mes amitiés bien sincères.

Le lendemain, ce fut le tour de Bessas de nous quitter. Lui n'avait pas besoin de chercher un prétexte; — son chien lui en fournissait un des plus plausibles.

Je lui donnai de nouveau le conseil de faire entraîner Roméo pour le prochain steeple-chase, et de parier pour lui à la Croix-de-Berny, mais de renoncer à sa collaboration pour la chasse. Je ne sais s'il a suivi mon conseil.

Je restai donc le seul chasseur, et, par conséquent, le seul approvisionneur de la caravane, qui me rendra la justice de dire que, si elle risqua de mourir de faim, ce ne fut pas au château d'Esgligny.

Mais ce fut à Montereau que ce malheur pensa nous arriver à tous.

Nous avions réglé nos comptes avec la mère Galop; nous avions liquidé notre dette avec le garde champêtre; nous avions payé aux paysans ces mille contributions qu'ils lèvent sur le chasseur innocent, pour un chien qui a passé à travers un champ de pommes de terre, ou pour un lièvre qui a dégradé un carré de betteraves; nous étions revenus à Montereau; nous y avions copieusement soupé; enfin, nous avions grassement dormi dans d'excellents lits, lorsque, le lendemain, en faisant nos comptes, nous nous aperçûmes qu'il nous manquait quinze francs, le garçon non payé, pour être au pair avec notre hôte.

Ce déficit reconnu, la consternation fut grande. Pas un de nous n'avait là moindre montre, ne possédait la plus petite épingle, n'était à la tête du plus médiocre bijou. Nous nous regardâmes interdits ; chacun de nous savait bien être au fond de sa bourse, mais chacun de nous avait compté sur son voisin.

Le garçon venait de nous remettre la carte, et rôdait dans la chambre, attendant son argent.

Nous nous retirâmes sur le balcon comme pour prendre l'air. Nous étions logés au *Grand Monarque!* — une enseigne magnifique représentait une grosse tête rouge coiffée d'un turban. — Nous n'avions pas même la ressource, comme Gérard, à Montmorency, de proposer à notre hôte de lui faire une enseigne !

J'étais sur le point d'avouer naïvement notre embarras à l'hôtelier, de lui offrir mon fusil en gage, lorsque Bixio, arrêtant machinalement les yeux sur la maison en face, jeta un cri.

Il venait de lire ces mots au-dessus de trois cerceaux auxquels cliquetaient des chandelles de bois :

CARRÉ, MARCHAND ÉPICIER.

Dans les situations désespérées tout devient un événement.

Nous nous pressâmes autour de Bixio en lui demandant quelle mouche l'avait piqué.

— Écoutez, dit-il, je ne voudrais pas vous donner de fausses espérances ; mais j'ai été au collége avec un Carré qui était de Montereau. Si le bonheur voulait que le Carré que nous avons là devant les yeux fût mon Carré, je n'hésiterais pas à lui demander les quinze francs qui nous manquent.

— Pendant que tu y seras, dis-je à Bixio, demande-lui-en trente.

— Pourquoi trente ?

— Tu ne comptes pas que nous nous en irons à pied, je suppose ?

— Ah! mordieu! c'est vrai. Va pour trente! Messieurs, faites des vœux pour que ce soit mon Carré; je cours y voir.

Bixio descendit, et nous demeurâmes pleins d'anxiété sur le balcon, — le garçon attendait toujours.

Bixio sortit de l'hôtel, passa deux ou trois fois sans affectation devant le magasin; puis, tout à coup, se précipita dans la boutique! puis, à travers les vitres transparentes, nous le vîmes serrer entre ses bras un gros garçon en veste ronde et en casquette de loutre.

Le spectacle était si touchant, que les larmes nous en vinrent aux yeux.

Puis nous ne vîmes plus rien : les deux anciens condisciples s'étaient acheminés vers l'arrière-boutique.

Dix minutes après, tous deux sortirent du magasin, traversèrent la rue, et entrèrent à l'hôtel. Il était évident que Bixio avait réussi dans son emprunt; sans quoi, nous présumâmes que le Rothschild de Montereau n'aurait pas eu l'audace de se montrer après un refus.

Nous ne nous trompions pas.

— Messieurs, dit Bixio en entrant, je vous présente M. Carré, mon ami de collége, lequel, non-seulement veut bien nous tirer d'embarras en nous faisant l'avance de trente francs, mais encore nous invite à aller prendre chez lui un verre de cognac ou de curaçao, selon les tempéraments des amateurs.

L'ami de collége fut reçu par des acclamations. Boulanger, que nous avions élu notre caissier, et qui, depuis une demi-heure, jouissait d'une sinécure, régla les comptes avec le garçon, lui donna généreusement cinquante centimes pour le service, et remit, à l'intention du bateau, quatorze francs dix sous dans sa poche. Puis nous nous précipitâmes par les degrés, bien heureux de nous en tirer plus adroitement que le Henri V de M. Alexandre Duval.

Le service que nous venions de recevoir de notre ami Carré — il nous avait demandé notre amitié, et nous nous étions empressés de la lui accorder — ne nous empêcha point de rendre justice à son cassis et à son curaçao ; ils étaient excellents.

Il est vrai que nous prîmes deux verres de chaque liqueur, pour nous assurer qu'elle était de bonne qualité.

Puis, comme l'heure pressait, nous dîmes à notre nouvel ami la phrase consacrée par le roi Dagobert : « Il n'y a si bonne compagnie qui ne se quitte, » et nous exprimâmes le désir de nous rendre au bateau.

Carré voulut nous faire jusqu'au bout les honneurs de sa ville natale. Il s'offrit pour nous accompagner. Nous acceptâmes.

Bien nous en prit. Nous avions été mal renseignés sur le tarif des places : il s'en fallait de neuf francs que nous n'eussions la somme nécessaire à notre transport par eau.

Carré tira majestueusement dix francs de sa poche, et les remit à Bixio. — Notre dette avait atteint un maximum de quarante francs.

Il nous restait vingt sous pour notre nourriture à bord du bateau. C'était modeste ; mais, enfin, avec vingt sous entre quatre, on ne meurt pas de faim.

Puis la Providence n'était-elle point là ? L'un de nous ne pouvait-il pas aussi rencontrer son Carré ?

En attendant cette nouvelle manifestation de la Providence, nous serrâmes tour à tour le Carré de Bixio entre nos bras, et nous passâmes du quai sur le bateau.

Il était temps : la cloche sonnait le départ, et le bateau se mettait en mouvement.

Les adieux se prolongèrent tant que nous pûmes nous voir. Carré brandissait sa casquette de loutre, nous agitions nos mouchoirs de poche. Il n'y a rien de tel que les nouvelles amitiés pour être tendres ! Enfin, un moment vint où, si visibles que fussent Carré et sa casquette, tous deux disparurent à l'horizon.

Nous commençâmes alors nos investigations sur le bateau ; mais, après avoir pris le signalement de chaque passager, nous fûmes obligés de reconnaître que, pour le moment du moins, la Providence nous faisait défaut. Cette certitude amena parmi nous une tristesse d'autant plus grande que chaque estomac, éveillé par l'air apéritif du matin, commençait à réclamer sa nourriture.

Nous entendions autour de nous, comme pour railler notre misère, vingt voix qui craient :

— Garçon ! deux côtelettes !... Garçon ! un bifteck !... Garçon ! un thé complet !

Et les garçons accouraient portant les comestibles demandés, et criaient à leur tour en passant devant nous :

— Ces messieurs ne désirent rien ? Ces messieurs ne déjeunent pas ? Ces messieurs sont les seuls qui n'ont rien demandé !

Enfin, impatienté :

— Non, répondis-je ; nous attendons quelqu'un qui doit nous rejoindre à l'escale de Fontainebleau.

Puis, me retournant vers mes compagnons de famine :

— Ma foi ! leur dis-je, messieurs, qui dort dîne : or, qui peut le plus peut le moins, je vais déjeuner en dormant.

Et je m'établis dans un coin.

J'avais déjà, à cette époque, une faculté que j'ai fort perfectionnée depuis : je dors à peu près quand je veux. A peine accoudé dans mon coin, je m'endormis.

Je ne sais depuis combien de temps je me livrais à la trompeuse illusion du sommeil, lorsqu'un garçon, s'approchant de moi, répéta trois fois en suivant une gamme ascendante :

— Monsieur ! monsieur !! monsieur !!!

Je me réveillai.

— Après ? lui dis-je.

— Monsieur a dit qu'il déjeunerait, lui et ses compagnons, avec une personne qu'il attendait à l'embarcadère de Fontainebleau.

— Ai-je dit cela ?

— Monsieur l'a dit.

— Vous en êtes sûr ?

— Oui.

— Eh bien ?

— Eh bien, alors il serait temps que monsieur commandât son déjeuner, vu que nous approchons de Fontainebleau.

— Déjà ?

— Ah ! monsieur a dormi longtemps !

— Vous eussiez bien pu me laisser dormir plus longtemps encore.

— Mais l'ami de monsieur...

— L'ami de monsieur eût trouvé monsieur, dans le cas où il serait venu.

— Mais monsieur n'est donc pas sûr de rencontrer son ami ?

— Garçon, quand vous aurez lu Socrate, vous saurez combien un ami est rare, et combien, par conséquent, on est peu sûr de rencontrer un ami !

— Alors, monsieur pourrait toujours commander le déjeuner pour trois ; si l'ami de monsieur vient, on ajoutera un couvert.

— Vous dites que nous sommes près de Fontainebleau ? répondis-je en éludant la question.

— Dans cinq minutes, nous serons en face du débarcadère.

— Alors je vais voir si mon ami vient.

Et je montai sur le pont, tournant machinalement mes yeux vers le débarcadère.

On en était encore à une trop grande distance pour rien distinguer ; mais, aidé du courant et de la vapeur, le bateau descendait assez rapidement.

Peu à peu, les individus groupés sur le rivage se détachèrent les uns des autres. On commença de distinguer les contours, puis la couleur des habits, puis les traits du visage.

Mes regards s'étaient arrêtés presque malgré moi sur un individu qui attendait au milieu de dix autres personnes, et que je croyais reconnaître. Mais c'était si peu probable !... Cependant, il lui ressemblait bien... Si c'était lui, quelle chance !... Non, cela me paraissait impossible... Pourtant, c'était bien sa tournure, sa taille, sa physionomie.

Le bateau approchait toujours.

L'individu qui faisait l'objet de mon attention descendit dans la barque. Le bateau s'arrêta pour recevoir les passagers.

A moitié chemin du bateau, l'individu me reconnut à son tour, et me salua de la main.

— C'est toi? m'écriai-je.

— Oui, c'est moi, me répondit-il.

J'avais trouvé mon Carré; seulement, il s'appelait Félix Deviolaine; et, au lieu d'être pour moi un simple camarade de collége, il était mon cousin.

Je courus à l'échelle, et je me jetai dans ses bras avec autant d'effusion que Bixio s'était jeté dans les bras de Carré.

— Tu es seul? me demanda Félix.

— Non; je suis avec Bixio et Boulanger.

— Avez-vous déjeuné?

— Non.

— Eh bien, je vais déjeuner avec vous?

— C'est-à-dire que nous allons déjeuner avec toi.

— C'est la même chose.

— Point.

Je lui expliquai alors la différence qu'il y avait pour lui à déjeuner avec nous, ou pour nous à déjeuner avec lui.

Il comprit parfaitement.

Le garçon attendait, la serviette à la main; le drôle m'avait suivi comme un requin suit un navire affamé.

— Un déjeuner pour quatre! lui dis-je, et, pourvu qu'il se compose de deux bouteilles de bourgogne, de huit côtelettes, d'un poulet et d'une salade, ajoutez ensuite ce que vous voudrez comme hors-d'œuvre et entremets.

Le déjeuner nous conduisit jusqu'à Melun.

Le soir, à quatre heures, nous débarquions sur le quai voisin de l'hôtel de ville, et, le lendemain, je reprenais mes répétitions de *Charles VII*.

CCXIV

Le Masque de fer. — Les soupers de Georges. — Le jardin du Luxembourg au clair de lune. — M. Scribe et *le Clerc de la basoche.* — M. d'Épagny et *Jacques Clément.* — Les représentations des classiques au Théâtre-Français. — *Les Guelfes* de M. Arnault. — Parenthèse. — Épître dédicatoire au souffleur. — Compensation offerte à M. Arnault. — Mon vis-à-vis à la représentation de *Pertinax.* — Chute éclatante de la pièce. — Querelle avec mon vis-à-vis. — Les journaux s'en occupent. — Ma réponse dans le *Journal de Paris.* — Conseil de M. Pillet.

A cette époque, rien n'avait encore terni dans mon esprit ce juvénile amour de la capitale qui m'avait fait vaincre tant d'obstacles pour y transporter ma vie. Trois ou quatre jours passés hors du tourbillon littéraire et politique de Paris me paraissaient une absence.

Pendant le mois que j'étais resté à Trouville, il me semblait que la terre n'avait pas tourné.

Je ne pris que le temps de courir chez moi, d'y déposer mon costume de chasse, — quant au gibier, mes compagnons de route y avaient mis bon ordre, — d'y prendre langue sur les affaires qui avaient pu me survenir, et je me rendis à l'Odéon.

Il est vrai qu'en marchant très-vite, il me fallait une bonne demi-heure à pied, et une heure en fiacre, pour aller de ma rue Saint-Lazare au théâtre de l'Odéon.

Les chemins de fer n'existaient pas encore ; sans quoi, j'eusse fait comme un de mes amis qui avait un oncle logeant à la barrière du Maine. Quand cet ami allait chez son oncle, — et cela lui arrivait deux fois par semaine, le jeudi et le dimanche, — il prenait le chemin de la rive gauche. Il n'avait que Versailles à traverser, et il était chez son oncle !

On avait répété pour la conscience ; mais on ne pressait aucunement les répétitions. La dernière pièce représentée était *le Masque de fer*, de MM. Arnould et Fournier. Lockroy y avait été magnifique, et la pièce, quoiqu'elle fût jouée *sans Georges*, faisait de l'argent.

Je dis quoiqu'elle fût jouée *sans Georges*, parce qu'il y avait ce préjugé à l'Odéon, préjugé accrédité par Harel, qu'une pièce ne faisait pas d'argent du moment que Georges n'y jouait pas.

Ligier, artiste plein de conscience, mais presque toujours forcé de lutter contre sa taille trop petite, et contre sa voix trop grosse, y avait eu, de son côté, dans un rôle d'invention, autant que je puis me le rappeler, un succès réel.

Quelle admirable troupe que celle de l'Odéon, à cette époque ! Comptez sur vos doigts ceux que je vais nommer, et vous trouverez six ou huit artistes de premier ordre :

Frédérick Lemaître, Ligier, Lockroy, Duparay, Stockleit, Vizentini, mademoiselle Georges, madame Moreau-Sainti, qui a eu le privilége de rester toujours belle, et mademoiselle Noblet, qui, par malheur, n'a pas eu celui de rester toujours bonne ! mademoiselle Noblet, pauvre enfant qui venait de me jouer Paula, et qui allait me jouer Jenny ; mademoiselle Noblet, dont le grand œil-noir, dont la belle voix, dont la physionomie mélancolique donnaient des espérances qui se sont éteintes de telle façon au Théâtre-Français, que, quoiqu'elle soit jeune encore, on ignore, depuis dix ans, si celle qui promettait tant de choses est morte ou vivante !

Pourquoi ces éclipses de talent, si fréquentes au théâtre Richelieu ! C'est ce que nous examinerons à la première occasion qui se présentera de le faire.

Que Bressant, qui m'a si admirablement joué, il y a quelque quinze ou seize ans, le prince de Galles dans *Kean*, y prenne garde, et se cramponne bien au nouveau répertoire, — ou sinon il s'y noiera comme les autres.

Je restai à souper chez Georges.

J'ai déjà dit combien les soupers de Georges étaient charmants, et ressemblaient peu aux soupers de Mars, quoique souvent les uns et les autres fussent composés des mêmes personnes.

Mais, dans ce cas-là, les convives, en général, se modèlent

sur la maîtresse de la maison. — Mademoiselle Mars, toujours un peu roide et un peu compassée, semblait mettre la main sur la bouche de ses amis, même les plus familiers, et n'en laisser sortir qu'un certain esprit. Georges, bonne fille s'il en fut, sous ses airs d'impératrice, permettait tous les genres d'esprit, et riait à belles dents, tandis que Mars, pour la plupart du temps, ne souriait que du bout des lèvres.

Aussi, que d'esprit éparpillé, gaspillé, perdu, dans un souper de Georges! Comme on voyait bien que tous les convives — Harel, Janin, Lockroy — en avaient à ne savoir que faire! Quand Becquet s'aventurait au milieu de nous, Becquet, phare chez mademoiselle Mars, passait chez mademoiselle Georges à l'état de veilleuse.

Et puis c'étaient des esprits si différents que ces esprits-là! Harel, esprit caustique et riposteur; — Janin, esprit rieur et bon enfant; — Lockroy, esprit fin et aristocratique.

Pauvre Becquet! on était obligé de le réveiller, de l'aiguillonner, de l'éperonner. Il avait l'air d'un respectable ivrogne endormi au milieu d'un feu d'artifice.

Puis, après ces soupers, qui duraient jusqu'à une heure ou deux heures du matin, on descendait au jardin. Le jardin avait une porte donnant sur le Luxembourg, et la chambre des pairs, qui se souvenait qu'Harel avait été secrétaire de Cambacérès, lui prêtait la clef de cette porte. Il en résultait que nous avions un parc royal pour le dessert de notre dessert.

Les jardins d'architecture classique, comme Versailles, les Tuileries et le Luxembourg, sont admirables à voir la nuit, au clair de lune. Chaque statue y semble un fantôme; chaque jet d'eau, une cascade de diamants.

O nuits de 1829, de 1830 et de 1831! étiez-vous réellement aussi belles que je le dis? ou étaient-ce mes vingt-sept ou vingt-huit ans qui vous faisaient si parfumées, si harmonieuses, si pleines d'étoiles?...

Au reste, le Théâtre-Français continuait, à notre grande joie, à faire, par ses chutes, de mélancoliques pendants aux succès de ses confrères des boulevards et d'outre-Seine. — On venait d'y jouer une pièce en cinq actes, intitulée *Jacques*

Clément, laquelle avait tout simplement pour sujet la mort d'Henri III, sujet traité avec un grand talent par Vitet, dans ses *Scènes historiques.*

Ceux qui ont oublié *les États de Blois* et *la Mort d'Henri III* peuvent relire ces deux ouvrages, qui ont eu une grande influence sur la renaissance littéraire de 1830.

Un singulier incident avait précédé la représentation de *Jacques Clément.* La pièce, faite en collaboration par MM. Scribe et d'Épagny, reçue au théâtre de l'Odéon, avait été arrêtée par la censure de 1830. — Cette bonne censure! elle est la même à toutes les époques : il arrive bien toujours un moment où on lui coupe les doigts avec ses propres ciseaux; mais les censeurs sont de la race des polypes : leurs doigts repoussent.

La censure avait donc arrêté le drame de MM. Scribe et d'Épagny. Le bâtiment qui portait leur double bannière, et sur lequel le ministre de l'intérieur avait mis l'embargo, par l'intermédiaire de ses douaniers, était à l'ancre dans les docks de la rue de Grenelle. La révolution de 1830 le remit à flot.

Nous avons dit qu'Harel avait reçu l'ouvrage en 1829. Redevenu maître de son ouvrage par le fait de la révolution de juillet, Scribe ne pensa plus à Harel, et porta sa pièce au Théâtre-Français.

Mais Scribe, qui compte si bien d'ordinaire, comptait, cette fois, sans Harel. Harel était de trop bonne mémoire, lui, pour oublier Scribe. Il poursuivit auteur et pièce, un papier à la main, et un huissier au derrière. Il va sans dire que l'huissier arrêta la pièce et l'auteur au moment où ils tournaient le coin de la rue de Richelieu. Les huissiers sont si bons coureurs!

Un procès s'ensuivit; Harel perdit le procès. Mais le procès avait fécondé l'imagination de Scribe : il vit, dans cette double insistance du Théâtre-Français et du théâtre de l'Odéon, un moyen de faire d'une pierre deux coups, d'une pièce deux pièces. De cette façon, M. Scribe aurait son drame, M. d'Épagny son drame, le Théâtre-Français son drame, et l'Odéon son drame.

La pièce, en conséquence, fut dédoublée comme une carte

le Théâtre-Français, qui était en déveine, hérita du *Jacques Clément* de M. d'Épagny; Harel tira Scribe en arrière par le pan de son habit, jusqu'à ce que *le Clerc de la basoche* et lui entrassent, à reculons, sur la seconde scène française.

— Il est entendu que je n'emploie cette locution, un peu ambitieuse, de *seconde scène française*, que pour ne pas mettre *Odéon* si près de *reculons*.

Les deux drames tombèrent, ou à peu près. Je ne les ai vus ni l'un ni l'autre; je me garderai donc bien d'exprimer mon opinion sur eux.

Mais les vrais jours de fête pour nous, — on nous pardonnera, je l'espère, cette innocente revanche, — c'était quand un de ces messieurs de l'Institut, Lemercier, Viennet ou Arnault, donnait à son tour un ouvrage.

Alors, il y avait liesse générale. On se donnait rendez-vous à l'orchestre du Théâtre-Français, et l'on assistait à ce spectacle, attristant pour les amis, mais fort réjouissant pour les ennemis, — et ces messieurs nous avaient traités comme tels, — d'une œuvre qui tombait toute seule, soit avec un peu d'aide, soit poussée doucement par l'aigre bise des sifflets.

Le plus spirituel des trois auteurs que je viens de nommer était M. Arnault, homme, je l'ai dit ailleurs, d'une valeur immense et d'un esprit éminent. Mais chacun a son dada! comme dit Tristram Shandy, et le dada de M. Arnault était la tragédie; mauvais dada, poussif, essoufflé, fourbu, qui, malgré le feu que *le Constitutionnel* lui mettait aux jambes, pouvait rarement arriver au dernier vers d'un cinquième acte!

Aussi demandions-nous que l'on jouât ces messieurs avec autant d'ardeur que ces messieurs demandaient qu'on ne nous jouât pas.

Eux demandaient, de leur côté, à grands cris, qu'on les jouât, et, comme ils avaient pour eux le gouvernement, surtout depuis la révolution de juillet, — malgré la timide opposition du Théâtre-Français, malgré les soupirs des sociétaires, et les gémissements du caissier, — leur tour de représentation arrivait.

Il est vrai que le supplice ne durait pas longtemps; il se bornait, en général, aux trois représentations d'usage, quand il atteignait même ces trois représentations. Souvent la première ne finissait pas : témoin *Pertinax* et *Arbogaste.*

Il était alors curieux de voir les prétextes que ces messieurs trouvaient à leur chute. Ceux de M. Arnault étaient charmants, attendu qu'il était impossible d'avoir plus d'esprit que n'en avait M. Arnault.

Ainsi, par exemple, il avait fait reprendre, au Théâtre-Français, une ancienne pièce de lui, jouée, je crois, sous l'Empire, *le Proscrit, ou les Guelfes et les Gibelins.*

La pièce était tombée. A qui s'en prit l'académicien furieux? — A Firmin!

Comment, à Firmin?

Oui, à Firmin, charmant artiste, plein de cœur et de conscience, jouissant près du public d'une constante faveur, mais à qui la mémoire commençait à faire défaut.

Firmin jouait dans l'ouvrage le rôle de Tebaldo, chef des Gibelins, et frère d'Uberti, chef des Guelfes. — Les autres rôles étaient joués par Ligier, Joanny et Duchesnois. Comme on le voit, M. Arnault n'avait pas à se plaindre : la Comédie-Française lui avait prêté ce qu'elle avait de mieux ; peut-être était-ce par conviction que ce ne serait pas pour longtemps.

Eh bien, M. Arnault prit pour prétexte de sa chute la mémoire ou plutôt le manque de mémoire de Firmin, et dédia sa pièce au souffleur.

Nous avons sous les yeux, et nous allons citer cette curieuse dédicace, qui aura pour nos lecteurs, nous l'espérons du moins, tout l'attrait d'un morceau inédit.

ÉPITRE DÉDICATOIRE

AU

SOUFFLEUR DU THÉATRE-FRANÇAIS (1).

« Monsieur,

» Tous les auteurs ne sont point des ingrats. J'en sais qui

(1) Trois personnages sont décorés de ce titre; leur importance, tou-

ont fait hommage de leur succès à l'artiste auquel ils en étaient particulièrement redevables.

» J'imite ce noble exemple : je vous dédie *les Guelfes*.

» Mademoiselle Duchesnois, M. Joanny, M. Ligier, ont contribué, sans doute, à la réussite de cet ouvrage par un zèle égal à leur talent ; mais, quoi qu'ils aient fait pour moi, ont-ils fait autant que vous, monsieur ?

» *Souffler n'est pas jouer*, dira M. Firmin, qui est plus fort encore au jeu de dames qu'au jeu de la scène (1).

» A cela, je réponds comme Sganarelle : « Oui et non ! »

» Quand le souffleur donne seulement le mot à l'acteur, quand il ne fait que soutenir la mémoire du comédien, non, certes, *souffler n'est pas jouer !* Mais, quand l'acteur prend tout du souffleur, tout, depuis le premier jusqu'au dernier vers de son rôle ; quand votre voix couvre la sienne ; quand c'est vous seul qu'on entend pendant qu'il gesticule, certes, *c'est jouer que de souffler !*

tefois, diffère, non pas en raison de celle de leur office, laquelle est toujours la même, mais de celle du genre auquel s'applique leur talent. Donne-t-on un ouvrage romantique, *Louis IX* ou *Émilia*, le souffleur en chef prend le cahier, et pas un trait de cette noble prose n'arrive aux oreilles des acteurs sans avoir passé par sa bouche ; mais, s'il s'agit d'un ouvrage classique, d'un ouvrage en vers, se retranchant alors dans sa dignité, comme ce bourreau qui n'exécutait que des gentilshommes : *Expédiez-moi cela, vous autres !* dit le souffleur en chef en passant le cahier roturier à ses substituts. Ses fonctions, pour la haute comédie, sont déléguées au second souffleur, et abandonnées pour la tragédie au troisième, c'est-à-dire à l'homme laborieux et modeste à qui celle-ci est dédiée. »

(1) « Les *dames* — c'est du jeu qu'il s'agit — les *dames* sont, en effet, la passion dominante de cet artiste, qui n'y est pourtant pas de première force. Il sait, toutefois, concilier cette passion avec ses devoirs, et n'est guère moins empressé à quitter sa partie pour entrer en scène qu'à quitter la scène pour reprendre sa partie, quand il a affaire au public ; quand il a affaire aux auteurs, il n'y met pas, à la vérité, la même prestesse ; mais, comme il ne s'agit que de répétitions, n'arrive-t-il pas toujours assez tôt... quand il arrive ? »

» N'est-ce pas là, monsieur, ce qui est arrivé, non-seulement à la première, mais encore à chaque représentation des *Guelfes?* n'est-ce pas vous qui avez joué véritablement le rôle de M. Firmin?

» Sa mémoire est, dit-il, des plus mauvaises. Cela se conçoit, d'après le système qui place le siége de la mémoire dans la tête (1). Mais, dans la circonstance, M. Firmin ne rejette-t-il pas sur sa mémoire le tort de sa volonté?

» Et pourquoi, me direz-vous, M. Firmin manquerait-il de bonne volonté envers vous qui en avez pour tout le monde? envers vous qui, par votre âge, et peut-être aussi par vos malheurs, si ce n'est par d'anciens succès, aviez droit, au moins, à ces égards que l'on ne refuse pas à l'écolier qui débute?

» Tels sont, en effet, les droits que je me savais à la complaisance de M. Firmin, et, ces droits, je croyais les avoir fortifiés en lui offrant un des rôles les plus importants dans ma tragédie, le rôle que vous avez soufflé ou que vous avez joué : c'est bonnet blanc et blanc bonnet.

» J'étais bien loin de soupçonner que cet honneur fait au talent de M. Firmin fût une injure à ses prétentions.

» C'est pourtant ce qui est arrivé.

» La succession de Talma était ouverte. — Quand l'empire du monde vint à vaquer, tous ceux qui prétendaient à l'empire d'Alexandre n'étaient pas des héros : j'aurais dû m'en souvenir ; mais profite-t-on toujours des leçons de l'histoire?

» Je ne m'imaginais pas que l'héritier de l'Alexandre dramatique dût être celui de ses survivants qui lui ressemble le moins.

» La nature s'était montrée bien prodigue envers Talma. Chez lui, le physique répondait au moral : c'était un corps élégant qu'habitait une âme brûlante ; c'était une tête admi-

---

(1) « Le siége de la mémoire varie selon les individus. Il était dans le ventre chez ce comédien à qui Voltaire envoyait ses *Variantes* dans un pâté. Mademoiselle Contat le plaçait dans son cœur, et sa mémoire était excellente. »

rable qu'animait une vaste intelligence ; c'était une voix puissante dont l'accent pathétique et solennel servait d'organe à son inépuisable sensibilité, à son infatigable énergie. Tout ce que la nature peut donner, Talma le possédait, et Talma possédait aussi tout ce que l'art peut acquérir.

» Si bien partagé qu'il soit, M. Firmin réunit-il en lui toutes ces perfections? Son physique, un peu grêle, ne messied pas à tous les jeunes rôles ; mais s'accorde-t-il avec la dignité qu'exigent les rôles de premier emploi? Sa voix n'est pas dénuée de charme dans l'expression des sentiments affectueux ; mais a-t-elle la vigueur qu'exigent les habitudes graves et les sentiments violents? Son intelligence ne manque pas d'étendue; mais ces moyens d'exécution y répondent-ils quand il veut sortir des bornes où la nature le circonscrit?

» La fierté de l'aigle peut se trouver dans le cœur d'un pigeon, et le courage d'un lion dans le cœur d'un caniche. Mais, quelque sentiment qui l'anime, le biset ne peut roucouler ; le roquet ne peut que hogner ! Or, ces accents n'ont pas tout à fait l'autorité d'un cri du roi des airs, d'un rugissement du roi des bois.

» D'après ces judicieuses réflexions, distribuant les rôles de ma tragédie aux acteurs qui ont les aptitudes les plus analogues aux caractères de ces rôles, j'avais donné celui d'Uberti à M. Ligier, acteur doué d'une voix et d'une figure imposantes, et j'avais réservé à M. Firmin le rôle du tendre et passionné Tebaldo.

» De quoi diable m'avisais-je?

» De même que tout Anglais dit, partout où il rencontre de l'eau salée : *Ceci est à nous !* de même, partout où il rencontre un rôle fait à la physionomie de Talma, M. Firmin dit : *Ceci est à moi* (1) !

---

(1) « En conséquence de ce droit, M. Firmin se dispose à jouer Hamlet. Il a même acheté, dit-on, pour cela, le costume que Talma portait dans ce rôle. Qu'il y pense! cet habit-là n'est point fait à sa taille, et, d'ailleurs, on n'a pas toujours pris pour lion tout ce qui a porté une peau de lion. »

» Le rôle d'Uberti était destiné à Talma, et je ne l'offrais point à M. Firmin ! le rôle d'Uberti était revendiqué par M. Firmin, et je ne le reprenais pas à M. Ligier ! double crime de lèse-majesté. Comme la majesté de M. Firmin m'en a puni, hélas ! — Elle accepta le rôle que je lui offrais.

» Confident des secrets de la Comédie, vous savez, monsieur, quel a été le résultat de cet acte de complaisance. Mis à l'étude en avril, *les Guelfes* pouvaient être représentés en mai, sous la propice influence du printemps ; ils ne l'ont été qu'en juillet, sous le poids de la canicule. — Ainsi l'avait décidé M. Firmin.

» O puissance de la force d'inertie ! Quand plusieurs vaisseaux marchent de conserve, la vitesse commune est réglée sur celle du plus mauvais voilier. La marche commune, en cette circonstance, fut réglée sur la mémoire de M. Firmin, laquelle, par malheur, était réglée sur sa bonne volonté.

» Cette bonne volonté a pensé compromettre les intérêts de ma réputation. Mais tout se compense. A quel point, monsieur, n'a-t-elle pas servi les intérêts de votre gloire ! Tous les journaux en font foi. N'est-ce pas elle qui, vous exhumant du trou où jusqu'alors vous aviez enfoui votre capacité, l'a révélée au public ? n'est-ce pas elle qui, vous élevant au niveau des acteurs aux pieds desquels vous étiez caché jusqu'alors, leur a donné en vous un interlocuteur ?

» Déclamant tandis que M. Firmin gesticulait, vous avez, il est vrai, transporté des boulevards sur le Théâtre-Français une imitation de ce concert singulier d'un déclamateur qui, sans se laisser voir, et d'un gesticulateur qui, sans se faire entendre, concourent à l'exécution d'un même rôle. Des gens d'un goût méticuleux s'en sont formalisés, il est vrai ; mais que vous importe ? Ce n'est pas vous, monsieur, qui, dans ces scènes, faisiez le polichinelle ; et que m'importe, à moi, puisque, agissant ainsi, vous avez sauvé ma pièce ? D'ailleurs, est-ce là le premier emprunt, et l'emprunt le moins honorable, que votre noble théâtre ait fait à ceux des boulevards (1) ?

(1) « *Louis XI* et *Émilia*, dont nous apprécions tout le mérite, sem-

» Grâce à cet accord admirable, *les Guelfes* ont eu quelques représentations. Mais pourquoi leur cours, suspendu par un voyage de mademoiselle Duchesnois, n'a-t-il pas été repris à son retour, ainsi que l'a demandé cette grande actrice, et que l'annonçait l'affiche (1)?

» M. Firmin s'y refuse Le rôle de Tebaldo, dit-il, est sorti de sa mémoire. Il faudrait, pour cela, qu'il y fût jamais entré. Mais que nous fait, après tout, à vous ou à moi, qu'il sache son rôle ou non? N'en peut-il pas user à l'avenir comme par le passé? Manquera-t-il de mémoire tant que vous ne lui manquerez pas? Sa mémoire n'est-elle pas au bout de votre langue, qui n'est point paralysée, comme on sait?

» Mais ces difficultés, qu'on dit venir de M. Firmin, ne viennent-elles pas de vous, monsieur? Accoutumé à opérer sous terre, ne serait-ce pas vous qui, en secret, les susciteriez? Vous n'avez point part entière comme M. Firmin; payé en souffleur quand vous faites le rôle d'un acteur, et d'un premier acteur, ne vous lasseriez-vous pas, à la fin, de ne vous essouffler que pour la gloire, et ne vous opposez-vous pas dans l'ombre à la reprise d'une pièce pendant laquelle vous n'avez pas le temps de respirer?

» De la justice, monsieur! de la justice! — M. Firmin vous doit, sans doute, une indemnité : réclamez-la; mais ne compromettez pas les intérêts du Théâtre-Français en entravant

blent, en effet, avoir été empruntés, si ce n'est dérobés, aux théâtres des boulevards. Si, pendant la représentation de ces pièces, l'orchestre sortait parfois de sa léthargie, soit pour annoncer par une fanfare l'entrée et la sortie des personnages, soit pour expliquer par une ritournelle ce que le discours n'a pas fait comprendre, bien qu'on soit dans l'enceinte consacrée à Racine, à Corneille et à Voltaire, on se croirait volontiers à l'Ambigu-Comique ou à la Gaieté; il ne manque plus que cela pour compléter l'illusion. Espérons que les régénérateurs de ce théâtre nous sauront gré de la remarque, et qu'ils en profiteront pour le perfectionnement de la scène française. »

(1) « Depuis six mois, et même encore aujourd'hui, l'affiche porte : « En attendant *les Guelfes et les Gibelins*; » probablement ne le portera-t-elle plus demain. »

son service, en l'empêchant de satisfaire aux droits d'un auteur; cela peut tirer à conséquence, songez-y : le nombre des auteurs mécontents de lui à juste titre n'est déjà que trop grand; gardez-vous de l'augmenter.

« Le second Théâtre-Français, quoi qu'on ait fait pour le tuer, n'est pas morte encore. Serait-il impossible de le remettre sur pieds.

» Les acteurs qu'on a détachés pour encombrer le premier théâtre, qui les paye moins pour jouer chez lui que pour ne jouer nulle part, ces acteurs, dis-je, ne pourront-ils pas, enfin, se lasser d'une condition qui, de la classe des curés, les fait descendre dans celle des vicaires, ou plutôt qui, d'évêques qu'ils étaient, les a faits meuniers? Enfin, ne reste-t-il pas encore à l'Odéon un noyau de troupe tragique? et l'école de déclamation n'a-t-elle pas de sujets qui puissent le grossir?

» Pensez-y, monsieur, la tragédie, que l'on semble vouloir étouffer à la rue de Richelieu, pourrait trouver un refuge au faubourg Saint-Germain, qui fut son berceau et celui du Théâtre-Français. Vous ne feriez pas mal d'en souffler un mot à MM. du comité.

» Au reste, quoi qu'il advienne, croyez, monsieur, que les obligations que je vous ai ne sortiront jamais de ma mémoire, qui n'est pas ingrate comme celle de M. Firmin.

» Que ne puis-je vous manifester ma reconnaissance par un hommage plus digne de vous! — Vous dédier une tragédie et une tragédie en vers, par le temps qui court(1)! Mais

---

(1) « C'est surtout contre les tragédies en vers que se déchaînent aujourd'hui les arbitres du goût. Leur répugnance contre les vers l'emporte encore sur leur amour pour le romantisme. Si, dans cette série de chapitres — intitulés scènes — dont l'ensemble forme un roman intitulé drame, et qu'on débite sous le titre de *Louis XI*; si, dans *Louis XI*, la prose écossaise de sir Walter Scott eût été versifiée et rimée, ce drame n'eût pas été mieux accueilli d'eux qu'une tragédie posthume de Racine, bien que le sens commun n'y soit guère plus respecté que dans un mélodrame. C'est à l'absence de la rime aussi qu'*Émilia* doit la faveur dont ces messieurs l'ont honorée. — Après avoir entendu la lecture de cette œuvre : *Le problème est résolu!* s'écriait un des mem-

chacun s'acquitte avec sa monnaie : monsieur ne repoussez pas la mienne.

» Souvenez-vous, monsieur, que Benoît XIV n'a pas dédaigné la dédicace de *Mahomet*. — Je ne suis pas un Voltaire, je le sais; mais aussi vous n'êtes pas un pape. — Tout considéré, peut-être sommes-nous dans des rapports équivalents à ceux où se trouvaient ces deux personnages. D'ailleurs, prenez cela en attendant mieux.

» Classique par principe et par habitude, je ne m'étais pas cru jusqu'ici assez de génie pour me passer de rime et de raison. Mais qui sait? peut-être serai-je, un jour, en état de m'essayer dans le genre romantique : si je m'éloigne de l'âge où l'on extravague, je me rapproche de celui où l'on radote.

» Patience donc!

» Je suis, avec toute la considération qui vous est due, monsieur, votre très-humble et très-obéissant serviteur,

» ARNAULT. »

Hélas! il y a deux choses que j'ai inutilement cherchées! et Dieu sait, cependant, si, quand je cherche, je cherche bien! C'est

bres les plus importants du tribunal par qui elle avait été jugée : *Le problème est résolu! nous avons enfin une tragédie en prose!*

» Les comédiens français donnèrent jadis cent louis à Thomas Corneille, pour mettre en vers une comédie de Molière, *le Festin de Pierre*. Les comédiens français veulent, dit-on, donner aujourd'hui mille louis à un académicien, pour mettre en prose les tragédies de Corneille, de Racine, de Voltaire. Est-il bien nécessaire qu'ils s'adressent à un académicien pour cela? Plusieurs d'entre eux ne font-ils pas cette parodie tous les jours?

» Les vers et la rime ne sont pas dans la nature, disent les amateurs de la nature. Les vêtements, messieurs, ne sont pas dans la nature, et, cependant, vous en portez pour vous distinguer de l'homme de la nature; bien plus, vous les portez en belles étoffes, pour vous distinguer de la canaille, et, quand vous êtes en fonds pour cela, vous les ornez de broderies pour vous faire distinguer même entre les gens bien mis. Ce que l'on fait pour le corps, permettez-nous de le faire pour la pensée; permettez-nous de faire pour l'esprit ce que vous faites pour la matière. »

se de Firmin à M. Arnault, — et la tragédie de *Pertinax*. La réponse n'existe plus; la tragédie n'existe pas.

— Pourquoi *Pertinax?* Qu'est-ce que *Pertinax?* et que vient faire ici le successeur de Commode?

Demandez plutôt ce qu'il allait faire au Théâtre-Français, le malheureux! il allait y tomber sous les sifflets du parterre, après être tombé sous les épées des prétoriens.

Voici l'histoire de sa deuxième mort, le récit de sa seconde chute.

A dix-sept cents ans de distance, je ne puis pas dire grand'-chose de la première; mais, à vingt-quatre ans d'intervalle je puis raconter la seconde, à laquelle j'ai assisté.

Ces malheureux *Guelfes*, après s'être obstiné à y rester neuf mois, avaient enfin disparu de l'affiche. Il fallait pour M. Arnault un dédommagement au défaut de mémoire de Firmin. Le comité décida que le *Pertinax* du même auteur, quoiqu'il ne fût reçu que depuis onze ans, serait immédiatement mis à l'étude.

« Que depuis onze ans ! » répétez-vous, et vous croyez que je me trompe, n'est-ce pas?

C'est vous qui vous trompez.

L'*Arbogaste* de M. Viennet, reçu en 1825, n'a été joué qu'en 1841! Le *Pizarre* de M. Fulchiron, reçu en 1803, n'est pas joué encore (1)!

---

(1) Il est vrai de dire qu'en 1805, M. Fulchiron, par un trait d'abnégation qui l'honore, céda son tour à l'auteur des *Templiers*, M. Raynouard. Voici la lettre qu'il écrivit à cet effet au comité d'administration de la Comédie-Française :

« Messieurs,

» Je viens d'apprendre que le préfet avait donné son permis aux *Templiers*. Désirant rendre à cet ouvrage et à son auteur toute la justice et tous les égards qu'ils méritent, je m'empresse de vous annoncer que je cède mon tour à cette tragédie; mais je demande, en même temps, à reprendre le mien immédiatement après, de façon que la seconde tragédie qui sera jouée, à compter d'aujourd'hui, sera *une des*

Donc, le comité du Théâtre-Français, voulant dédommager M. Arnault de la disparition subite des *Guelfes*, mit à l'étude *Pertinax*, que l'ingrat souffleur, malgré la fameuse épître dédicatoire n'a jamais appelé que *le Père Tignace*.

Quel malheur, mon Dieu ! que *Pertinax* n'ait pas été imprimé ! comme je vous en donnerais des fragments, et comme vous comprendriez la gaieté du parterre à la première représentation de cette tragédie !

Tout ce que je me rappelle, c'est qu'au moment décisif, l'empereur Commode appelait son secrétaire.

J'avais devant moi un grand monsieur dont les larges épaules et l'épaisse chevelure m'avaient intercepté l'acteur, chaque fois que l'acteur s'était trouvé sur la même ligne que lui.

Par malheur, je n'avais pas les ciseaux de Sainte-Foix.

miennes ; si vous voulez bien m'en donner l'assurance par une lettre, celle-ci sanctionnera l'abandon que je fais actuellement de mon tour.

» J'ai l'honneur d'être, messieurs, votre serviteur,

» FULCHIRON *fils*. »

La proposition de M. Fulchiron, formulée en ces termes, fut d'abord repoussée. On lui fit sentir que le tort qu'il ne voulait pas qu'on lui fît, à lui, allait peser sur un tiers. S'il y avait renonciation de sa part, il fallait que la renonciation fût entière, et que M. Fulchiron, sorti des rangs, reprît son tour à la file. Or, reprendre son tour à la file, c'était une grande affaire. En supposant toutes les chances favorables, il y en avait pour dix ans au moins ! M. Fulchiron réfléchit peu de temps, il faut l'avouer, comparativement à la gravité du sujet ; puis : « Allons, messieurs, dit-il, je connais la tragédie des *Templiers* ; mieux vaut qu'elle soit représentée tout de suite, et que le tour de *Pizarre* ne vienne que dans dix ans. » Ce fut grâce à cette condescendance, dont bien peu d'auteurs seraient capables envers un confrère, que la tragédie des *Templiers* fut jouée ; et, on le sait, la tragédie des *Templiers* fut un des triomphes littéraires de l'Empire. *Les Deux Gendres* et le *Tyran domestique* complètent la trilogie dramatique de l'époque. — Il y a tantôt dix-huit cent vingt ans que l'on rend à César ce qui appartient à César : pourquoi ne rendrait-on pas à M. Fulchiron ce qui appartient à M. Fulchiron ?

A ses applaudissements frénétiques, je reconnus que ce monsieur comprenait beaucoup de choses que je ne comprenais pas.

Il en résulta que, lorsque l'empereur Commode appela son secrétaire, cette espèce de jeu de mots me paraissant demander une explication, je me penchai vers mon monsieur, et, avec toute la politesse dont j'étais capable :

— Pardon, monsieur, lui dis-je, mais il me semble que c'est une pièce à tiroirs !

Mon homme bondit sur sa stalle, poussa une espèce de rugissement, mais se contint.

Il est vrai que le rideau était sur le point de tomber, et qu'avant même qu'il fût tombé, notre enthousiaste criait de toutes ses forces :

— L'auteur !!!

Malheureusement, tout le monde n'était point aussi ardent à connaître l'auteur que mon voisin de face. Il y avait quelque chose comme les trois quarts de la salle — et là peut-être étaient les vrais amis de M. Arnault — qui ne voulaient point qu'on le nommât.

Placé à l'orchestre entre M. de Jouy et Victor Hugo, sentant à gauche les coudes du romantisme et à droite ceux du *classisme*, si je puis me permettre de faire un mot, j'attendais patiemment et courageusement que l'on cessât de siffler, la façon dont M. Arnault avait agi avec moi, en me mettant à la porte de chez lui après *Henri III*, me laissant le privilège de la neutralité.

Mais l'homme propose et Dieu dispose ; Dieu ou plutôt le diable inspira à ce voisin auquel j'avais fait une question indiscrète peut-être, mais à coup sûr bien innocente, de me désigner à ses amis, et, par conséquent, à M. Arnault, comme l'Éole dont le signal avait déchaîné tous ces vents qui sifflaient aux quatre points cardinaux de la salle sur des tons si différents.

Une querelle s'ensuivit entre moi et le grand monsieur, querelle qui fit un instant diversion à la lutte engagée.

Le lendemain, tous les journaux rendaient compte de cette

querelle avec leur impartialité, leur bienveillance et leur exactitude ordinaires pour moi.

Il était urgent que je répondisse. Je choisis, pour publier ma réponse, le *Journal de Paris*, dirigé, à cette époque, par le père de Léon Pillet, un de mes amis.

Le lendemain, le *Journal de Paris* publia, en effet, ma lettre, précédée et suivie de quelques lignes assez aigres-douces.

Écoutez l'exorde :

« En rendant compte de la chute d'estime qu'a obtenue la tragédie de *Pertinax*, nous avons annoncé qu'une dispute avait eu lieu au milieu de l'orchestre. M. Alexandre Dumas, l'un des acteurs de ce petit drame, plus animé que celui qui l'avait précédé, nous adresse une lettre à ce sujet. Nous nous empressons de la publier, sans vouloir nous faire juges des accusations accessoires que l'auteur d'*Henri III* porte contre les journaux. »

Voici maintenant ma lettre, à la suite de laquelle viendra la péroraison :

« Vendredi, 29 mai 1829.

» Malgré la ferme résolution que j'avais prise et suivie jusqu'à ce jour de ne jamais répondre à ce que les journaux diraient de moi, je crois devoir vous prier d'insérer cette lettre dans votre premier numéro. C'est la réponse à un petit article qui est le complément de votre feuilleton d'hier, et où vous rendez compte de *Pertinax*.

» Il est conçu en ces termes, — votre petit article bien entendu :

» Au moment où nous nous retirions de la salle, une vive
» contestation venait de s'élever à l'orchestre entre un vieil-
» lard à cheveux blancs et un très-jeune auteur, c'est-à-dire,
» sans doute, entre un classique et un romantique. Espérons
» que cette altercation n'aura pas de suites fâcheuses. »

» C'est moi, monsieur, qui ai le malheur d'être le *très-jeune auteur*, auquel il importe beaucoup, par cela même qu'il est jeune et auteur, d'établir les faits tels qu'ils se sont passés.

» J'étais à l'orchestre des Français, entre M. de Jouy et M. Victor Hugo, pendant toute la représentation de *Pertinax*. Obligé en quelque sorte, comme écolier de l'art, d'étudier ce que font les maîtres, j'avais écouté attentivement et en silence les cinq actes qui venaient de s'achever, quand, au milieu de la contestation assez vive qui s'était élevée entre quelques spectateurs qui voulaient, les uns que l'on nommât M. Arnault, les autres qu'on ne le nommât point, je fus insolemment apostrophé, moi, muet et assis, par un ami de M. Arnault, debout et me désignant du doigt.

» Je rappellerai textuellement sa phrase :

» — Il n'est pas étonnant qu'on siffle à l'orchestre quand M. Dumas est à l'orchestre. — N'avez-vous pas honte, monsieur, de vous faire le chef d'une cabale ?

» Et sur ma réponse que je n'avais pas dit un mot, il ajouta :

» — N'importe, c'est vous qui dirigez toute la ligue !

» Comme quelques personnes eussent pu croire à cette stupide accusation, j'en appelai au témoignage de MM. de Jouy et Victor Hugo. Ce témoignage fut ce qu'il devait être, c'est-à-dire unanime.

» Cela suffit, je crois, pour me disculper.

» Mais, pendant que j'ai la plume à la main, monsieur, comme c'est probablement la première et peut-être la dernière fois que j'écris dans un journal (1), je désirerais ajouter quelques mots relatifs aux ridicules attaques que m'a values mon drame d'*Henri III* ; l'occasion ne s'en présentera peut-être jamais aussi favorablement qu'aujourd'hui : permettez donc que je la saisisse.

» Je crois comprendre, et j'accepte, je le crois encore, la véritable critique littéraire aussi bien que personne. Mais,

---

(1) Comme Bonaparte au 15 vendémiaire, j'étais loin de voir clair dans ma destinée !

sérieusement, les faits que je vais vous citer; monsieur, sont-ils de la critique littéraire?

» Le lendemain de la réception de mon drame d'*Henri III* à la Comédie-Française, le *Courrier des Théâtres*, qui ne connaissait pas l'ouvrage, le dénonçait à la censure, avec l'espérance, disait-il, qu'elle ne souffrirait pas le scandale de la représentation.

» Cela me paraît plutôt de la police que de la littérature. Qu'en dites-vous, monsieur?

» Je ne parlerai pas d'une pétition présentée au roi pendant mes répétitions pour faire rentrer le Théâtre-Français dans la route du *vrai beau* (1). On assure que l'auguste personnage auquel elle était adressée répondit simplement :

— Que puis-je dans une question de cette nature? Je n'ai, comme tous les Français, qu'une place au parterre.

» Je n'ai vraiment pas le courage d'en vouloir aux signataires d'une dénonciation qui nous a valu une telle réponse.

» D'ailleurs, quelques-uns d'entre eux ont rougi, depuis, de ce qu'ils avaient fait, en ont dit qu'ils avaient cru signer tout autre chose.

» Puis arriva le jour de la représentation; de ce jour seulement, les journaux, et on conviendra, avaient le droit de parler de l'ouvrage.

» Ils en usèrent largement : à eux permis; mais quelques-uns d'entre eux, ils l'avoueront eux-mêmes, n'ont pas été élégants dans leurs critiques. Le *Constitutionnel* et le *Corsaire* en dirent beaucoup plus de bien, le premier jour, que la pièce ne le méritait.

» Huit jours après, le *Constitutionnel* comparait la pièce à celle de *la Pie voleuse*, et accusait l'auteur d'avoir dansé en rond dans le foyer de la Comédie-Française, avec quelques

---

(1) J'avais oublié d'inscrire M. de Laville, auteur du *Folliculaire* et d'*une Journée d'élections*, au nombre des signataires de cette pétition, que j'ai citée dans une autre partie de mes Mémoires. Un de ces signataires, qui survit aux autres, m'a fait remarquer mon erreur; et je a répare.

énergumènes, autour du buste de Racine — qui est adossé à la muraille — en criant : *Racine est enfoncé !*

» Ce n'était que ridicule ; on haussa les épaules.

» Le lendemain, *le Corsaire* disait que l'ouvrage était une monstruosité, et que l'auteur était jésuite et pensionné. C'était, il faut en convenir, une excellente plaisanterie, adressée au fils d'un général républicain dont la mère n'a jamais touché la pension qui peut-être lui était due, ni du gouvernement de l'Empire, ni du gouvernement du roi.

» Cela devenait plus que ridicule, c'était méprisable.

» Quant à la *Gazette de France*, je lui rends la justice de dire qu'elle n'a point varié un instant dans l'opinion que M. de Martainville y exprima le premier jour. Ce journal démêlait dans la pièce une conspiration flagrante contre le trône et contre l'autel ; quant au journaliste, il exprimait le regret, vivement senti, de n'avoir pas vu paraître l'auteur demandé. *On assure*, disait-il, *que sa figure porte un caractère éminemment romantique.* Or, comme le romantisme est la bête noire de M. de Martainville, je puis croire, sans être trop pointilleux, qu'il n'avait point l'intention de me faire un compliment. Non-seulement ce n'est pas poli de la part de M. de Martainville, mais encore ce n'est pas délicat : M. de Martainville sait fort bien qu'on fait sa réputation, et qu'on ne fait pas sa physionnomie.

» M. de Martainville a une physionomie fort respectable.

» Je pourrais continuer, expliquer les causes de ces changements et de ces injures, faire connaître des anecdotes assez curieuses sur certains individus ; je pourrais encore... Mais les douze colonnes de votre journal n'y suffiraient point.

« Je terminerai donc ma lettre en vous demandant un conseil, à vous, monsieur, qui avez de l'expérience. Comment un auteur doit-il faire pour s'épargner les querelles aux premières représentations ? J'en ai eu trois, pour mon compte, depuis trois mois ; — trois querelles bien entendu : si c'eût été trois représentations, je n'y eusse pas survécu !

» Une à *Isabel de Bavière*, avec un admirateur de M. de Lamothe-Langon qui prétendait que j'avais sifflé.

» Une aux *Élections*, avec un ennemi de M. de Laville, qui prétendait que j'avais applaudi.

» Une enfin, à *Pertinax*, avec un ami de M. Arnault, pour n'avoir ni applaudi ni sifflé.

» J'attends ce conseil de votre bonté, monsieur, et je vous donne ma parole que je le suivrai, si toutefois il n'est pas impossible à suivre.

» J'ai l'honneur, etc. »

Après cette dernière ligne, le *Journal de Paris* reprenait en manière de réponse :

« Quant au conseil que M. Alexandre Dumas veut bien demander à notre expérience, sur la conduite à tenir pour ne pas avoir de disputes aux premières représentations, nous lui répondrons qu'un jeune auteur, heureux d'un beau succès, et qui sait couvrir d'une honorable modestie ses jouissances d'amour-propre ; — *qu'un écolier de l'art* qui se résigne, comme M. Dumas, à étudier *ce que font les maîtres,* jusqu'à l'auteur de *Pertinax* inclusivement, — ne doit pas avoir à redouter d'injurieuses provocations. Si, malgré ces dispositions, naturelles sans doute au caractère de M. Dumas, on persistait à lui faire des querelles d'Allemand ou de classique, je lui conseillerais de les mépriser, non les Allemands, non les classiques, mais les querelles.

» Ou bien encore, il lui resterait une autre ressource : ce serait celle de s'abstenir d'aller aux premières représentations. »

Le conseil, on en conviendra, était difficile, sinon impossible à suivre : j'étais trop jeune, j'avais le cœur trop près de la tête, et, comme on dit vulgairement, la tête trop près du bonnet, pour mépriser les querelles, fût-ce des querelles d'Allemand ou de classique, et j'étais trop curieux pour ne point assister régulièrement aux premières représentations.

J'ai été guéri, depuis, de cette dernière maladie ; mais il a fallu du temps. Et encore, ce n'est pas le temps qui m'a guéri ; ce sont les premières représentations.

CCXV

Chateaubriand donne sa démission de pair de France. — Il s'expatrie. — Béranger le chante. — Chateaubriand versificateur. — Première représentation de *Charles VII*. — La visière de Delafosse. — Yaqoub et Frédérick Lemaître. — *La Reine d'Espagne*. — M. Henri de Latouche. — Ses œuvres, son talent, son caractère. — Intermède de *la Reine d'Espagne*. — Préface de la pièce. — Bruits du parterre recueillis par l'auteur.

On s'occupait fort, à cette époque, de la démission et de l'exil de Chateaubriand, qui tous deux étaient volontaires.

L'ancien ministre donnait sa démission de pair de France, à cause de l'abolition de l'hérédité de la pairie; l'auteur des *Martyrs* s'exilait, parce que le bruit que faisait son opposition devenait, de jour en jour, moins sonore, et qu'il craignait de le voir s'éteindre tout à fait.

— Vous savez, madame, que Chateaubriand devient sourd? disais-je, un jour, à madame O'Donnel, femme d'esprit, sœur d'une femme d'esprit, fille d'une femme d'esprit.

— Bon! me répondit-elle, c'est depuis qu'on ne parle plus de lui.

Eh bien, oui, il faut l'avouer, il se faisait contre Chateaubriand une terrible conspiration, celle du silence, et Chateaubriand n'avait pas la force de la supporter. Il espéra que l'écho de cette vaste renommée qui, un instant, avait presque balancé dans le monde celle de Napoléon, s'était réfugié à l'étranger.

Les journaux firent grand bruit de cet exil volontaire. Béranger y vit sujet à l'un de ses petits poëmes, et lui, voltairien et libéral, adressa des vers à l'auteur d'*Atala*, de *René* et des *Martyrs*, catholique et royaliste.

On se rappelle cette poésie de Béranger, qui commence par ces quatre vers :

> Chateaubriand, pourquoi fuir ta patrie,
> Fuir notre amour, notre encens et nos soins?

N'entends-tu pas la France qui s'écrie :
« Mon beau ciel pleure une étoile de moins? »

Chateaubriand eut le bon esprit de répondre en prose. Les meilleurs vers de Chateaubriand sont à cent piques au-dessous des plus mauvais vers de Béranger.

Ce fut un des tourments de la vie de Chateaubriand, que de faire des vers si mauvais, et de s'obstiner à en faire. Ce travers, il le partageait avec Nodier : ces deux génies de la prose moderne étaient tourmentés du démon de la rime. Heureusement, on oubliera *Moïse* et les *Contes en vers*, comme on a oublié que Raphaël jouait du violon.

Pendant que Béranger chantait, que Chateaubriand se retirait à Lucerne, — où, huit ou dix mois après, je devais l'aider *à donner à manger à ses poules,* — le jour de la première représentation de *Charles VII*, c'est-à-dire le 22 octobre était arrivé.

J'ai déjà dit ce que je pensais de la valeur de ma pièce : comme vers, c'était un grand progrès sur *Christine*; comme œuvre dramatique, c'était une imitation d'*Andromaque*, du *Cid*, de *la Camargo*. Justice lui fut complétement rendue : elle eut un grand succès, et ne fit pas un sou !

Notons ici, en passant, que, lorsqu'elle fut transportée au Théâtre-Français, elle fit vingt ou vingt-cinq représentations à cent louis chacune.

Il en fut de même, plus tard, pour *les Demoiselles de Saint-Cyr*. Cette comédie, représentée en 1843 avec un succès honorable, mais peu fructueux, quoiqu'elle eût alors pour interprètes Firmin, mesdemoiselles Plessy et Anaïs, eut, à sa reprise, c'est-à-dire six ans après, — le double des représentations qu'elle avait eues dans sa nouveauté, et fit un argent fou pendant cet étrange été de la Saint-Martin.

Revenons à *Charles VII*.

Nous avons constaté le succès de l'ouvrage; un incident comique faillit le compromettre.

Delafosse, un des comédiens les plus consciencieux que je

connaisse, jouait le rôle de Charles VII. Comme je l'ai dit, Harel n'avait voulu faire aucune dépense pour la pièce, et, cette fois encore, il avait agi en homme d'esprit; de sorte que j'avais été obligé, comme on sait, d'emprunter au musée d'artillerie une cuirasse du XVe siècle; cette cuirasse avait, sur un reçu de moi, été transportée au cabinet d'accessoires de l'Odéon; là, l'armurier du théâtre avait dû, non pas la nettoyer; — elle brillait comme de l'argent, — mais en repasser les ressorts et les articulations pour leur rendre la souplesse qu'ils avaient perdue dans une roideur de quatre siècles. Peu à peu la cuirasse complaisante s'était, en effet, assouplie, et Delafosse, dont, à un moment donné, elle devenait la carapace, avait pu, quoique dans un étui de fer, allonger ses jambes et mouvoir ses bras.

Le casque seul s'était refusé à toute concession; sa visière, relevée probablement depuis le sacre de Charles VII, après avoir vu une pareille solennité, refusait absolument de se baisser.

Delafosse voyait avec peine cette obstination de sa visière, qui, pendant tout le temps de son long discours belliqueux, lui rendait service en restant levée; mais qui, le discours achevé, et au moment de sa sortie, lui donnait, en s'abaissant, un air formidable sur lequel il avait compté.

L'armurier fut appelé, et, à la suite de plusieurs essais dans lesquels il appela tour à tour les adoucissants et les coercitifs, l'huile et la lime, il obtint de la malheureuse visière qu'elle consentît à s'abaisser. Seulement, une fois ce but atteint, c'était une chose presque aussi difficile de la faire se relever, que c'en avait été une de la faire s'abaisser : en s'abaissant, elle glissait sur un ressort fait en tête de clou, lequel, après quelques lignes de pression, trouvait une ouverture, reprenait son jeu, et fixait la visière de telle façon, que ni coups d'épée, ni coups de lance, ne pouvaient la relever; il fallait comprimer ce ressort avec la dague d'un écuyer pour la repousser dans son alvéole, et permettre à la visière de se relever.

Peu importait à Delafosse cette difficulté : il sortait visière baissée, et son écuyer avait tout le temps de faire l'opération dans la coulisse.

Une visière pareille, et Henri II ne mourait pas de la main de Montgomery ! Voyez à quoi tient le destin des empires ! je pourrais même dire celui des pièces ! Henri II fut tué parce que sa visière s'était relevée. Charles VII faillit l'être parce que sa visière s'était abaissée.

Dans la chaleur de la diction, Delafosse fit un geste si violent, que la visière tomba d'elle-même, cédant, sans doute, à l'émotion qu'elle éprouvait. C'était peut-être sa manière d'applaudir.

Quoi qu'il en soit, Delafosse se trouva tout à coup fort empêché de continuer son discours : le vers commencé de la façon la plus claire, accentué de la façon la plus nette, s'acheva dans un beuglement lugubre et inintelligible.

Le public se prit naturellement à rire.

On dit qu'il est impossible à notre meilleur ami de s'empêcher de rire, quand il nous voit tomber. C'est bien autre chose, je vous en réponds, quand il voit tomber notre pièce.

Mes meilleurs amis se mirent donc à rire.

Par bonheur, l'écuyer du roi Charles VII, ou le comparse de Delafosse, comme on voudra, n'oublia pas en scène son rôle de la coulisse ; il s'élança, la dague au poing, sur l'infortuné roi ; le public vit, dans l'accident qui venait d'arriver, un jeu de scène ; dans le mouvement du comparse, un incident nouveau. Les rires cessèrent et l'on attendit.

Le résultat de l'attente fut qu'au bout de quelques secondes, la visière se releva, et montra Charles VII rouge comme une pivoine, et tout près d'étouffer.

La pièce se termina sans autre accident.

Frédérick Lemaître m'en voulut longtemps de ne pas lui avoir donné le rôle d'Yaqoub ; mais sans doute se trompait-il sur le caractère de ce personnage, qu'il prenait pour un Othello.

La seule ressemblance qu'il y ait entre Othello et Yaqoub, c'est la couleur du visage ; la couleur de l'âme, si l'on peut dire cela, est toute différente.

J'eusse fait Othello, — et je serais bien fier si je l'avais fait! — Othello, jaloux, violent, emporté, homme d'initiative et de volonté, général des galères de Venise ; Othello, avec son nez aplati, ses grosses lèvres, ses pommettes saillantes, ses cheveux crépus ; Othello, plus Nègre qu'Arabe, je l'eusse donné à Frédérick.

Mais mon Othello, à moi, ou plutôt mon Yaqoub, plus Arabe que Nègre, est un enfant du désert, au teint bistré, et non norci, au nez droit, aux lèvres minces, aux cheveux lisses et plats; une espèce de lion pris à la mamelle de sa mère, et transporté, des sables rougis et brûlants du Sahara, sur la dalle froide et humide d'un château d'Occident ; à l'ombre et au froid, il s'est énervé, alangui, poétisé. C'était donc la nature fine, aristocratique et un peu maladive de Lockroy qui convenait au rôle.

Aussi, dans mes idées, Lockroy le joua-t-il admirablement.

Je reçus, le lendemain de la représentation de *Charles VII*, bon nombre de lettres de félicitations. La pièce avait juste assez de vertus secondaires pour n'effaroucher personne, et m'attirer les compliments de gens qui, ne pouvant plus, ou ne voulant plus en faire à Ancelot, tenaient absolument à en faire à quelqu'un.

Pendant ce temps, le Théâtre-Français préparait une pièce qui devait causer un bien autre émoi que mon pauvre *Charles VII*.

C'était *la Reine d'Espagne*, d'Henri de Latouche.

M. de Latouche, — dont nous allons avoir à nous occuper bientôt, à propos de l'apparition de madame Sand sur notre horizon littéraire, — M. de Latouche était une sorte d'ermite qui habitait la Vallée-aux-Loups.

Le nom de l'ermitage peint assez bien l'ermite.

M. de Latouche était un homme d'un talent réel; il a publié une traduction du *Cardillac* d'Hoffmann, et un roman napolitain très-remarquable. La traduction, — M. de Latouche avait démarqué le linge volé, — la traduction s'appelait *Olivier Brusson;* le roman napolitain s'appelait *Fragoletta*.

Ce roman est une œuvre obscure, mal liée, mais en certains endroits, éblouissante de couleur et de vérité ; c'est la réfraction du soleil napolitain sur les rochers du Pausilippe.

La révolution parthénopéenne y est décrite dans toutes ses horreurs, avec la sanglante et impudente nudité des peuples du Midi.

M. de Latouche avait, en outre, retrouvé, colligé, publié les poésies d'André Chénier. Il faisait facilement croire que ces poésies étaient, sinon de lui, du moins, en grande partie, de lui..

Que M. Henri de Latouche ait forgé un hémistiche là où un hémistiche manquait, soudé une rime là où la plume avait oublié de l'agrafer, soit! mais que les vers d'André Chénier soient de M. de Latouche, non !

Nous avons peu connu M. de Latouche ; toutefois, nous ne croyons pas qu'il y eût en lui une si grande abnégation de gloire, qu'il ait donné à André Chénier, vingt-cinq ans après la mort du jeune poëte, cette renommée européenne de laquelle il pouvait lui-même s'enrichir.

Au reste, M. de Latouche faisait de très beaux vers ; Frédéric Soulié, qui avait, à cette époque, des relations avec lui, m'en disait parfois d'une facture merveilleuse et d'une originalité suprême.

Bref, M. de Latouche, misanthrope solitaire, critique acerbe, ami quinteux, venait de faire, sur le sujet le plus graveleux de France et d'Espagne, une comédie en cinq actes en prose, qui, ne se contentant plus de secouer les grelots de Comus, comme disaient les membres du Caveau, sonnait à toute volée les cloches du théâtre de la rue de Richelieu.

Cette comédie avait pour thème l'impuissance du roi Charles II, et pour intrigue l'intérêt de l'Autriche à ce que l'époux de Marie-Louise d'Orléans eût un enfant, et l'intérêt de la France à ce qu'elle n'en eût pas.

C'était léger, comme on voit.

Il faut dire que M. de Latouche, dans sa riche imagination, avait trouvé moyen de renchérir sur les chances de danger qui menacent les auteurs ordinaires. D'habitude, quand un acte est fini, il en est de l'auteur comme du patient que l'on met à la torture : il se repose en attendant une torture nouvelle.

Ah bien, oui! M. de Latouche n'avait point voulu de ce moment de repos : il avait substitué des intermèdes aux entr'actes.

Nous reproduisons textuellement l'intermède du deuxième au troisième acte. — Inutile de dire quelle est la situation : le lecteur devinera facilement, que, grâce aux soins du médecin du roi, l'Autriche est en voie de triompher de la France.

INTERMÈDE.

« Les personnages sortent, et, après quelques instants d'intervalle, la rampe se baisse.

» Effet de nuit.

» Le chambellan, précédé de flambeaux, se présente à la porte de l'appartement de la reine, et y frappe du pommeau de son épée ; la camarera mayor vient sur le seuil de cette porte. Ils se parlent à l'oreille ; le chambellan s'éloigne ; puis les femmes de la reine, sur un signe de la camarera, arrivent successivement, et se rangent cérémonieusement autour de leur chef.

» Une jeune camériste soutient la portière en velours de la chambre à coucher de la reine.

» Le cortége du roi s'avance ; deux pages soutenant sur de riches coussins, l'un l'épée, l'autre, la culotte du roi, précèdent Sa Majesté. Sa Majesté est en robe de chambre d'étoffe de soie et or à ramages ; doublée d'hermine ; deux couronnes sont brodées sur les revers. Charles II porte en bandoulière le cordon bleu de France, pour faire honneur à la nièce de Louis XIV.

» En passant devant la haie des courtisans, il fait à plusieurs des signes d'intelligence, de contentement et de triomphe ; ceux-ci témoignent leur joie. Charles II s'arrête un moment : il s'agit de faire, selon l'étiquette, passer le bougeoir que porte un des officiers aux mains d'une des dames de la reine. Sa Majesté choisit des yeux la plus jolie et lui décerne du geste cette faveur. Deux dames reçoivent des mains des pages la culotte et l'épée, les autres laissent passer le roi, et referment brusquement leurs rangs. — Quand la portière est retombée derrière Sa Majesté, la nourrice crie : *Vive le roi !*

» Ce cri est répété par tous les assistants.

» Une symphonie, qui d'abord a joué avec solennité l'air des *Folies d'Espagne*, termine le concert en charivari. »

L'ouvrage n'eut qu'une représentation, et encore manqua-t-il ne pas l'avoir entière.

Dès le même soir, M. de Latouche retira sa pièce.

Mais, tenu quitte de sa pièce par le public, M. de Latouche était d'une nature trop irascible et trop rancunière pour tenir le public quitte de sa pièce. Il fit comme M. Arnault, ou à peu près : il appela de la représentation à l'impression ; seulement, il ne dédia point *la Reine d'Espagne* au souffleur. On avait trop entendu ce qu'avaient dit les acteurs, depuis le premier jusqu'au dernier mot : la pièce était tombée sous un *soulèvement* de pudeur et de morale. L'auteur débattit la question d'impudeur et d'immoralité.

Nous reproduisons la préface de notre confrère de Latouche.

Annaliste, nous consignons le fait ; archiviste, nous classons la pièce dans nos archives.

La voici :

« Si cette comédie fût tombée, au théâtre, sous l'accusation de manquer aux premiers principes de la vie dans les arts, je l'aurais laissée dans l'oubli qu'elle mérite peut-être ; mais elle a été repoussée par une portion du public, dans une seule et douteuse épreuve, sous la prévention d'impudeur et d'immoralité ; quelques journaux de mes amis l'ont traitée d'obscénité révoltante, d'œuvre de scandale et d'horreur. Je la publie comme une protestation contre ces absurdités ; car, si j'accepte la condamnation, je n'accepte pas le jugement. On peut consentir à ce que le chétif enfant de quelques veilles soit inhumé par des mains empressées, mais non qu'on écrive une calomnie sur sa pierre.

» Ce que j'aurais voulu peindre, c'était la risible crédulité d'un roi élevé par des moines, et victime de l'ambition d'une marâtre : ce que j'aurais voulu frapper de ridicule, c'était cette éducation qui est encore celle de toutes les cours de l'Europe ; ce que j'aurais voulu montrer, c'était la diplomatie rôdant autour des alcôves royales ; ce que j'aurais voulu prouver, c'était comment rien n'est sacré pour la religion abaissée au rôle de la politique, et par quels éléments divers les légitimités se perpétuent.

» Au lieu de cette philosophique direction du drame, des juges prévenus l'ont supposé complaisant au vice, et flatteur du propre dévergondage de leur esprit. Et, pourtant, non satisfait de chercher une compensation à la hardiesse de son sujet dans la peinture d'une reine innocente, et dans l'amour profondément pur de celui qui meurt pour elle, le drame avait changé jusqu'à l'âge historique de Charles II, pour atténuer le crime de sa mère, et tourner l'infirmité de sa nature en prétentions de vieillard qui confie sa postérité à la grâce de Dieu.

» Mais, comme l'a dit un critique qui a le plus condamné ce qu'il appelle l'incroyable témérité de la tentative, la portion de l'assemblée qui a frappé d'anathème *la Reine d'Espagne,* ce public si violent dans son courroux, si amer dans sa défense de la pudeur blessée, ne s'est point placé au point de vue de l'auteur ; il n'a pas voulu s'associer à la lutte du poëte avec son sujet ; il n'a pas pris intérêt à ce combat de l'artiste avec la matière rebelle. Armée d'une bonne moralité bourgeoise, cette masse aveugle, aux instincts sourds et spontanés, n'a vu, dans l'œuvre entière, qu'une espèce de bravade et de défi ; elle s'est scandalisée de ce qu'on voulait lui cacher, et de ce qu'on osait lui montrer. Cette draperie à demi soulevée avec tant de précaution, cette continuelle équivoque l'ont révoltée. Plus le style et le faire de l'auteur s'assouplissaient, se voilaient, s'entouraient de réticences, de finesse, de nuances pour déguiser le fond de la pièce, plus on se choquait vivement du contraste.

« Que voulez-vous ! » m'écrivait, le soir même de mon revers, un de mes amis, — car je me plais à invoquer d'autres témoignages que le mien dans la plus délicate des circonstances où il soit difficile de parler de soi, — « que voulez-
» vous ! une idée fixe a couru dans l'auditoire ; une préoc-
» cupation de libertinage a frappé de vertige les pauvres
» cervelles ; des hurleurs de morale publique se pendaient à
» toutes les phrases, pour empêcher de voir ce qu'il y a de
» naturel et de vrai dans la marche de cette intrigue, qui ser-
» pente sous le cilice et sous la gravité empesée des mœurs
» espagnoles. On s'est attaché à des consonnances ; on a pris
» au vol des terminaisons de mot, des moitiés de mot, des
» quarts de mot ; on a été monstrueux d'interprétation. Il y
» a eu, en effet, hydrophobie d'innocence. J'ai vu des maris
» expliquer à leurs femmes comment telle chose, qui avait
» l'air bonhomme, était une profonde scélératesse. Tout est
» devenu prétexte à communications à voix basse ; des dévots
» se sont révélés habiles commentateurs, et des dames mer-
» veilleusement intelligentes. Il y a de pauvres filles à qui les
» commentaires sur les courses de taureaux vont mettre la
» bestialité en tête ! Et tout ce monde-là fait bon accueil, le
» dimanche, aux lazzi du Sganarelle de Molière ! Il y a de la
» pudeur à jour fixe. »

» Il se présentait, sans doute, deux manières de traiter cet aventureux sujet. J'en avais mûri les réflexions avant de l'entreprendre. On pouvait et on peut encore en faire une charade en cinq actes, dont le mot sera enveloppé de phrases hypocrites et faciles, et arriver jusqu'au succès de quelques-uns de ces vaudevilles qui éludent aussi spirituellement les difficultés que le but de l'art ; mais j'ai craint, je l'avoue, que le mot de la charade *(impuissant)* ne se retrouvât au fond de cette manière d'aborder la scène. Et puis, dans les pièces de l'école de Shakspeare et de Molière, s'offrait une autre séduction d'artiste pour répudier cette vulgaire adresse : chercher les moyens de la nature, et n'affecter pas d'être plus délicat que la vérité. Les conséquences des choix téméraires que j'ai faits m'ont porté à résister à beaucoup d'instances pour tenter avec ce drame le sort des représentations nouvelles. Encourager l'auteur à se rattacher à la partie applaudie de l'ouvrage qu'on appelait dramatique, pour détruire ou châtier celle qu'il espérait être la portion comique, était un conseil assez semblable à celui qu'on offrirait à un peintre, si on voulait qu'il rapprochât sur les devants de sa toile ses fonds, ses lointains, ses paysages, demi-ébauchés pour concourir à l'ensemble, et qu'il obscurcît les figures de son premier plan.

» Il fallait naïvement réussir ou tomber au gré d'une inspiration naïve. Je crois encore, et après l'événement, qu'il y avait pour l'auteur quelques chances favorables; mais le destin des drames ne ressemble pas mal à celui des batailles: l'art peut avoir ses défaites orgueilleuses comme Varsovie, et le capricieux parterre ses brutalités d'autocrate.

» Ce n'est ni le manque de foi dans le zèle de mes amis, ni le sentiment inconnu pour moi de la crainte de quelques adversaires, ni la bonne volonté refroidie des comédiens qui m'ont conduit à cette résolution. Les comédiens, après notre disgrâce, sont demeurés exactement fidèles à leur première opinion sur la pièce. Et quel dévouement d'artiste change avec la fortune? Le leur m'a été offert avec amitié. Je ne le consigne pas seulement ici pour payer une dette de gratitude, mais afin d'encourager, s'il en était besoin, les jeunes auteurs à confier sans hésitation leurs plus périlleux ouvrages à des talents et à des caractères aussi sûrs que ceux de Monrose, de Perrier, de Menjaud et de mademoiselle Brocard, dont la grâce s'est montrée si poétique et la candeur si passionnée.

» Mais, au milieu même de notre immense et tumultueux aréopage, entre les bruyants éloges des uns, la vive réprobation des autres, à travers deux ou trois partialités bien rivales, il m'a été révélé, dans l'instinct de ma bonne foi d'auteur, qu'il n'y avait pas sympathie entre la donnée vitale de cette petite comédie et ce public d'apparat qui s'assied devant la scène comme un juge criminaliste, qui se surveille lui-même, qui s'impose à lui-même, qui prend son plaisir en solennité, et s'électrise de délicatesse et de rigueur de convention. Que ce fût sa faute ou la mienne, qu'au lieu de goûter, comme dit Bertinazzi, *la chair du poisson*, le public de ce jour-là se fût embarrassé les mâchoires avec les arêtes, toujours est-il que j'ai troublé sa digestion.

» Devant le problème matrimonial que j'essayais à résoudre sous la lumière du gaz, au feu des regards masculins, quelques dignes femmes se sont troublées peut-être avec un regret comique, peut-être avec un soupir étouffé. Mais j'avais compté sur de plus universelles innocences; j'espérais trouver la mienne par-dessus le marché de la leur. J'ai mal spéculé. Il s'en est rencontré là de bien spirituelles, de bien jolies, de bien irréprochables; mais pouvais-je raisonnablement imposer des conditions générales?

» J'ai indigné les actrices de l'Opéra, j'ai scandalisé des séminaristes, j'ai fait perdre contenance à des marquis et à des marchandes de modes! Vous eussiez, dès la troisième scène du premier acte, vu quelques douairières dont les éventails se brisaient, se lever dans leur loge, s'abriter à la hâte sous le velours de leur chapeau noir, et, dans l'attitude de sortir, s'obstiner à ne pas le faire pour feindre de ne plus entendre l'acteur, et se faire répéter, par un officieux cavalier, quelques prétendues équivoques, afin de crier au scandale en toute sécurité de conscience. L'épouse éplorée du commissaire de police s'enfuit au moment où l'amoureux obtient sa grâce. — Ceci est un fait historique. — Elle a fui officiellement, enveloppée de sa pelisse écossaise! Je garde pour moi quelques curieux détails, des noms propres, plus d'une utile anecdote, et comment la clef forée du dandy était enveloppée bravement sous le mouchoir de batiste destiné à essuyer les sueurs froides de son puritanisme. Mais j'ai été perdu dans les cousins des grandes dames, qui se sont pris à venger l'honneur des maris, quand j'ai eu affaire aux chastetés d'estaminet et aux éruditions des magasins à prix fixe.

» Seulement, Dieu me préserve d'entrer en intelligence avec les scrupules de mes interprètes. Ma corruption rougirait de leur pudeur.

» J'ai été sacrifié à la pudeur, à la pudeur des vierges du parterre; car, aller supposer que j'ai pu devenir victime de la cabale, ce serait une bien vieille et bien gratuite fatuité. Contre moi, quelques lâches rancunes? Et d'où viendraient-elles? Je n'ai que des amitiés vives et des antipathies candides. A qui professe ingénument le mépris d'un gouvernement indigne de la France, pourquoi des ennemis politiques? Et pourquoi des ennemis littéraires à l'auteur d'un article oublié sur *la Camaraderie*, et au plus paresseux des rédacteurs d'un bénin journal qu'on appelle *Figaro?*

» Mais je n'ai pas voulu tomber obstinément comme tant d'autres après vingt soirées de luttes, entre des enrouements factices, des sifflets honnêtes et des applaudissements à poings fermés. Imposer son drame au public, comme autrefois les catholiques leur rude croyance aux Albigeois; chercher l'affirmation d'un mérite dans deux négations du parterre; calculer combien il faut d'avanies pour se composer un succès, c'est là un de ces courages que je ne veux pas avoir. Il appartenait, d'ailleurs, à la reine d'Espagne de se retirer chastement du théâtre; c'est une noble princesse, c'est une épouse vierge, élevée dans les susceptibilités du point d'honneur de la France.

» Quelques-uns aiment mieux sortir par la fenêtre que trébucher dans les escaliers; à qui prend étourdiment le premier parti, il peut être donné encore de rencontrer le gazon sous ses pas; mais, pour l'autre, et sans compter la multiplicité des meurtrissures, il expose votre robe de poëte à balayer les traces du passant.

» Cependant, au fond d'une chute éclatante, il y a deux sentiments d'amertume que je ne prétends point dissimuler; mais je ne conseille à personne autre que moi de les conseiller : le premier est la joie de quelques bonnes âmes, et le second, le désenchantement des travaux commencés. Ce n'est pas l'ouvrage attaqué qu'on regrette, mais l'espérance ou l'illusion de l'avenir. Rentré dans sa solitude, ces pensées qui composaient la famille du poëte, il les retrouve en deuil et comme éplorées de la perte d'une sœur, car vous vous êtes flatté d'un avenir plus digne de vos consciencieuses études; le sort de quelques drames prônés ailleurs avait éveillé en vous une émulation. Si le triomphe de la médiocrité indigne, il encourage; s'il produit la colère, il produit aussi la confiance, et, à force d'être coudoyé à tout moment par des grands hommes, le démon de l'orgueil vous avait visité; il était venu rôder autour du lit où vous dormiez en paix; il avait évoqué le fantôme de vos rêveries bizarres; elles étaient descendues autour de vous, se tenant la main, vous demandant la vie, vous jetant des sourires, vous promettant des fleurs, et, maintenant, elles réclament toutes l'obscurité pour refuge. Ainsi tombe dans le cloître un homme qu'un premier amour a trompé.

» Mais, je le répète, que ce découragement ne soit contagieux pour personne. Ne défendez pas surtout le mérite de l'ouvrage écarté comme l'unique création à laquelle vous serez jamais intéressé. N'imitez pas tel jeune homme qui se cramponne à son premier drame, comme une vieille femme à son premier amour. Point de ces colères d'enfant contre la borne où vous vous êtes heurté. Il faudrait oublier jusqu'à une injustice dans les travaux d'un meilleur ouvrage. Que vos explications devant le public n'aillent pas ressembler à une apologie, et songez encore moins à vous retrancher dans quelque haineuse préface, à vous créneler dans une disgrâce, pour tirer, de là, sur tous ceux que vous n'avez pas pu séduire. Du haut de son buisson, la pie-grièche romantique dispute peut-être avec le croquant; mais, si, au pied du chêne où il s'est posé un moment, l'humble passereau, toujours moqueur et bon compagnon, entend se rassembler des voix discordantes, il va chercher plus loin des échos favorables.

» Je ne finirai pas sans consigner ici un aveu dont je n'ai pu trouver la place dans la rapide esquisse de cet avertissement. Je déclare que je dois l'idée première de la partie bouffonne de cette comédie à une grave tragédie allemande; plusieurs détails relatifs à la nourrice Jourdan, à un excellent livre de M. Mortonval; la réminiscence d'un sentiment de prêtre amoureux, au chapitre VII du roman de *Cinq-Mars*, et, enfin, une phrase tout entière, à mon ami Charles Nodier. Cette confession est la seule malice que je me permettrai contre les plagiaires qui pullulent chaque jour, et qui sont assez effrontés et assez pauvres pour ne m'épargner à moi-même ni leur vol, ni leur silence. La phrase de Nodier, je l'avais appropriée à mon dialogue avec cette superstition païenne qui pense éviter la foudre à l'abri d'une feuille de laurier, avec la foi du chrétien qui essaye à protéger sa demeure sous un rameau bénit. L'inefficacité du préservatif n'ébranlera pas dans mon cœur la religion de l'amitié.

« Aulnay, le 10 novembre 1831.

» H. DE LATOUCHE. »

Cette protestation ne suffit point à l'auteur : il suivit et nota, sur la pièce imprimée, toutes les fluctuations du parterre et même des loges.

Ainsi l'on trouve successivement ces notes au bas des pages :

∴ Ici, on commence à tousser.
∴ Murmures. La pièce est attaquée par des personnes informées d'avance, et aussi bien que l'auteur, des chances de cette situation assez nouvelle.

En effet, la situation était si nouvelle, que le public ne voulut pas lui permettre de vieillir.

∴ Ici, les murmures redoublent.
∴ Le parterre se lève, partagé entre deux opinions.
∴ Ce détail de mœurs, exactement historique, excite une vive réprobation.

Voir, à la page 56 de la pièce, le détail de mœurs.

∴ Rumeurs.
∴ Soulèvement presque général, causé par une chaste interprétation du parterre.

Voir, à la page 72, quelle pouvait être cette chaste interprétation.

∴ *Oh! Oh!* très-prolongés.
∴ On rit.
∴ On s'indigne. *Une voix* : « Ils seront deux pour faire l'enfant! »
∴ Interruption.
∴ Mouvement d'improbation ; les cheveux blancs du vieux moine devaient, cependant, écarter d'un tête-à-tête l'idée d'indécences.
∴ Improbation méritée.
∴ La phrase est coupée en deux par une interruption obscène.

Voir la phrase, à la page 115.

∴ Improbation.
∴ Après cette scène (*la* VIIe *du quatrième acte*), la pièce, à peine entendue, n'a plus été jugée.

Ce fut le seul essai que M. de Latouche tenta au théâtre, et, à partir de ce moment, la Vallée-aux-Loups mérita plus que jamais son nom.

FIN DU TOME HUITIÈME

TABLE

Pages.

CLXXXIX. — L'abbé de Lamennais. — Sa jeunesse. — Son entrée dans les ordres. — L'Empire jugé par lui. — Casimir Delavigne royaliste. — Deux vers de M. de Lamennais. — Sa vocation littéraire. — *Essai sur l'indifférence en matière de religion.* — Accueil fait à ce livre par l'Église. — L'académie du château de la Chesnaie... 1

CXC. — Fondation de *l'Avenir*. — L'abbé Lacordaire. — M. Charles de Montalembert. — Son article sur le sac de Saint-Germain-l'Auxerrois. — *L'Avenir* et la littérature nouvelle. — Ma première entrevue avec M. de Lamennais. — Procès de *l'Avenir*. — MM. de Montalembert et Lacordaire maîtres d'école. — Leur procès en cour des pairs. — Prise de Varsovie. — Réponse de quatre poètes à un mot d'un homme d'État......................... 10

CXCI. — Suspension de *l'Avenir*. — Ses trois principaux rédacteurs se rendent à Rome. — L'abbé de Lamennais musicien. — Ce qu'il en coûte pour obtenir une audience du pape. — Le couvent de Santo-Andrea della Valle. — Entrevue de M. de Lamennais avec Grégoire XVI. — La statuette de Moïse. — Les doctrines de *l'Avenir* sont condamnées par le conseil des cardinaux. — Ruine de M. de Lamennais. — Les *Paroles d'un croyant*...... 23

CXCII. — Celui qui fut Gannot. — Le Mapah. — Son premier miracle. — Les noces de Cana. — Gannot phrénologue. — D'où lui venaient ses premières notions phrénologiques. — L'inconnue. — Changement opéré dans la vie de Gannot. — Comment il passe Mapah.. 30

CXCIII. — Le dieu et son sanctuaire. — Il notifie au pape sa déchéance. — Ses manifestes. — Son portrait. — Doctrine de l'évadisme. — Emblèmes de cette religion. — Chaudesaigues me conduit chez le Mapah. — Iswara et Pracriti. — Questions qui manquent d'actualité. — Guerre entre les sectateurs du *bidja* et les partisans du *sakti*. — Ma dernière entrevue avec le Mapah. 39

CXCIV. — Apocalypse de celui qui fut Caillaux................ 49

TABLE

Pages.

CXCV. — Le bouc émissaire du pouvoir. — Espérances légitimistes. — La messe expiatoire. — L'abbé Olivier. — Le curé de Saint-Germain-l'Auxerrois. — Pachel. — Où je commence à avoir tort. — Le général Jacqueminot. — Pillage de Saint-Germain-l'Auxerrois. — Le prétendu jésuite et le préfet de police. — La chambre de l'abbé Paravey.. 70

CXCVI. — Le préfet de police au Palais-Royal. — La part du feu. — Le bandagiste Valérius. — Dévastation de l'archevêché. — L'album chinois. — François Arago. — Les spectateurs de l'émeute. — Grattage des fleurs de lis. — Je donne une seconde fois ma démission. — MM. Chambolle et Casimir Périer....... 78

CXCVII. — Ma foi dramatique chancelle. — Bocage et Dorval me réconcilient avec moi-même. — Un procès politique où je méritais de figurer. — Chute du ministère Laffitte. — L'Autriche et le duc de Modène. — Le maréchal Maison ambassadeur à Vienne. — Histoire d'une de ses dépêches. — Casimir Périer premier ministre. — Quel accueil il reçoit au Palais-Royal. — On lui fait amende honorable... 88

CXCVIII. — Procès des artilleurs. — Le procureur général Miller. — Pescheux d'Herbinville. — Godefroy Cavaignac. — Acquittement des accusés. — Ovation qu'ils reçoivent. — Le commissionnaire Gourdin. — La croix de juillet. — Le ruban rouge et noir. — Dernières répétitions d'*Antony*............. 97

CXCIX. — Première représentation d'*Antony*. — La pièce, les acteurs, le public. — *Antony* au Palais-Royal. — Variante au dénoûment... 106

CC. — Sous quelle inspiration je fis *Antony*. — La préface. — Où est la morale de la pièce. — Le cocuage, l'adultère et le code civil. — *Quem nuptiæ demonstrant*. — Pourquoi les critiques ont crié à l'immoralité sur mon drame. — Un compte rendu des moins malveillants. — Comme quoi tes préjugés sur la bâtardise sont vaincus.. 117

CCI. — Un mot sur la critique. — Molière jugé par Bossuet, par Jean-Jacques Rousseau et par Bourdaloue. — Un anonyme. — Les critiques du xviie siècle et ceux du xixe. — M. François de Salignac de la Motte de Fénelon. — D'où vient le mot *Tartufe*. — M. Taschereau et M. Étienne............................ 124

CCII. — Thermomètre des crises sociales. — Entrevue avec M. Thiers. — Ce qu'il veut faire pour le Théâtre-Français. — Nos conventions. — *Antony* revient à la rue de Richelieu. — Le *Constitutionnel*. — Son premier-Paris contre le romantisme en général, et contre mon drame en particulier. — La moralité du théâtre antique. — Parallèle entre le Théâtre-Français et celui de la Porte-Saint-Martin. — Première suspension d'*Antony*... 134

TABLE

Pages.

CCIII. — Mon explication avec M. Thiers. — Ce qui l'avait forcé de suspendre *Antony*. — Lettre de madame Dorval au *Constitutionnel*. — M. Jay couronné rosière. — Mon procès avec M. Jouslin de la Salle. — Il y a encore des juges à Berlin!.............. 147

CCIV. — Banquet républicain aux *Vendanges de Bourgogne*. — Les toasts. — *A Louis-Philippe!* — Réunion des décorés de juillet. — Formation du bureau. — Protestation. — Cinquante mètres de ruban. — Un dissident. — Démenti au *Moniteur*. — Procès d'Évariste Gallois. — Son interrogatoire. — Son acquittement.. 159

CCV. — Incompatibilité de la littérature et des émeutes. — *La Maréchale d'Ancre*. — Mon opinion sur cette pièce. — *Farruck le Maure*. — Débuts d'Henry Monnier au Vaudeville. — Je quitte Paris. — Rouen. — Le Havre. — Je médite d'aller explorer Trouville. — Qu'est-ce que Trouville? — L'Anglaise poitrinaire. — Honfleur. — Par terre ou par mer............................. 169

CCVI. — Aspect de Trouville. — La mère Oseraie. — Comment on se couche à Trouville quand on est marié. — Le prix des peintres, et celui du commun des martyrs. — Les connaissances de la mère Oseraie. — De quelle manière elle avait sauvé la vie au paysagiste Huet. — Ma chambre et celle de ma voisine. — Un dîner de vingt francs pour cinquante sous. — Promenade sur la plage. — Résolution héroïque...................................... 178

CCVII. — Une lecture chez Nodier. — Les auditeurs et le lecteur. — Début. — *Les Marrons du feu*. — La Camargo et l'abbé Desiderio. — Généalogie d'une idée dramatique. — Oreste et Hermione. — Chimène et don Sanche. — *Gœtz de Berlichingen*. — Fragments. — Où je rends à César ce qui appartient à César... 187

CCVIII. — L'esprit de Dieu, c'est la poésie. — Le Conservatoire et l'École de Rome. — Emploi de mes journées à Trouville. — Madame de la Garenne. — Le Vendéen Bonnechose. — M. Beudin. — Je suis poursuivi par un poisson. — Ce qu'il en advient.... 206

CCIX. — Pourquoi M. Beudin venait à Trouville. — Comment je le connaissais sous un autre nom. — Prologue d'un drame. — Ce qu'il restait à trouver. — Part à trois. — Je termine *Charles VII*. — Départ de Trouville. — De quelle façon j'apprends la première représentation de *Marion Delorme*...................... 214

CCX. — Une collaboration... 230

CCXI. — L'édifice féodal et l'édifice industriel. — Les ouvriers de Lyon. — M. Bouvier-Dumolard. — Le général Roguet. — Discussion et signature du tarif réglant le prix de façon des tissus. — Les fabricants refusent de s'y soumettre. — *Besoins factices* des canuts. — Insurrection de Lyon. — Dix-huit millions de liste civile. — Calculs de Timon. — Un mot malheureux de M. de Montalivet..

CCXII. — Mort de *Mirabeau*. — Les accessoires de *Charles VII*. — Une partie de chasse. — Montereau. — Une tentative à laquelle je ne résiste pas. — Position critique où nous nous trouvons, mes compagnons de chasse et moi. — Nous nous introduisons, la nuit, par effraction, dans une maison non habitée. — Inspection des lieux. — Souper improvisé. — Comme on fait son lit on se couche. — Je vais voir lever l'aurore. — Chasse au poulet et au canard. — Apprêts du déjeuner. — La mère Galop.... 256

CCXIII. — Ce que c'était que la mère Galop. — Pourquoi M. Dupont-Delporte était absent. — Comment je me brouillai avec Viardot. — Le quart d'heure de Rabelais. — Providence n° 1. — Le suplice de Tantale. — Un garçon qui n'avait pas lu Socrate. — Providence n° 2. — Un déjeuner pour quatre. — Retour à Paris.. 266

CCXIV. — *Le Masque de fer*. — Les soupers de Georges. — Le jardin du Luxembourg au clair de lune. — M. Scribe et *le Clerc de la basoche*. — M. d'Épagny et *Jacques Clément*. — Les représentations des classiques au Théâtre-Français — *Les Guelfes* de M. Arnault. — Parenthèse. — Épitre dédicatoire au souffleur. — Compensation offerte à M. Arnault. — Mon vis-à-vis à la représentation de *Pertinax*. — Chute éclatante de la pièce. — Querelle avec mon vis-à-vis. — Les journaux s'en occupent. — Ma réponse dans le *Journal de Paris*. — Conseil de M. Pillet. 276

CCXV. — Chateaubriand donne sa démission de pair de France. — Il s'expatrie. — Béranger le chante. — Châteaubriand versificateur. — Première représentation de *Charles VII*. — La visière de Delafosse. — Yaqoub et Frédérick Lemaître. — *La Reine d'Espagne*. — M. Henri de Latouche. — Ses œuvres, son talent, son caractère. — Intermède de *la Reine d'Espagne*. — Préface de la pièce. — Bruits du parterre recueillis par l'auteur....... 297

FIN DE LA TABLE DU TOME HUITIÈME

BOURLOTON.—Imprimeries réunies, A, rue Mignon, 2, Paris

EXTRAIT DU CATALOGUE MICHEL LÉVY

1 FRANC LE VOLUME. — 1 FR. 25 PAR LA POSTE

CHARLES DE BERNARD	vol.
LES AILES D'ICARE	1
UN BEAU-PÈRE	2
L'ÉCUEIL	1
LE GENTILHOMME CAMPAGNARD	2
GERFAUT	1
UN HOMME SÉRIEUX	1
LE NŒUD GORDIEN	1
LE PARATONNERRE	1
LE PARAVENT	1
PEAU DU LION ET CHASSE AUX AMANTS	1

HENRI CONSCIENCE	
UNE AFFAIRE EMBROUILLÉE	1
L'ANNÉE DES MERVEILLES	1
AURÉLIEN	2
L'AVARE	1
BATAVIA	1
LES BOURGEOIS DE DARLINGEN	1
LE BOURGMESTRE DE LIÈGE	1
LE CANTONNIER	1
LE CHEMIN DE LA FORTUNE	1
LE CONSCRIT	1
LE COUREUR DES GRÈVES	1
LE DÉMON DE L'ARGENT	1
LE DÉMON DU JEU	1
LES DRAMES FLAMANDS	1
LA FIANCÉE DU MAITRE D'ÉCOLE	1
LE FLÉAU DU VILLAGE	1
LE GANT PERDU	1
LE GENTILHOMME PAUVRE	1
LA GUERRE DES PAYSANS	1
LE GUET-APENS	1
HEURES DU SOIR	1
HISTOIRE DE DEUX ENFANTS D'OUVRIERS	1
LE JEUNE DOCTEUR	1
LA JEUNE FEMME PALE	1
LE LION DE FLANDRE	2
LA MAISON BLEUE	1
MAITRE VALENTIN	1
LE MAL DU SIÈCLE	1
LE MARCHAND D'ANVERS	1
LE MARTYRE D'UNE MÈRE	1
LES MARTYRS DE L'HONNEUR	1
LA MÈRE JOB	1
L'ONCLE ET LA NIÈCE	1
L'ONCLE JEAN	1
L'ONCLE REIMOND	1
L'ORPHELINE	1
LE PAYS DE L'OR	1
LA PRÉFÉRÉE	1
LE REMPLAÇANT	1
UN SACRIFICE	1

HENRI CONSCIENCE (Suite)	vol.
LE SANG HUMAIN	1
SCÈNES DE LA VIE FLAMANDE	2
LA SORCIÈRE FLAMANDE	1
LE SORTILÈGE	1
SOUVENIRS DE JEUNESSE	1
LE SUPPLICE D'UN PÈRE	1
LA TOMBE DE FER	1
LE TRIBUN DE GAND	2
LES VEILLÉES FLAMANDES	1
LA VOLEUSE D'ENFANT	1

FÉLICIEN MALLEFILLE	
MARCEL	1
MÉMOIRES DE DON JUAN	2
MONSIEUR CORBEAU	1

OUIDA	
DEUX PETITS SABOTS	1

A. DE PONTMARTIN	
CONTES D'UN PLANTEUR DE CHOUX	1
CONTES ET NOUVELLES	1
LA FIN DU PROCÈS	1
MÉMOIRES D'UN NOTAIRE	1
OR ET CLINQUANT	1
POURQUOI JE RESTE A LA CAMPAGNE	1

LOUIS REYBAUD	
CE QU'ON PEUT VOIR DANS UNE RUE	1
CÉSAR FALEMPIN	1
LA COMTESSE DE MAULÉON	1
LE COQ DU CLOCHER	1
LE DERNIER DES COMMIS VOYAGEURS	1
ÉDOUARD MONGERON	1
L'INDUSTRIE EN EUROPE	1
JÉROME PATUROT à la recherche de la meilleure des Républiques	1
JÉROME PATUROT à la recherche d'une position sociale	1
MARIE BRONTIN	1
MATHIAS L'HUMORISTE	1
MŒURS ET PORTRAITS DU TEMPS	1
PIERRE MOUTON	1
SPLEND. ET INFORT. DE NARCISSE MISTIGRIS	1
LA VIE A REBOURS	1
LA VIE DE CORSAIRE	1

Le Catalogue complet sera envoyé franco à toute personne qui en fera la demande par lettre affranchie.

Paris. — Imprimerie PH. BOSC, 3, rue Aubor

www.ingramcontent.com/pod-product-compliance
Lightning Source LLC
Chambersburg PA
CBHW071248160426
43196CB00009B/1214